《中国产业发展与产业政策报告（2013）》课题组

课题组总负责人：

黄群慧　中国社会科学院工业经济研究所研究员、所长

课题组副负责人：

黄速建　中国社会科学院工业经济研究所研究员、副所长

课题组执行负责人：

王　钦　中国社会科学院工业经济研究所　研究员
肖红军　中国社会科学院工业经济研究所　副研究员

课题组执笔人：（按姓氏笔画排序）

王　欣　王　钦　邓　洲　叶振宇　刘建丽　江飞涛　杜莹芬
肖红军　贺　俊　胡文龙　黄阳华　符号亮

工业和信息化部招标课题

中国产业发展和产业政策报告（2013）
——产业兼并重组

Report on China's Industrial Development and Policy (2013)
——Industrial Transfer

黄群慧　黄速建　王钦　肖红军　等著

经济管理出版社
ECONOMY & MANAGEMENT PUBLISHING HOUSE

图书在版编目（CIP）数据

中国产业发展与产业政策报告（2013）/黄群慧等著. —北京：经济管理出版社，2015.4
ISBN 978-7-5096-3719-7

Ⅰ.①中… Ⅱ.①黄… Ⅲ.①产业发展—研究报告—中国—2013 ②产业政策—研究报告—中国—2013 Ⅳ.①F124 ②F121.3

中国版本图书馆 CIP 数据核字（2015）第 071517 号

组稿编辑：陈　力
责任编辑：陈　力　赵晓静
责任印制：黄章平
责任校对：车立佳

出版发行：经济管理出版社
　　　　　（北京市海淀区北蜂窝 8 号中雅大厦 A 座 11 层　100038）
网　　址：www.E-mp.com.cn
电　　话：(010) 51915602
印　　刷：三河市延风印装有限公司
经　　销：新华书店
开　　本：720mm×1000mm/16
印　　张：18.5
字　　数：274 千字
版　　次：2015 年 7 月第 1 版　2015 年 7 月第 1 次印刷
书　　号：ISBN 978-7-5096-3719-7
定　　价：56.00 元

·版权所有　翻印必究·

凡购本社图书，如有印装错误，由本社读者服务部负责调换。
联系地址：北京阜外月坛北小街 2 号
电话：(010) 68022974　　邮编：100836

目 录

上篇 总览：工业发展

1 **2012 工业发展状况** ································· 3
   1.1 工业经济运行缓中企稳 ······················· 3
   1.2 内需拉动作用明显增强 ······················· 6
   1.3 产业结构调整稳步推进 ······················· 6
   1.4 企业经营状况开始好转 ······················· 7
   1.5 区域经济发展更为协调 ······················· 7
   1.6 行业管理水平持续提升 ······················· 8

2 **工业发展水平评估** ································ 11
   2.1 工业发展指数 ································ 11
   2.2 效率 ·· 16
   2.3 增长 ·· 17
   2.4 技术创新 ···································· 18
   2.5 对外贸易 ···································· 20
   2.6 可持续发展 ·································· 24

  2.7 结构 …………………………………………………………… 26

3 重点行业发展 ……………………………………………………… 31
  3.1 原材料工业 ……………………………………………………… 31
  3.2 机械装备工业 …………………………………………………… 42
  3.3 消费品工业 ……………………………………………………… 52
  3.4 电子信息产业 …………………………………………………… 60
  3.5 工业相关服务业 ………………………………………………… 71

4 地区工业发展 ……………………………………………………… 83
  4.1 指数构建 ………………………………………………………… 83
  4.2 各地区工业发展特征 …………………………………………… 84
  4.3 地区工业生产效率 ……………………………………………… 88
  4.4 地区工业增速效益 ……………………………………………… 92
  4.5 地区工业绿色发展 ……………………………………………… 94
  4.6 地区工业技术创新 ……………………………………………… 96

5 产业政策 …………………………………………………………… 99
  5.1 转型升级 ………………………………………………………… 99
  5.2 行业规制 ………………………………………………………… 108
  5.3 行业整合 ………………………………………………………… 118
  5.4 产业培育 ………………………………………………………… 122
  5.5 中小微企业 ……………………………………………………… 127

6 发展趋势 …………………………………………………………… 133
  6.1 面临形势 ………………………………………………………… 133
  6.2 工业发展趋势 …………………………………………………… 135
  6.3 政策发展趋势 …………………………………………………… 137

下篇 聚焦：企业兼并重组

- 7 现状与特征 …………………………………………………… 145
  - 7.1 发展历程 ………………………………………………… 145
  - 7.2 总体状况和主要特征 …………………………………… 148
- 8 重点行业情况 ………………………………………………… 167
  - 8.1 汽车 ……………………………………………………… 167
  - 8.2 钢铁 ……………………………………………………… 173
  - 8.3 水泥 ……………………………………………………… 176
  - 8.4 船舶 ……………………………………………………… 179
  - 8.5 电解铝 …………………………………………………… 182
  - 8.6 稀土 ……………………………………………………… 184
  - 8.7 电子信息 ………………………………………………… 188
  - 8.8 医药 ……………………………………………………… 191
  - 8.9 农业产业化 ……………………………………………… 196
- 9 模式与实践 …………………………………………………… 201
  - 9.1 主要模式 ………………………………………………… 201
  - 9.2 典型实践 ………………………………………………… 204
  - 9.3 重要启示 ………………………………………………… 217
- 10 兼并重组环境 ………………………………………………… 221
  - 10.1 总体判断 ……………………………………………… 221
  - 10.2 法律 …………………………………………………… 224
  - 10.3 政策 …………………………………………………… 230
  - 10.4 市场 …………………………………………………… 236
  - 10.5 中介组织 ……………………………………………… 241
- 11 主要问题与发展趋势 ………………………………………… 245
  - 11.1 主要问题 ……………………………………………… 245

11.2 发展趋势 ··· 248
12 推进政策建议 ··· 253
12.1 政策思路 ··· 253
12.2 政策重点 ··· 256
12.3 具体建议 ··· 259
附录1 工业发展指数构建 ··· 267
附录2 工业行业发展指数 ··· 273
附录3 工业地区发展指数 ··· 279
参考文献 ··· 283

上篇

总览：工业发展

1 2012 工业发展状况

2012年,由于受到国际金融危机的持续影响,国内经济发展面临的困难不断增多,工业部门按照"稳中求进"的总基调,着力稳增长、调结构、转方式、促融合,中国工业经济总体呈现产值缓中企稳、内需拉动明显增强、结构调整稳步推进、企业经营开始好转、区域发展更为协调、行业管理水平持续提高的势头。

1.1 工业经济运行缓中企稳

工业主导国民经济增长。2012年,全部工业实现增加值199860亿元,较2011年提高11288亿元,增长7.9%,增幅较2011年下降2.8个百分点。其中,规模以上工业增加值增长10.0%,较2011年下降3.9个百分点;工业增加值占GDP的比重为38.48%,较2011年下降1.5个百分点,工业仍然是国民经济增长的主导力量。分行业看,2012年1~11月原材料工业、装备工业、消费品工业和电子制造业增加值分别较2011年增长10.4%、8.2%、11.0%和11.6%,较2011年同期分别下降2.3个、7.2个、3.1个和4.3个百分点。分季度看,2012年规模以上工业增加值同比第一季至第四季度增长率分别为11.6%、9.5%、9.1%和10.0%,下半年在中央稳增长政策的影响下,增速由8月份的8.9%回升至12月的10.3%。2012年工业经济运行呈现出上半年缓慢回落,下半年逐步企稳回升的态势,见图1-1、图1-2。

工业产品产量增速下滑。受宏观经济和工业增长趋缓的影响,2012年是"十二五"以来主要工业产品产量增长最缓慢的一年,部分工业产品产量增速下滑幅度较大。分行业看,原材料工业主要产品产量增速有所下滑,原煤、天然气产量和发电量增速分别较2011年下降5.1个、3.9个和7.3个百

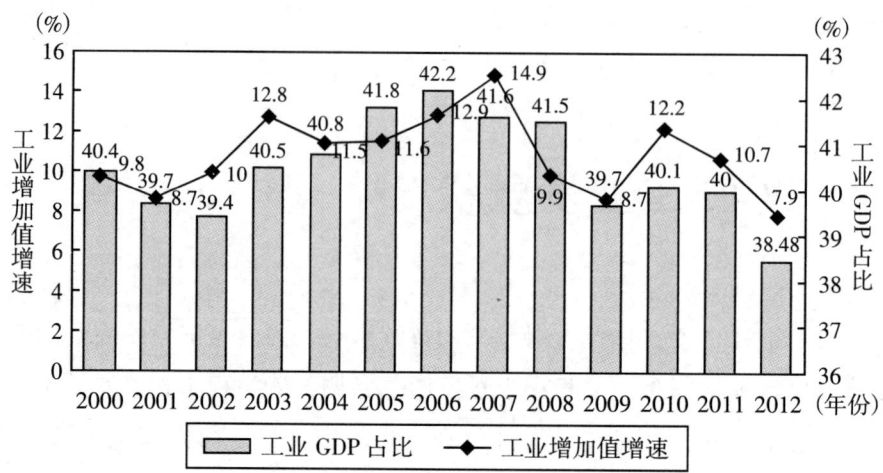

图 1-1 2000~2012 年全部工业增加值增速和工业占 GDP 比重情况

注：增速按不变价格计算。

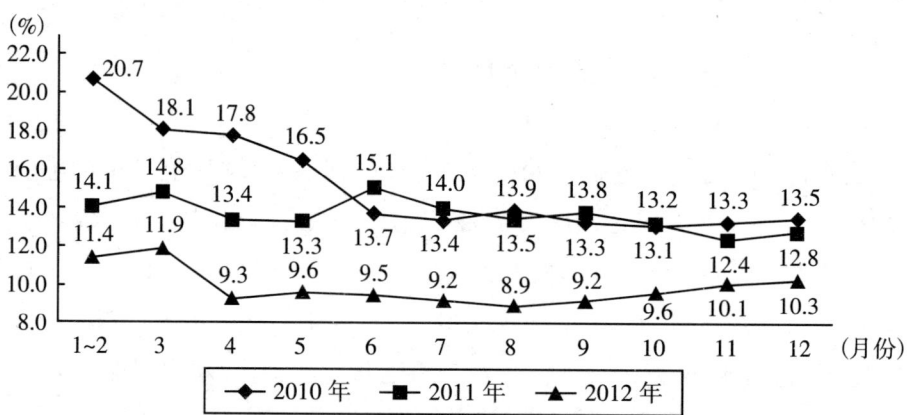

图 1-2 2010~2012 年各月规模以上工业增加值增速情况

分点，原油产量增速虽然高于 2011 年增加 1.8 个百分点，但低于 2010 年增速；冶金、有色、建材、化工主要产品产量缓慢提高，除化肥和化纤以外的产品产量增速均低于 2011 年，乙烯产量出现负增长；受政策调整和市场变化影响，装备工业主要产品产量持续下滑，汽车、农机等投资类产品产量增长速度放缓，汽车产量增速虽较 2011 年有所回升，但显著低于 2010 年和"十一五"平均水平，大中型拖拉机产量较 2011 年下降 4.1 个百分点；受消费政策变动影响，主要电器类产品产量明显下滑，家用电冰箱、房间空气调节器产量均出现负增长；电子信息工业主要产品产量增速下滑较大，移动通信手持机和微型计算机设备产品产量增速分别较2011年下降9.1个和19.8个百分点，见图1-3。

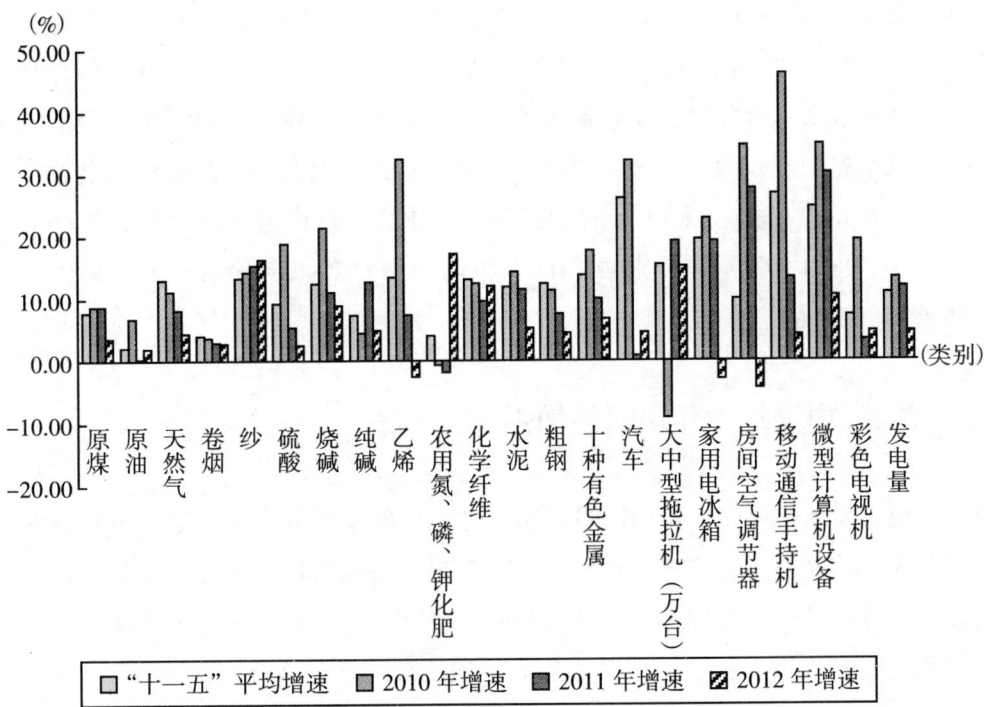

图1-3　2012年主要工业产品产量增速

注：以上数据与2010年、"十一五"平均比较。

工业投资回落。2012年，全国工业投资15.5万亿元，同比增长20.0%，增速较2011年回落6.9个百分点，下半年增速较上半年回落3.8个百分点，尚未出现回升迹象。其中，采掘业投资1.31万亿元，同比增长11.8%，增速回落9.6个百分点；制造业投资1.25万亿元，同比增长22.0%，增速下降9.8个百分点；电力、燃气及水的生产和供应业投资1.65万亿元，同比增长12.8%，增速提高9.0个百分点，制造业投资占全部工业投资的80.6%，是拉动工业投资增长的主要动力。分行业看，电气机械和器材制造业、非金属矿物制品业、黑色金属冶炼和压延加工业、有色金属冶炼和压延加工业、计算机通信和其他电子设备制造业投资增速下降是造成工业投资增速放缓的主要原因。2012年1~10月，工业领域民间投资9.4万亿元，同比增长27.8%。其中，制造业民间投资8.4万亿元，同比增长28.2%。

工业品出口增速回落。2012年,规模以上工业实现出口交货值10.68万亿元,较2011年增长7.1%,增速较2011年下降9.5个百分点,低于工业全部销售产值增速5.7个百分点。分季度看,第一季至第四季度分别增长7.4%、6.8%、3.5%和10.8%,工业出口在10月以后开始出现回升。分行业看,纺织、农副食品等轻工产品和钢材、船舶等重工业产品出口增速回落较大,其中船舶出口数量和金额都出现负增长;集成电路、液晶显示板电子信息类产品出口增速较2011年有所回升。工业品出口增速下降导致全年进出口总额、出口总额增速分别较2011年下降16.3个和12.4个百分点,但贸易顺差扩大了760亿美元。

1.2 内需拉动作用明显增强

内需拉动工业增长作用明显。2012年,国际金融危机的深层次影响仍继续显现,外需的持续萎缩导致我国工业品出口增速出现较大幅度回落。相比较,工业产品内需增势平稳,对工业增长的拉动作用明显增强。2012年,城镇固定资产投资和社会消费品零售总额同比分别增长20.6%和14.3%,在出口增速显著回落的情况下,规模以上工业完成销售产值同比仍保持了12.5%的增长速度。

信息消费成为扩大内需的新引擎。2012年,规模以上电子信息制造业实现内销产值38263亿元,增长15.5%,高于平均水平2.9个百分点,内销比重比上年提高1.2个百分点;"宽带中国"工程稳步推进,全国光缆线路长度净增268.6万公里,达到1480.6万公里;基础电信企业互联网宽带接入端口净增3596.0万个,达到26835.5万个。

1.3 产业结构调整稳步推进

高技术产业保持较快增长。2012年1~11月,高技术制造业增加值较2011年同期增长11.8%,快于同期全部规模以上工业增加值增速1.8个百分点。战略性新兴产业加速成长。2012年,电子信息产业多项核心关键技术取得突破，自主开发的8GB DDRⅡ存储器芯片出货量超过430万片，自主研发的智能手机浏览器用户超过3亿户，国产智能终端芯片销售超过4000万颗；新型显示生产线、相关材料及设备的研发和产业化步伐加快，液晶面板全球市场占有率超过10%，国内电视面板供应自给率突破20%，国内面板骨干企业采购国产材料的金额比例超过25%；新能源汽车产业技术创新工程正式启动，全年有25个项目已列入本年度新能源汽车产业技术创新工程支持项目名单，混合动力客车推广范围将从25个示范城市扩大到全国所有城市。《节能与新能源汽车示范推广应用工程推荐车型目录》628款车型全年共生产2.48万辆，同比增长94%，其中乘用车1.47万辆，商用车1万多辆；纯电动汽车1.33万辆，常规混合动力汽车1.04万辆，插电式混合动力汽车1000多辆。

传统产业改造升级稳步推进。2012年共安排传统产业改造提升专项资金228亿元，带动投资2970亿元，分别较2011年提高68.9%和6.4%。2012年1~10月，技术改造投资完成5.1万亿元，同比增长21.6%，增速较2011年同期回落2.1个百分点，技术改造投资占工业投资的比重为41.1%，较2011年同期回落0.1个百分点。重点行业兼并重组取得积极进展，2012年淘汰落后产能任务全面完成，产业转移有序推进。

1.4 企业经营状况开始好转

2012年，全国规模以上工业实现主营业务收入84.33万亿元，较2011年增长27.2%；实现利润5.56万亿元，较2011年增长5.3%，其中，9月、10月、11月、12月分别增长7.8%、20.5%、22.8%和17.3%，改变了1~8月企业效益状况持续下滑的局面；上缴税金4.09万亿元，较2011年增长11.7%。分行业看，黑色金属冶炼和压延加工业、化学原料和化学品制品制造业利润下降是造成1~8月企业效益大幅下降的主要原因。

1.5 区域经济发展更为协调

中西部地区工业投资比重继续提高。2012年1~10月，在完成的工业投资中，东部、中部和西部地区分别为 5.7 万亿元、4.0 万亿元和 2.8 万亿元，较 2011 年同期分别增长 16.3%、25.0% 和 27.3%，增幅分别回落 4.7 个、9.7 个和 1.9 个百分点，中部、西部地区工业企业资产总额占全国比重分别上升到 32.2% 和 22.0%，较 2011 年同期提高了 1.6 和 0.4 个百分点。2012 年 1~9 月，东部地区技术改造投资 2.2 万亿元，增长 18.8%；中部地区技术改造投资 1.5 万亿元，增长 26.7%；西部地区技术改造投资 7998.7 亿元，增长 24.1%。中部、西部地区工业投资总额和质量型投资的增速均快于东部地区。

中部、西部地区对工业增加值贡献率有所上升。2012 年 1~11 月份，东部、中部、西部地区工业增加值较 2011 年同期分别增长 8.7%、11.4% 和 12.8%，增幅分别回落 3.1 个、6.9 个和 4.1 个百分点；东部地区占全部规模以上工业增加值比重下降到 56.6%，中部、西部地区分别上升到 25.2% 和 18.2%，较 2011 年同期分别提高 0.7 个和 0.4 个百分点。

1.6 行业管理水平持续提升

规划引导进一步加强。2012 年，工业领域共颁布"十二五"行业规划 13 部，"十二五"专项规划 5 部，中长期行业规划 2 部，其他专项规划 1 部，涉及装备、电子信息、食品、材料等多个行业以及污染控制、安全生产等多个领域；完善了工业领域"十二五"及中长期的规划体系；制定了《产业转移指导目录（2012 年）》，加强了对工业合理布局的引导；发布了《关于进一步加强企业兼并重组工作的通知》，各地相继建立本地区企业兼并重组工作组织协调机制。

重点工作稳步推进。2012 年，工业和信息化系统以转型升级行动计划"6+1"活动为抓手，各方面工作取得重大进展。产业基地公共服务能力提升方面，制定下达分行业分地区 2012 年淘汰落后产能任务，分解落实并向社会公告 2761 家企业名单，落实了 2012 年度工业行业奖励资金 31.2 亿元，列入公告的落后设备（生产线）基本完成拆除。中小企业服务方面，出台了关于进一步支持小型微型企业健康发展的意见，中央预算内扶持中小企业发展的 141.7 亿元专项资金全部安排，取消了一大批行政事业性收费和行政审批，中小企业公共服务平台网络建设工程、银河培训工程、信息化推进工程和知识产权战略推进工程取得新进展。技术创新推进方面，"核高基"、新一代移动通信网、高档数控机床、大型飞机、载人航天与探月工程等重大科技专项加快推进，TD-LTE-Advanced 成为第四代两大国际移动通信标准之一，百项技术创新工程确定的 94 项产业关键领域共性技术研发进展顺利。质量品牌建设方面，新版药品和婴幼儿奶粉生产企业相关质量规范稳步实施，食品工业企业诚信体系建设稳步推进。宽带普及提速方面，截至 2012 年 11 月底，固定互联网宽带接入用户达到 1.74 亿户，移动电话用户突破 11 亿户，3G 用户达到 2.2 亿户，其中 TD-SCDMA 用户 8237 万户，2012 年全国互联网国际出口带宽达到 1899792Mbps，同比增长 36.7%。两化融合方面，工业企业两化融合评估规范基本形成，示范企业评定、18 个行业水平评估及区域水平评估有序开展，90 个两化融合重点项目顺利推进。推进兼并重组方面，完善了兼并重组协调机制，建成开通公共信息服务平台，汽车、钢铁、水泥等重点行业兼并重组取得新进展。

2 工业发展水平评估

2.1 工业发展指数

2005~2011年,工业发展指数计算结果显示中国工业发展水平总体提升,但表现出一定程度的波动性。受国际金融危机影响,2008年中国工业发展指数有所下降,2009年较快回升,但2010年和2011年,中国工业发展指数连续下降。

2.1.1 指数构建

本报告从工业生产效率、绿色发展、技术创新、国际竞争力和增长五个维度构建工业发展指数。生产效率采用Sequential-Malmquist-Luenberger (SML)生产效率指数,绿色发展选用能源效率、废水排放产出强度、废气排放产出强度3个二级指标分析,技术创新包括创新投入和创新产出两方面指标,国际竞争力采用了国际贸易竞争力指数,工业增长则选用工业增加值增长率,见表2-1。关于工业发展指数构建的详细内容参见附录1。

表2-1 工业发展指数的指标体系

一级指标	二级指标	指标说明	单位
生产效率	Sequential-Malmquist-Luenberger生产效率指数	数据包络分析(DEA)计算	
绿色发展	能源效率	工业总产值/能源消费总量	万元/吨标准煤
	废水排放产出强度	行业总产值(可比价)/废水排放量	元/吨
	废气排放产出强度	行业总产值(可比价)/废气排放量	万元/标立方米

续表

一级指标	二级指标	指标说明	单位
技术创新	专利申请数		件
	研究与试验发展人员占比	研究与试验发展人员/从业人员	%
	研究与试验发展强度	研究与试验发展经费/销售收入	%
	新产品销售收入占比	新产品销售收入/产品销售收入	%
国际竞争力	国际贸易竞争力指数	净出口额/贸易总额	
增长	工业增加值增长率		%

报告分别给出了环比和（以 2005 年为基期的）定基发展指数，指数构建步骤如下：

首先，计算行业发展水平。采用德尔菲法确定五个评估维度的基准权重：生产效率、可持续发展、技术创新、国际竞争力和增长的权重分别为 0.25、0.25、0.20、0.18、0.12。计算行业发展指数时，结合各行业特征，对基准权重进行调整，以更为准确地反映出行业的真实发展水平。

其次，计算工业发展指数。利用上一步计算得到的行业发展指数，以 2011 年各行业的工业总产值占样本工业总产值之和的比重为行业的权重，计算工业发展指数。

最后，使用因子分析法验证主观权重法和客观权重法计算的工业发展指数是否具有一致性。

报告选择了 14 个重点制造业行业作为样本，涵盖了国民经济行业分类（GB/T4754—2002）中的 16 个行业。工业发展指数指标的时间跨度为 2005~2011 年，数据来自历年《中国统计年鉴》、《中国工业经济统计年鉴》、《中国环境统计年鉴》、《中国科技统计年鉴》等；国际贸易数据来自联合国 COMTRADE 数据库，按照联合国贸易统计的 HS 编码与国民经济行业分类的对照表，将联合国 COMTRADE 数据库中按产品统计的国际贸易数据，转换为国民经济行业的国际贸易数据。

2.1.2 发展水平评估

2005~2011年,工业发展定基指数虽有波动,但总体增长态势明显。2006年和2007年,定基指数分别为120.9和135.6,呈现出线性增长的发展趋势。2008年指数下降为125.4,2009年和2011年分别为152.7和151.3,2011年快速上升至186.9。①

从环比计算的工业发展指数来看,2006年和2007年的环比指数分别为120.9和110.5,保持了连续上涨的势头。但2008年环比指数明显下降,仅为98.1。造成这种结果的直接原因是国际金融危机对中国工业发展带来了负面冲击。从各维度指标的变化情况看,2008年工业增长指数和生产效率指数出现了明显的下降,特别是增长指标降低27.4,生产效率指数下降的原因是产能利用不足、技术效率下降。2009年,随着增长指数和生产效率指数的大幅回升以及绿色发展指数快速增长,在国际竞争力指数和创新指数下降的情况下,工业发展环比指数回升至152.7,反映出中国工业发展水平受到国际金融危机冲击企稳,并强力回升。2010年,增长指数和绿色发展指数上涨,但创新指数和国际竞争力指数下降较快,工业发展环比指数为96.0。2011年,由于绿色发展指数和竞争力指数明显上涨,带动工业发展指数由2010年的151.3上升至2011年的186.9,见图2-1。

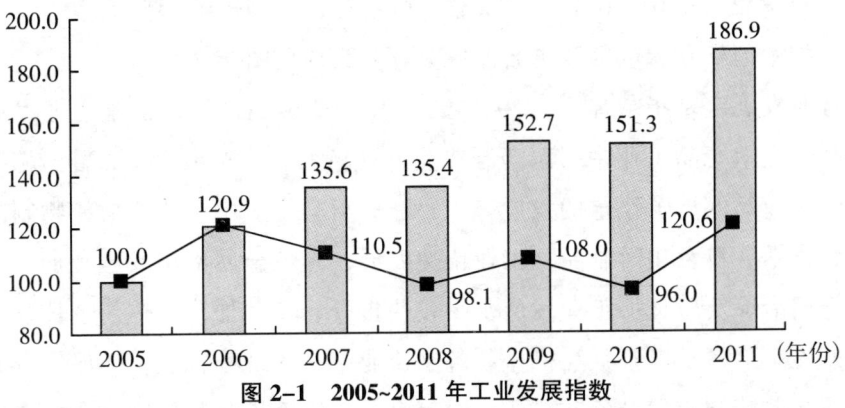

图2-1 2005~2011年工业发展指数

---

① 由于效率指标的计算方法由传统Malmquist生产效率指数改为Sequential-Malmquist-Luenberger指数,所以2009年之前的工业发展指数与《中国产业发展与产业政策报告(2011)》略有不同。

分项定基指数表明，2005~2011年绿色发展指数和国际竞争力指数大幅上涨，表现出中国工业保持较强的国际竞争力的同时，绿色发展水平也在快速提升，工业发展的质量不断提升；生产效率指数和增长指数均稳步增长，创新指数略有下降，见图2-2。

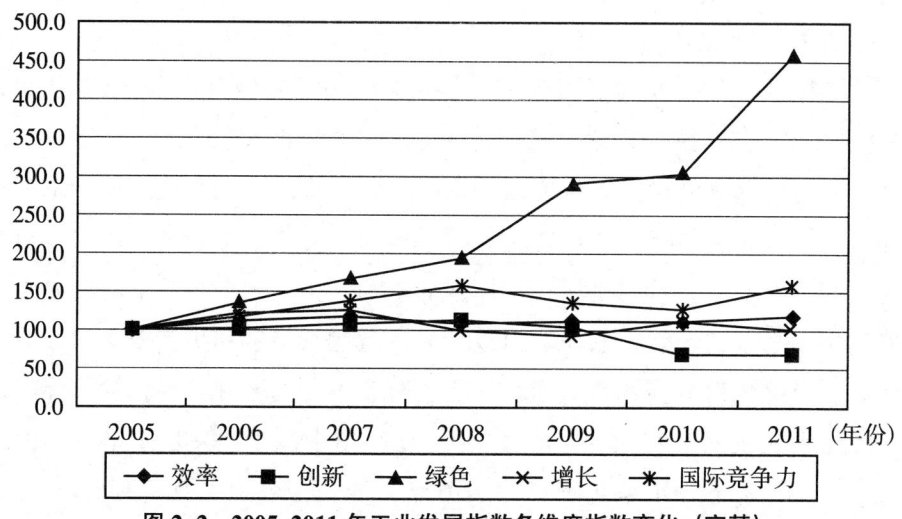

图2-2 2005~2011年工业发展指数各维度指数变化（定基）

环比指数显示，受国际金融危机影响，2008年工业生产效率指数和增长指数负增长。2009年，绿色发展、增长和生产效率指数正增长，创新和国际竞争力负增长。2010~2011年，除增长指数外，中国工业国际竞争力、生产效率、技术创新和绿色发展指数保持上升势头，见图2-3。

行业发展定基指数显示，2005~2011年，非金属矿物制品加工业发展能力较强。在消费品工业中，医药制造业、食品工业、纺织服装、鞋、帽制造业和纺织业都保持了稳定的发展势头；在原材料工业中，非金属矿物制品加工业、化学原料及化学制品加工业快速发展，黑色金属冶炼及压延加工业和有色金属冶炼及压延加工业发展水平较快提升，石油加工、炼焦及核燃料加工业发展水平稳步提升；在机械装备制造业中，各细分行业整体保持较高发展水平，尤其是专用设备制造业；通信电子、计算机及其他制造业发展速度相对较慢。可见，中国工业化进程表现出较为重化工业快速发展的特点，见图2-4。

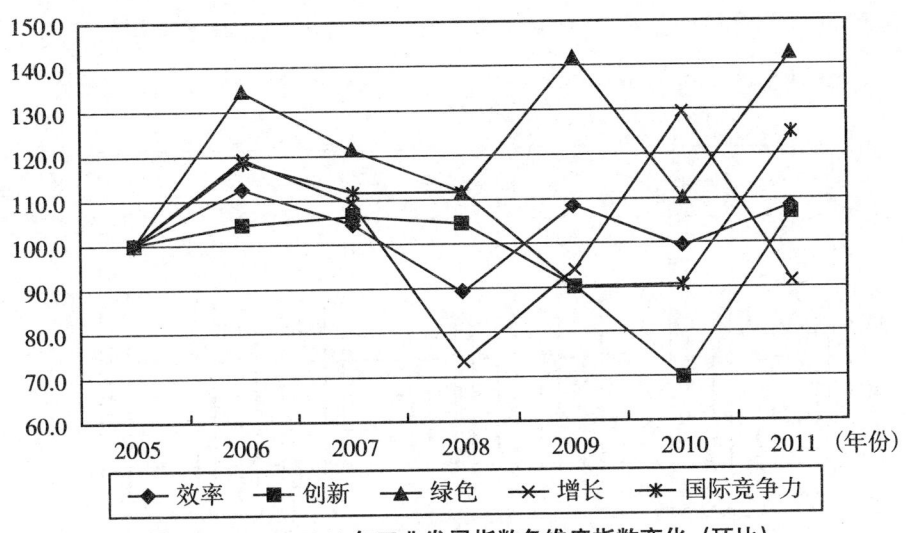

图 2-3 2005~2011 年工业发展指数各维度指数变化（环比）

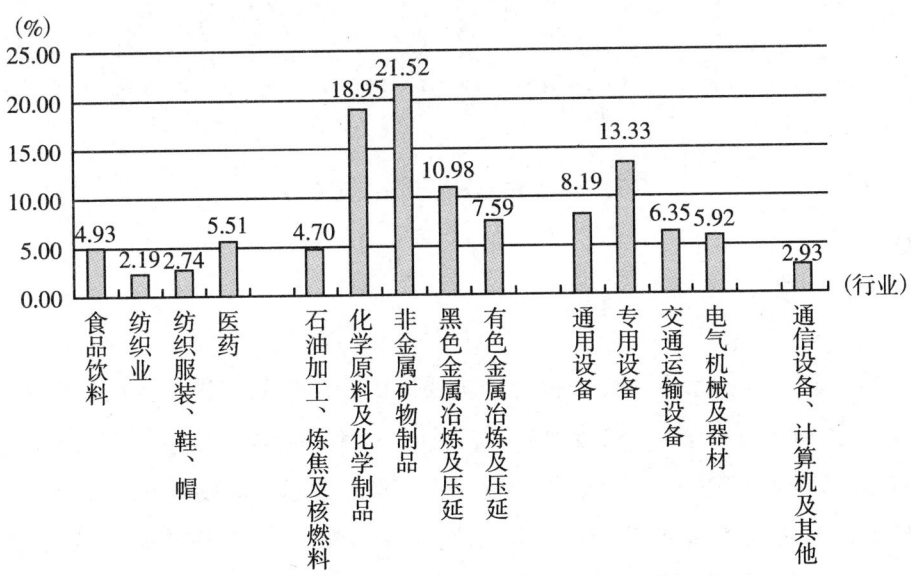

图 2-4 2005~2011 年行业发展定基指数年均增长率

2011 年，非金属矿物制品加工业、医药制造业、化学原料及化学制品加工业环比发展指数分列前三位。其中，非金属矿物制品加工业和医药制造业发展水平的提升，主要来自行业创新指数和绿色发展指数的提升；化学原料及化学制品加工业发展水平的提高，归因于国际竞争力指数的大幅提升。受国际竞争力指数和增长指数下降的影响,中国黑色金属冶炼及压延加工业和有色金属冶炼及压延加工业发展水平下降明显,见图 2-5。

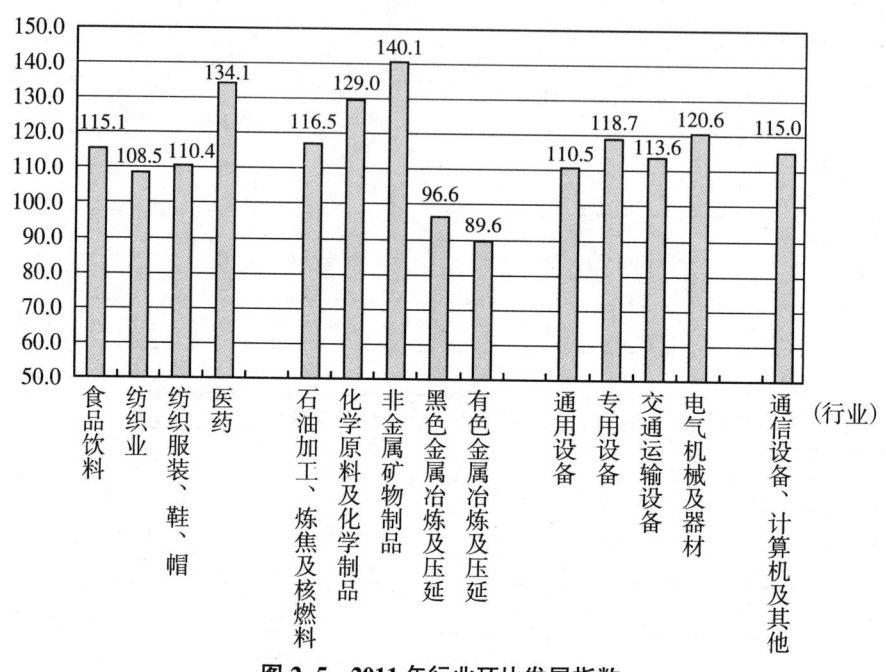

图 2-5　2011 年行业环比发展指数

2.2 效率

技术进步是推动生产效率提升的主要原因,生产效率进一步提升仍然十分重要。2005~2011 年,制造业各行业年均 SML 生产效率指数为 1.124,年均增长 12.3%,技术变化指数年均增长 11.6%,技术效率指数年均增长仅为 0.62%,表明技术进步是推动中国制造业生产效率水平提升的主要原因。2011 年,中国制造业各行业平均 SML 生产效率指数为 1.203,制造业各行业平均技术变化指数和技术效率指数分别为 1.102 和 1.091,即技术变化指数增长 10.2%,技术效率变化指数年均增长 9.1%,两者共同促进生产效率提升的态势呈现,见图 2-6。

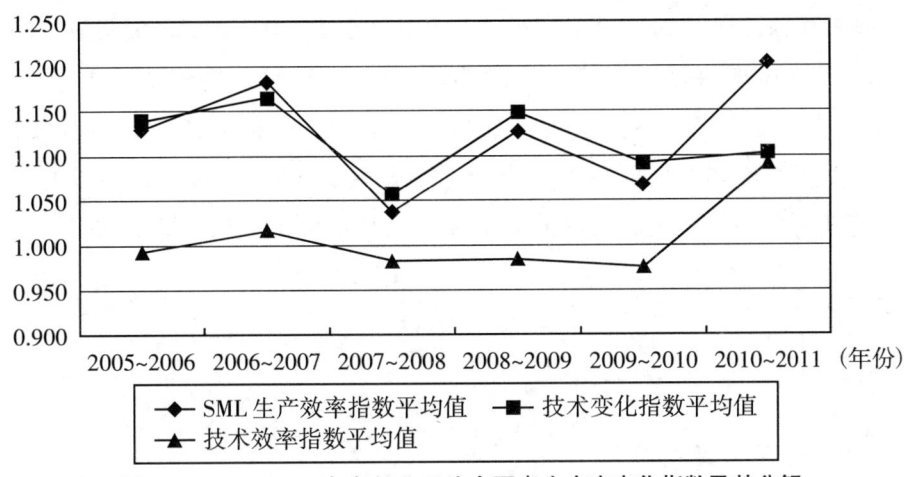

图 2-6　2005~2011 年各行业平均全要素生产率变化指数及其分解

2011 年，从行业层面来看，在所分析的 14 个工业行业中，各行业生产效率均有所提升，表现出总体向好的趋势。仅有食品工业技术效率指数有所下降，生产效率的提升是进步替代技术效率型生产效率提升；石油加工、炼焦及核燃料加工业，交通运输设备制造业，电器机械及器材制造业，通信设备、计算机及其他制造业生产效率没有变化，属于技术进步牵引型生产效率提升；其他产业则属于技术进步和技术效率协同推进型生产效率提升。

2.3　增长

2012 年，工业经济增长面临较大下行压力，随着稳增长、调结构、促转型各项政策的逐步落实，内需的拉动作用明显增强，固定资产投资实际增速明显回升，消费需求增长加快，缓解了外需萎缩和经济下行的不利影响，工业经济运行整体上由缓中趋稳向企稳回升方向发展。

工业经济增长呈现缓中趋稳的态势。2012 年，规模以上工业增加值比上年增长 10.0%，较"十一五"期间平均增速下降了 4.9 个百分点，较 2011 年下降了 3.9 个百分点。其中，第一季度增长 11.6%，第二季度增长 9.5%，第三季度增长 9.1%，第四季度增速 10.0%。分轻重工业看，重工业增加值比上年增长 9.9%，轻工业增长 10.1%。从 2011 年下半年开始，工业经济呈现逐季放缓的趋势，进入 2012 年下半年，工业增速逐月回升，企稳态势明显。2012 年 8 月工业增加值月度增速下滑到 2010 年以来最低点 8.9% 后，9 月、10 月、11 月、12 月四个月分别增长 9.2%、9.6%、10.1% 和 10.3%。规模以上工业增加值月度环比增速在 2012 年 7 月后加快，8 月、9 月、10 月、11 月、12 月环比分别增长 0.76%、0.84%、0.83%、0.88% 和 0.87%，见图 2-7。

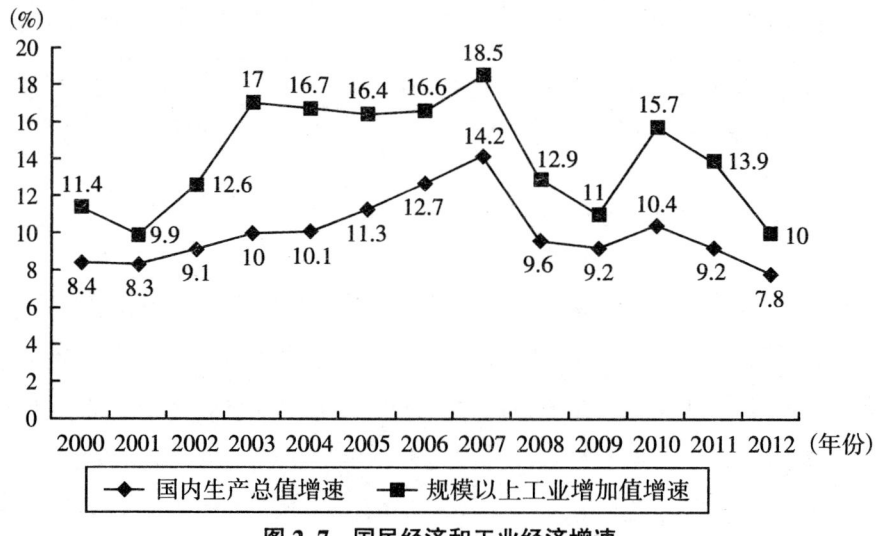

图 2-7 国民经济和工业经济增速

内需拉动作用增强。从工业经济增长的拉动力来看，2012 年，剔除价格因素影响后，固定资产投资完成额比上年增长 19.0%，增速比 2011 年提高了 2.9 个百分点；社会消费品零售总额实际增长 12.1%，增速比 2011 年提高了 0.5 个百分点；工业品出口交货值比上年增长 7.1%，增速比 2011 年下降了 9.5 个百分点。内需在工业经济增长中的拉动作用明显增强。

2.4 技术创新

2.4.1 研发投入快速增长

研发经费支出规模持续快速增长，研发强度进一步提高。2012 年，研究与试验发展经费支出 10298.4 亿元，比 2011 年增加 1611.4 亿元，增长

2 工业发展水平评估

18.5%。研究与试验发展经费支出占国内生产总值比重达到 1.98%，较 2011 年提高 0.14 个百分点。其中，全国用于基础研究的经费支出为 498.8 亿元，比 2011 年增长 21.1%；应用研究经费支出 1162 亿元，增长 13%；试验发展经费支出 8637.6 亿元，增长 19.2%。基础研究、应用研究和试验发展占研究与试验发展（R&D）经费总支出的比重分别为 4.8%、11.3% 和 83.9%。分执行部门来看，全国研究与试验发展经费支出中，企业、政府属研究机构、高等学校经费支出所占比重分别为 76.2%、15% 和 7.6%，企业在技术创新体系中的主体地位进一步突出，见图 2-8。

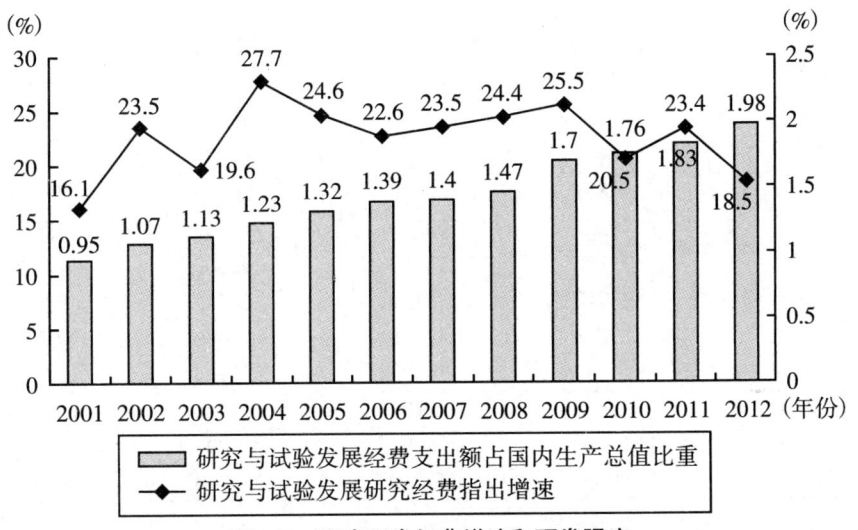

图 2-8 研究开发经费增速和研发强度

科技创新基础设施不断完善。2012 年底，全国累计建设国家工程研究中心 130 个，国家工程实验室 128 个，野外观测台站（网）105 个，国家地方联合工程研究中心 149 个，国家地方联合工程实验室 180 个。国家认定企业技术中心达到 887 家，省级企业技术中心达到 8137 家。2012 年，全国有国家认定的企业技术中心 887 个，产品质量、体系认证机构 173 个，法定计量技术机构 3496 个。

2.4.2 创新能力不断提升

专利数量持续增长。2012 年，受理境内外专利申请 205.1 万件，其中境内申请188.6万件，占91.9%。受理境内外发明专利申请65.3万件，其中境内申请52.3万件，占80.1%。全年授予专利权125.5万件，其中境内授权114.4万件，占91.1%。授予发明专利权21.7万件，其中境内授权13.7万件，占63.2%。

国内有效专利比重提高，有效专利结构也不断优化。2012年底，有效专利350.9万件，其中境内有效专利289.9万件，占82.6%；有效发明专利87.5万件，其中境内有效发明专利43.5万件，占49.7%，见表2-2。

表2-2 专利受理和授权情况（项）

年份	三种专利申请受理量（项）	发明专利申请受理量（项）	三种专利申请授权量（项）	发明专利申请授权量（项）
2001	203573	63204	114251	16296
2002	252631	80232	132399	21473
2003	308487	105318	182226	37154
2004	353807	130133	190238	49360
2005	476264	173327	214003	53305
2006	573178	210490	268002	57786
2007	693917	245161	351782	67948
2008	828328	289838	411982	93706
2009	976686	314573	581992	128489
2010	1222286	391177	814825	135110
2011	1633000	526000	961000	172000
2012	2051000	653000	1255000	217000

2.5 对外贸易

贸易总量继续增长，但增速进一步放缓。2012年，全年进出口总额38667.6亿美元，比2011年增长6.2%，增速比2011年回落16.3个百分点，低于GDP增速1.4个百分点；出口20489.3亿美元，增长7.9%；2012年全年，规模以上工业企业实现出口交货值106759亿美元，比2011年增长7.1%。进口18178.3亿美元，比2011年增长4.3%。进出口总额中，一般贸易进出口20098.3亿美元，比2011年增长4.4%；加工贸易进出口13439.5亿美元，增长3.0%。出口额中，一般贸易出口9880.1亿美元，增长7.7%；加工贸易出口8627.8亿美元，增长3.3%。进口额中，一般贸易进口10218.2

亿美元，增长1.4%；加工贸易进口4811.7亿美元，增长2.4%，见图2-9。

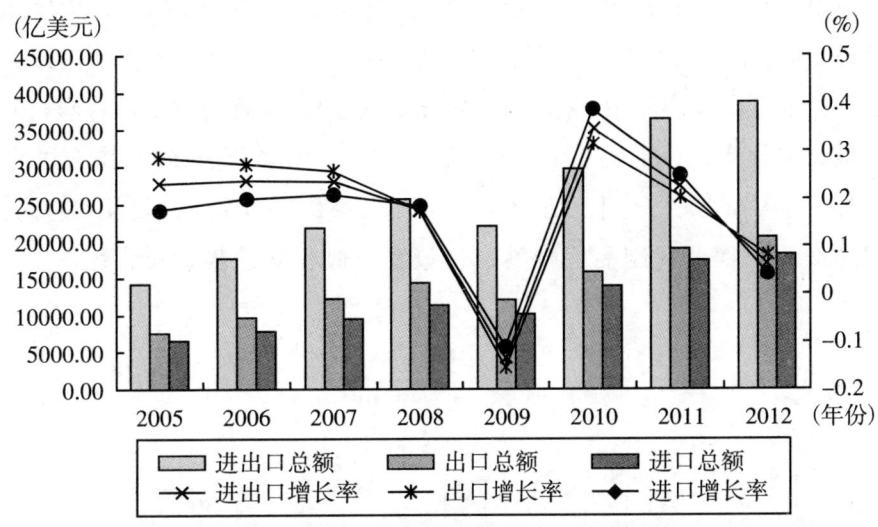

图2-9　2005~2012年我国进出口总额与增速
资料来源：《2012年统计公报》和相关年份《中国统计年鉴》。

贸易顺差有所提升，外贸对经济增长的贡献不断下降。2012年，我国贸易顺差规模为2311亿美元，较2011年增加758亿美元，增长48.8%，结束了自2008年以来我国贸易顺差持续下降的局面。在转变经济增长方式的战略调整下，贸易顺差占GDP的比重持续下降，由2009年的3.9%、2010年的3.1%、2011年的2.1%降至2012年的0.45%，对外贸易对中国经济增长的拉动效应逐年下降，表明中国经济增长更多地依靠内需拉动，见图2-10。

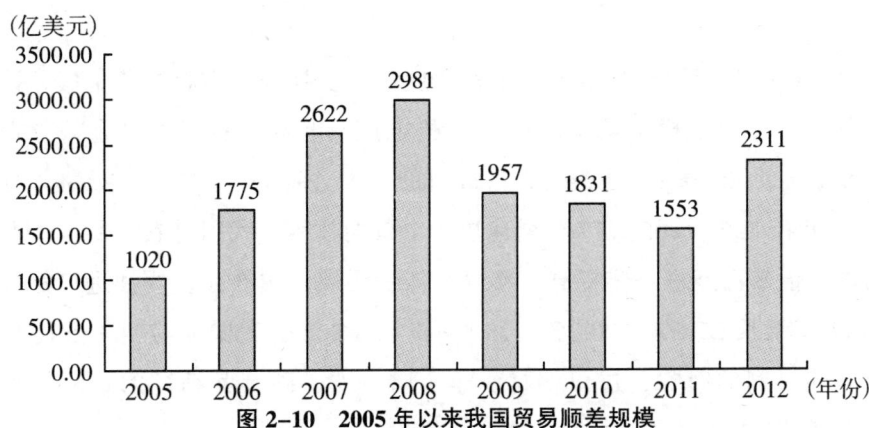

图2-10　2005年以来我国贸易顺差规模
资料来源：《2012年统计公报》和相关年份《中国统计年鉴》。

出口结构进一步高端化，技术密集型产品出口比重有所回升。2012 年，我国机电产品和高新技术产品占出口比重分别为 57.6%和 29.3%，均较 2011 年增长 0.4 个百分点，出口产品的技术复杂度进一步提高，但仍未达到 2010 年水平。重点出口商品中，集成电路，灯具、照明装置及类似品，塑料制品出口增长率较快，分别比 2011 年增长 64.1%、54.5%和 34.5%；船舶，二极管及类似半导体器件分别比 2011 年下降 13.5%和 27.4%。服装及衣着附件，纺织纺线、织物及其制品，鞋类，箱包及类似容器稳步增长，见图 2-11、图 2-12。

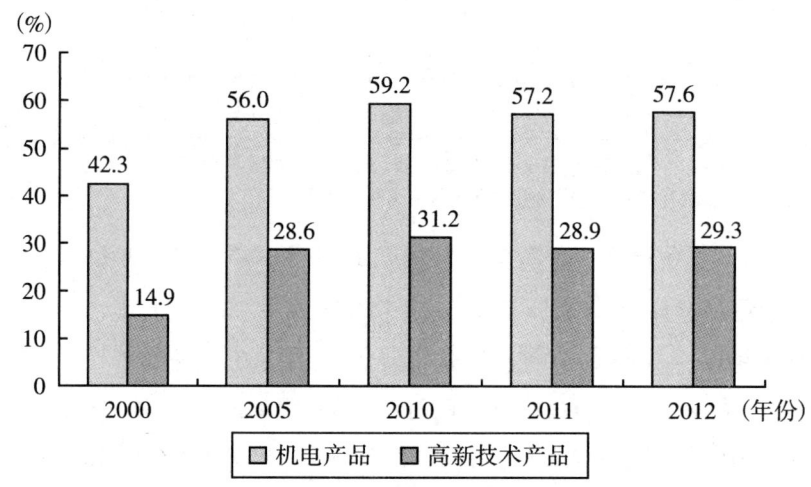

图 2-11　机电产品与高新技术产品出口比重

资料来源：《2012 年统计公报》和相关年份《中国统计年鉴》。

对农产品及能源产品的进口依赖程度进一步提高，钢材、非金属、铁矿砂及其精矿进口规模下降。2012 年，机电产品和高新技术产品金额分别为 7823.8 亿美元和 5067.5 亿美元，占进口的比重分别为 43.0%和 27.9%，分别较 2011 年增长 3.8%和 9.5%，增速快于出口增长率。我国对农产品及能源产品的进口依赖程度进一步提高，粮食，煤及褐煤，农产品，原油进口额分别较 2011 年增长 25.5%、20.2%、18.8%和 12.1%。受我国原材料工业增长放缓及产能过剩的影响，进口钢材、非金属、铁矿砂及其精矿的金额分别较 2011 年下降 17.5%、12.0%和 15.0%。

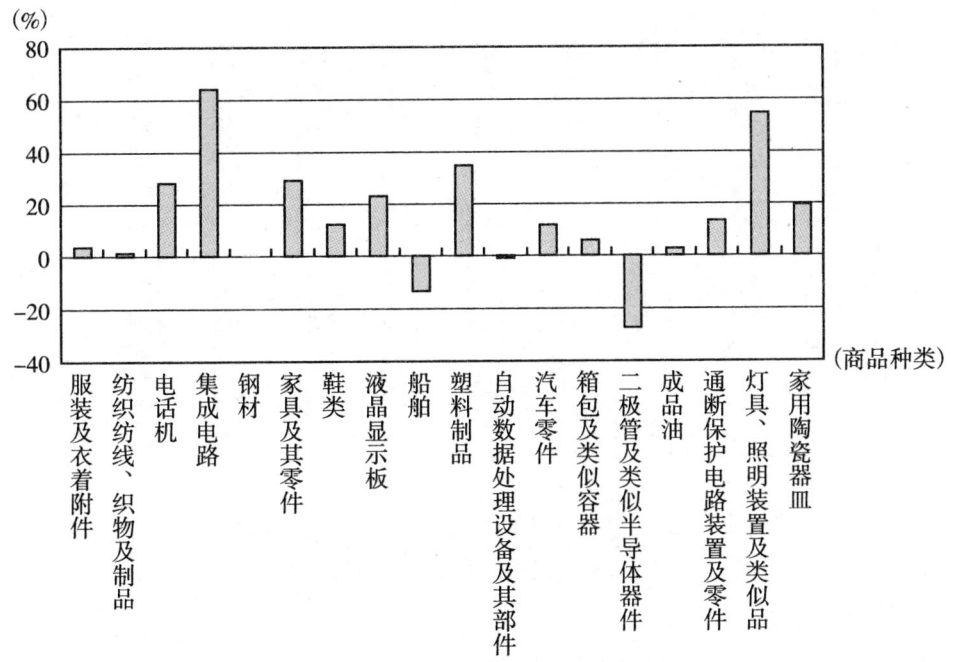

图 2-12　2012 年出口重点商品增长率
资料来源：《2012 年统计公报》和相关年份《中国统计年鉴》。

民营企业成为中国出口的重要主题。按出口企业性质分，国有企业、外商投资企业和集体企业出口占比持续下降。2012 年，三类企业出口占比分别下降 0.44 个、2.51 个和 1.57 个百分点，民营企业出口占比增加 4.51 个百分点，所占比重超过国有企业和集体企业，表现出较强的适应性，见图 2-13。

受欧洲国家经济复苏缓慢及区域性贸易快速发展的影响，我国对欧盟出口占比较 2011 年下降 2.5 个百分点，对东盟出口占比较 2011 年上升 1.01 个百分点。美国、日本、中国香港仍然是我国最为主要的出口国家及地区，2012 年累计出口金额分别为 3518.0 亿美元、3235.3 亿美元和 1516.5 亿美元，同比增长 8.4%、20.7% 和 2.3%；对德国、荷兰和印度的出口分别下降 9.4%、1.0% 和 5.7%。日本、韩国是我国最为主要的进口原产国，进口金额分别为 1778.1 亿美元和 1686.5 亿美元。受中日两国关系的影响，中国对日本商品进口金额下降明显，韩国正在加快追赶日本作为中国最大进口原产国的步伐。

外贸企业转型加速，对外经济关系将出现重大变化。国内一些制约外贸

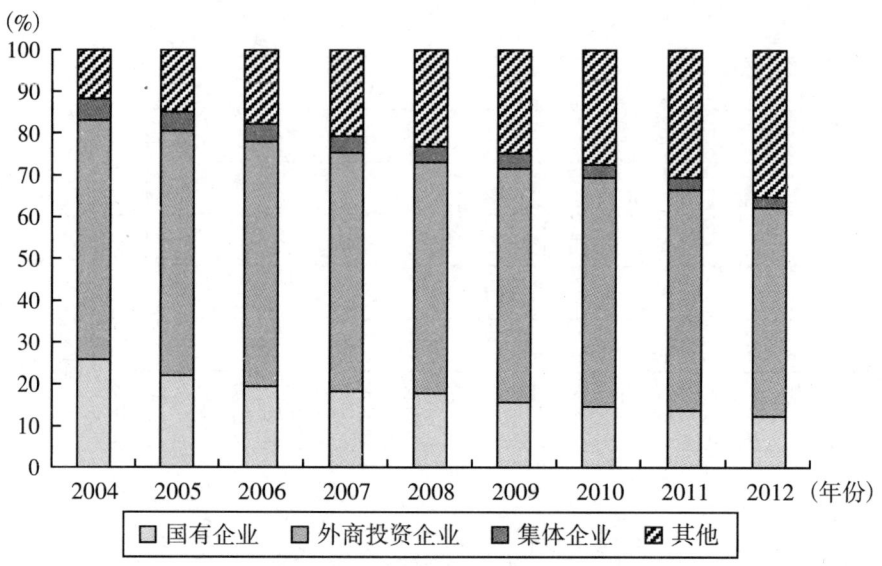

图2-13 按企业性质分中国出口结构

资料来源：商务部相关资料。

发展的长期矛盾和短期问题叠加，外贸企业经营压力明显增加。劳动力工资、原材料价格、人民币汇率、贷款利息、厂房租金等生产经营成本上升，在一定程度上削弱了外贸企业的价格优势，挤占了企业利润，致使外贸企业尤其是小微型外贸企业不堪重负。成本上升、利润下降，导致有单不敢接、不愿接，也将加大结构调整难度。东部沿海地区外贸企业加快产业升级的步伐，产业转移的规模快速增加，大量企业向中西部地区转移且向劳动力成本更低的国家和地区转移的步伐明显加快。随着最终产品的对外转移，与之相配套的关联产业及中间产品产业随之加快转移的规模和速度。一些外贸加工型企业开始转向开发国内市场，除生产经营成本上升的压力外，还面临着品牌建设滞后、营销渠道开拓不足的困难。

2.6 可持续发展

中国工业单位增加能耗持续下降，工业生产能源利用效率继续提升，高耗能行业比重有所反弹，工业生产环境保护效果进一步增强。

2.6.1 工业单位增加值能耗和水耗持续下降

2011年，按当年价格计算，全部工业万元增加值能耗1.23吨标准煤，较2010年下降14.17%，是2001年以来下降幅度最大的一年，万元增加值能耗降速连续三年有所提高；工业在国民经济能源消费保持较高比重，工业和制造业占全部能源费总量的70.82%和57.59%，分别较2010年下降0.31个和0.42个百分点。同时，2011年，全部工业万元增加值用水量下降至82吨/万元，较2010年下降26吨，是"十一五"以来下降幅度最大的一年。工业单位增加值水耗自2000年以来连续11年下降，2011年单位工业增加值水耗不到2001年的1/3，见图2-14、图2-15。

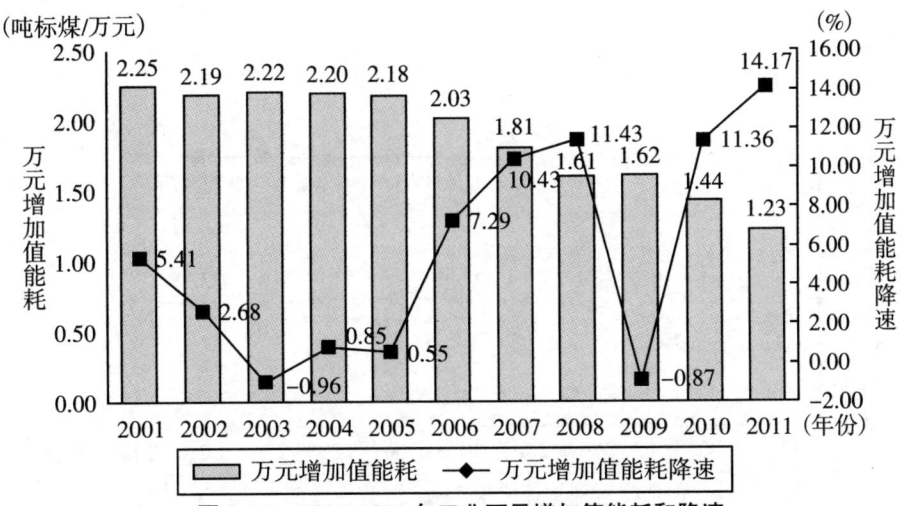

图2-14　2001~2011年工业万元增加值能耗和降速

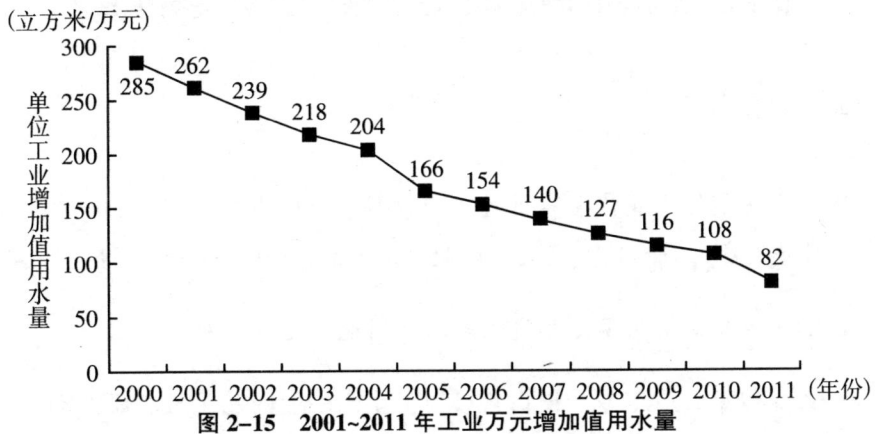

图2-15　2001~2011年工业万元增加值用水量

2.6.2 高耗能行业产值和能耗比重有所反弹

2011年,规模以上石油加工、炼焦及核燃料加工业,化学原料及化学制品制造业,非金属矿物制品业,黑色金属冶炼及压延加工业,有色金属冶炼及压延加工业,电力、热力的生产和供应业六大高耗能工业产值占全部规模以上工业比重33.78%,较2010年上升了0.90个百分点;六大高耗能行业耗能占全部工业耗能比重的72.65%,较2010年上升了0.31个百分点。2010~2011年,六大高耗能行业的产值、能耗比重均连续两年有所反弹,但产值比重反弹的速度快于能耗比重反弹的速度。这说明近两年来,产业政策对高耗能行业耗能过快增长有所遏制,高耗能行业本身能源使用效率提升速度快于工业平均,见图2-16。

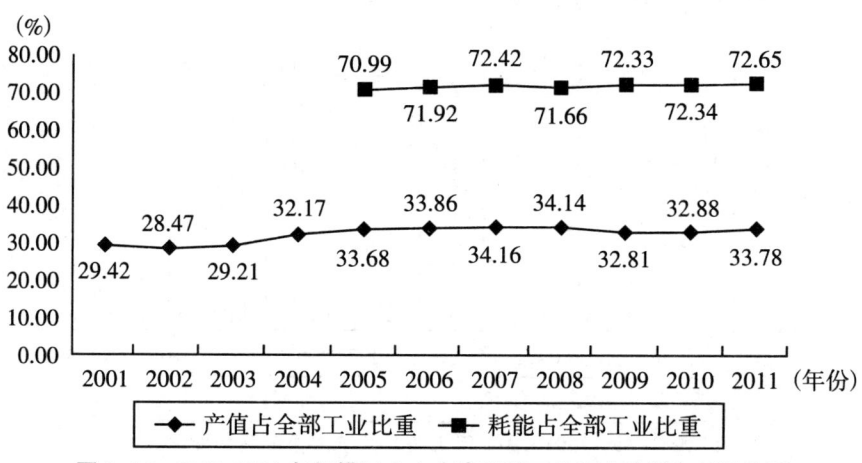

图2-16　2001~2011年规模以上六大高耗能工业行业产值和耗能比重

2.7 结构

中国工业重化工业化继续推进,原材料工业比重大、增长快,资本密集型行业比重有所回升,技术密集型行业比重降低,地区发展差距进一步缩小。

2.7.1 重化工业化继续推进,轻工业增速超过重工业

2006年以来,重工业产值占规模以上全部工业的比重虽有所波动但一直

维持在70%以上，中国重化工业化趋势明显。2011年，规模以上工业中，轻工业增加值增长13.0%，重工业增加值增长14.0%，重工业增长继续领先于轻工业增长，重工业产值比重较2010年提高0.48个百分点，工业结构的重型化趋势有所加强。2012年，规模以上轻工业和重工业增加值增速分别为10.1%和9.9%，轻工业增加值增速自2001年以来首次超过重工业，增加值增速，见图2-17。

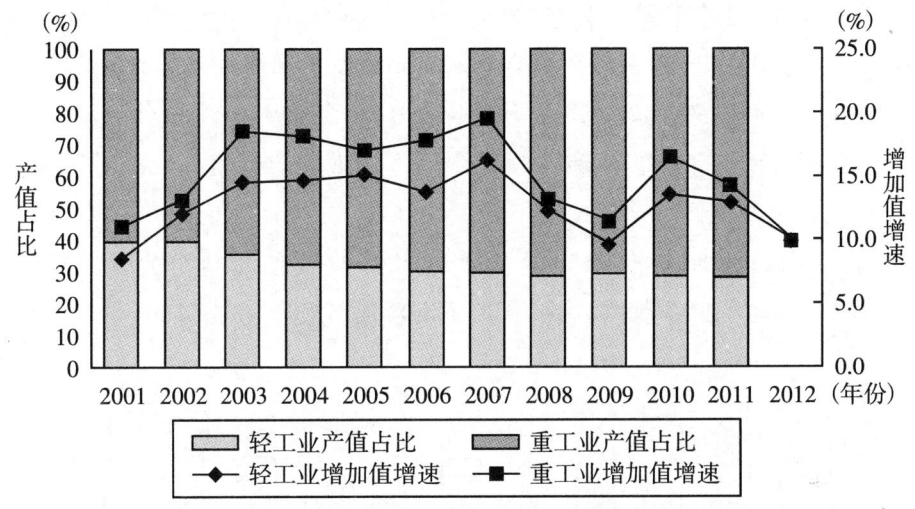

图2-17 2001~2012年规模以上轻重工业产值结构和增加值增速

2.7.2 原材料工业比重大、增长快，装备工业和电子信息工业比重下降

目前，在中国规模以上工业中，产值比重较大的行业有农副食品加工业，石油加工炼焦及核燃料加工业，化学原料及化学制品制造业，非金属矿物制品业，黑色金属冶炼及压延加工业，有色金属冶炼及压延加工业，通用设备制造业，交通运输设备制造业，电气机械及器材制造业，通信设备、计算机及其他电子设备制造业和电力、热力的生产和供应业。2011年，这11个行业产值占全部规模以上工业的比重达到65%。

2011年，在规模以上工业中，比重显著提高的行业有煤炭开采和洗选业，农副食品加工业，石油加工、炼焦及核燃料加工业，化学原料及化学制品制造业，非金属矿物制品业，黑色金属冶炼及压延加工业，有色金属冶炼及压延加工业，这7个行业产值比重合计较2010年提高了1.58个百分点，对工业增长的贡献程度增大；比重显著下降的行业有纺织业，交通运输设备制造业，通信设备、计算机及其他电子设备制造业，电力、热力的生产和供应业，这4个行业产值比重合计下降了1.17个百分点。

2.7.3 资本密集型行业比重有所回升，技术密集型行业比重降低

劳动密集型行业比重大，资本密集型行业比重开始回升。目前，规模以上工业中，劳动密集型行业的产值和利润比重较大，是中国工业的主体。2011年，资本密集型行业的产值和利润总额占整个规模以上工业的比重分别为35.03%和30.87%，较2010年分别提高1.77个和1.16个百分点，资本密集型行业产值比重自2008年连续三年下降后开始回升，见图2-18、图2-18。

高技术密集型产业产值比重下降。2011年，规模以上工业中，高技术密集产业、中技术密集产业和低技术密集产业产值比重分别为27.22%、26.96%和45.82%，分别较2010年下降4.95个、提高0.76个和4.19个百分

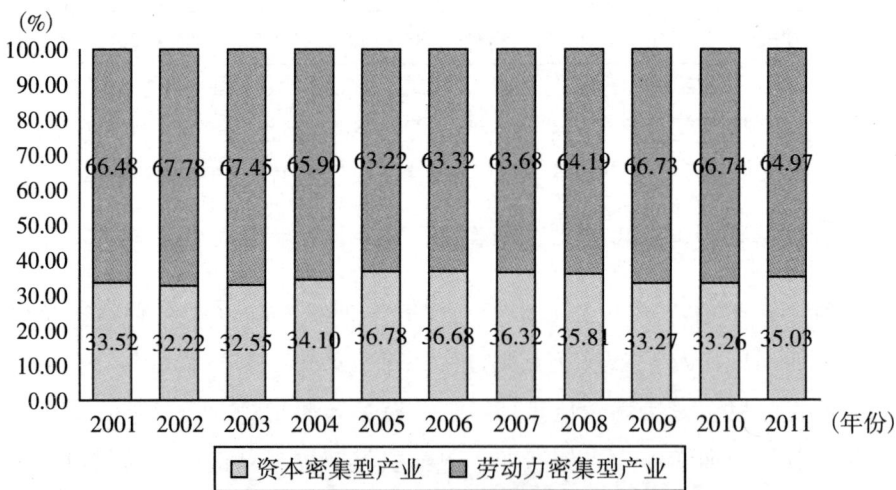

图2-18 2001~2011年规模以上劳动密集型/资本密集型行业产值结构①

---

① 通过采用固定资产原值与从业人员数量的比值这个指标，可以区分各个工业行业资本或劳动力的密集程度。这里，我们使用2011年规模以上工业企业的数据进行计算，并采用两分法把该比值大于全部工业平均水平的石油和天然气开采业，黑色金属矿采选业，其他采矿业，烟草制品业，造纸及纸制品业，石油加工、炼焦及核燃料加工业，化学原料及化学制品制造业，化学纤维制造业，黑色金属冶炼及压延加工业，有色金属冶炼及压延加工业，电力、热力的生产和供应业，燃气生产和供应业，水的生产和供应业等13个行业界定为资本密集型行业；反之，其余27个行业界定为劳动密集型行业。

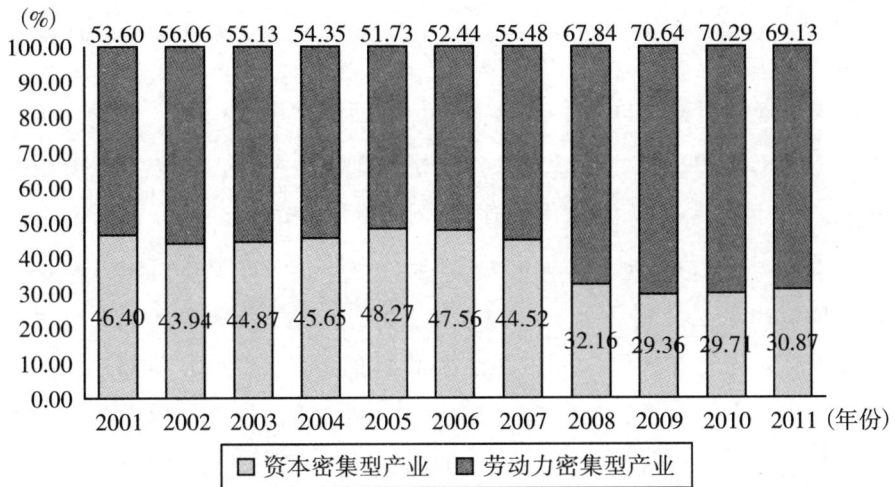

图 2-19　2001~2011 年中国劳动密集型/资本密集型行业利润结构

点。高技术密集产业产值比重是 2001 年以来下降幅度最大的一年，这主要是受交通运输设备制造业，通信设备、计算机及其他电子设备制造业产值比重下降的影响，见图 2-20。

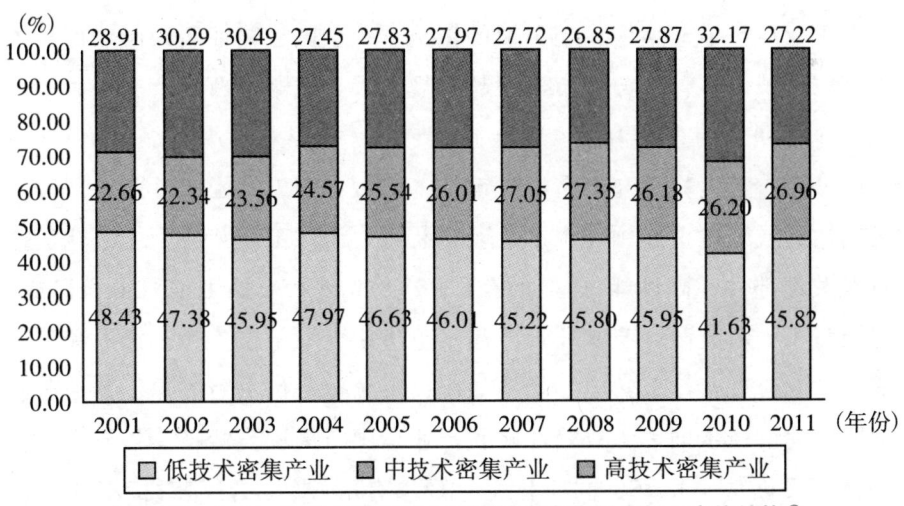

图 2-20　2001~2011 年规模以上不同技术密集程度行业产值结构①

---

① 按照 R&D 经费占主营业务收入的比重这个指标，可以将大于工业平均水平的行业划分为技术密集型行业；反之，则为非技术密集型行业。进一步来说，可以将 R&D 经费占主营业务收入比重高于 0.6% 的工业平均值，但低于等于 1.0% 的行业划分为中技术密集型行业，而比重高于 1.0% 的行业划分为高技术密集型行业。

2.7.4 中部、西部地区领先东部地区发展，东部地区运行态势好转

从产值规模看，2011年，东部、中部、西部地区规模以上工业产值比重分别为63.58%、22.46%和13.96%，分别较2010年下降2.89个、提高1.94个和0.95个百分点。从增加值增速看，2011年，东部、中部、西部地区工业增加值分别增长8.8%、11.3%和12.6%，中部、西部地区占全部规模以上工业增加值比重上升到25.4%和18.3%，虽然中部、西部地区规模以上增加值增速始终领先东部地区，但东部地区增加值增速与中部、西部地区差距有所缩小。从资产结构看，2011年，东部、中部、西部地区规模以上工业资产合计比重分别为60.48%、21.17%和18.36%，分别较2010年下降1.32个、提高0.73个和0.59个百分点。2012年1~10月，中部、西部地区工业投资增速分别较东部高9.9个和5.8个百分点，中部、西部地区资产结构进一步提高。

2.7.5 战略性新兴产业稳步发展

战略性新兴产业政策细则进一步完善，各产业发展专项规划得到有效实施。在工业经济增速整体出现下滑的情况下，全国战略性新兴产业保持了稳定的高位增长态势，部分省市实现超常规发展，战略性新兴产业成为中国工业经济企稳回升的重要力量。智能制造装备、新材料、平板显示、云计算、物联网、蛋白类生物药和疫苗等关键技术缩短了与发达国家差距，部分技术和工艺达到或超过世界领先水平。航空装备、海洋工程装备、先进轨道交通装备及关键部件、高性能医学诊疗设备等产业创新发展工程取得积极成效。新能源汽车、新能源、节能环保产品示范应用范围不断扩大，技术和工艺不断成熟，取得良好社会效应和经济效应，市场化条件不断成熟。各地区新兴产业园区建设稳步推进，战略性新兴产业全国布局逐步清晰，各省市区特色新兴产业发展势头良好，同质化竞争现象有所好转。省部对接工作进展良好，各级政府对战略性新兴产业管理和引导更加成熟，产业政策科学性不断提高。

3 重点行业发展

3.1 原材料工业

2012年,原材料工业仍较快增长,淘汰落后技术工艺,积极推进节能减排取得成效,技术进步与结构调整步伐加快。但是,受市场有效需求不足的影响,原材料工业增加值增速下滑,出口增速明显放缓,经济效益显著下降,产能过剩矛盾突出,行业加快结构调整与升级的紧迫性凸显。

3.1.1 行业发展特点

3.1.1.1 原材料工业总体

总体仍保持较快增长,但增速明显放缓。2012年,原材料工业增加值比2011年增长10.5%,比2011年回落2.1个百分点,分别比同期工业增加值增速、重工业增加值增速高0.5个和0.6个百分点。其中,第一、第二、第三季度分别比2011年同期增长11.3%、9.5%、10.2%,呈现出趋稳回升的态势。

主要产品价格下滑。2012年,原材料工业出厂价格比2011年下降2.0%。2012年12月底,非金属矿物制品业、黑色金属冶炼及压延加工业、有色金属冶炼及压延加工业、石油加工炼焦及核燃料加工业、化学原料及化学制品制造业工业品价格,分别较2011年下降1.7%、10.5%、3.1%、0.6%和3.7%。由于主要产品价格下降,企业生产经营压力加大。

行业经济效益明显下滑。2012年,黑色金属冶炼和压延加工业销售利润率为1.73%,比2011年下降了1.16个百分点;有色金属冶炼和压延加工业销售利润率为3.51%,比2011年下降了1.03个百分点;非金属矿物制品业销售利润率为7.23%,较2011年下降了近1个百分点;石油加工炼油和核燃料加工业销售利润率为0.06%，比2011年下降了0.14个百分点；化学原料和化学制品制造业销售利润率为5.53%，比2011年下降了1.06个百分点。

固定资产投资增速明显放缓。2012年，原材料工业完成投资额35633亿元，比2011年增长22.7%，增速比2011年下降了6.3个百分点。其中，石油加工炼焦及核燃料加工业、非金属矿物制品业、黑色金属冶炼及压延加工业、有色金属冶炼及压延加工业投资增速分别为5.4%、17.9%、-2.0%、20.6%，增幅分别比2011年下降了4.7个、13.9个、16.6个和15.8个百分点。化学原料及化学制品制造业投资增速为30.7%，比2011年上升了4.3个百分点。

3.1.1.2 钢铁

产品产量增速明显放缓，增加值仍保持较快增长。2012年，粗钢、成品钢材产量分别为7.17亿吨和9.53亿吨，比2011年分别增长了3.1%和7.7%，增速比2011年分别回落了5.8和4.6个百分点；增加值则比2011年增长9.5%，增速比2011年仅回落0.2个百分点。行业产品附加值水平的提升，在一定程度上抵消了产品产量增速显著放缓带来的不利影响，见图3-1。

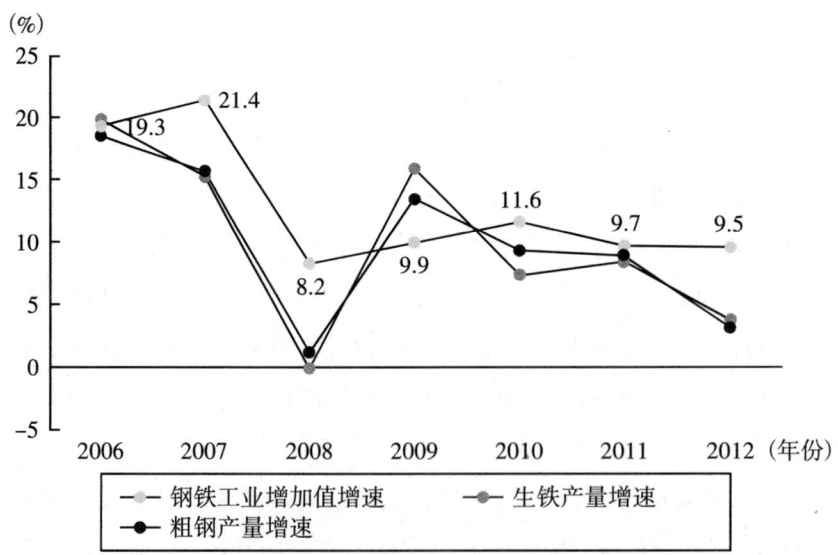

图3-1 钢铁工业增加值与主要产品产量增速

资料来源：国家统计局。

产品出口适度增长，出口结构亟须优化。2012年，出口钢材5573万吨，比2011年增长14.0%；进口钢材1366万吨，下降12.3%；钢材、钢坯合计折合粗钢净出口4438万吨，比2011年增加961万吨，增长27.6%。2012年，进口钢材价格平均为1303.4美元/吨，出口钢材平均价格为923.8美元/吨，进出口平均价格相差379.6美元/吨，比2011年扩大了43.6美元/吨，出口结构有待进一步优化。

重点企业吨钢能耗有所下降，污染物排放显著减少。2012年，重点统计钢铁企业总能耗为26569.14万吨标准煤，同比下降1.03%；吨钢综合能耗为602.71千克标准煤/吨，比2011年同期减少了0.97千克标准煤/吨。化学需氧量、氨氮、挥发酚、氰化物、悬浮物和石油类等污染物排放与2011年同期相比分别下降了15.48%、19.34%、20.96%、23.41%、11.14%和17.04%。二氧化硫排放比2011年同期减少了3.76%；烟粉尘排放比2011年同期减少了11.08%。

兼并重组步伐放缓，集中度有所反降。2012年，由于全行业利润微薄，需求增长持续放缓，钢铁工业并购风险加大，并购重组案例明显减少，大部分并购步伐都已放缓。2012年，钢铁工业集中度CR4、CR10分别为27.1%和45.9%，较2011年分别下降了1.9个和3.3个百分点。

固定资产投资明显回落。2012年，全国钢铁行业固定资产投资6584亿元，比2011年增长3.0%，增幅回落12.5个百分点，其中黑色金属冶炼及压延加工业投资5055亿元，同比下降2.0%，增速比2011年下降了16.6个百分点。钢铁工业投资总额仍很庞大，产能过剩压力进一步加大。

经济效益水平大幅下滑。2012年，钢铁行业销售利润率、成本费用率分别为1.73%和1.77%，比2011年分别下降了1.16个和1.27个百分点。80家重点大中型钢铁企业累计实现销售收入35441亿元，同比下降4.3%；实现利润15.8亿元，同比下降98.2%，销售利润率几乎为零（只有0.04%）。

专栏3-1 《钢铁行业规范条件》（2012年修订）发布

2012年9月，为进一步加强钢铁行业管理，规范现有钢铁企业生产经营秩序，推动钢铁行业结构调整和产业升级，工业和信息化部发布《钢铁行业规范条件》（2012年修订）。

根据规范条件的要求，钢铁企业的生产规模须达到2010年普钢企业粗钢年产量100万吨及以上，特钢企业30万吨及以上，且合金钢比大于60%（不含合金钢比100%的高速钢、工模具钢等专业化企业）。此外，钢铁企业的高炉容积还必须达到400立方米以上，否则将被淘汰。

规范条件从产品质量、环境保护、能源消耗和资源综合利用、工艺与装备、生产规模以及安全、卫生和社会责任六大方面对钢铁行业进行规范，要求钢铁企业须具备完备的产品质量管理体系，保持良好的产品质量信用记录，近两年内未发生重大产品质量问题。

环保方面，规范条件强调，钢铁企业吨钢烟（粉）尘排放量不超过1.19千克，吨钢二氧化硫排放量不超过1.63千克。企业污染物排放总量不超过环保部门核定的总量控制指标。有单项污染物减排任务的企业，须落实减排措施，满足减排指标要求。

规范条件还指出，钢铁企业须注重资源综合利用，提高各种资源的循环利用率。吨钢新水消耗不超过4.1立方米，固体废弃物综合利用率不低于94%。

3.1.1.3 有色金属

增加值保持平稳增长，冶炼产品产量增速继续放缓。2012年，有色金属工业增加值比2011年增长13.2%，增速比2011年下降了0.4个百分点；十种金属产量3672.2万吨，比2011年增长6.9%，增速比2011年下滑了3.7个百分点。其中，精炼铜、原铝、铅、锌产量分别为606万吨、1988万吨、465万吨、485万吨，同比增长分别为10.8%、13.2%、9.3%、-5.6%，除原铝外，其他品种增幅均出现回落，见图3-2。

进出口贸易额增速大幅回落，部分品种出口额有所下降。2012年，我国有色金属进出口贸易总额为1664亿美元，同比增长3.7%，增幅回落24.4个百分点。其中，进口额1149亿美元，同比下降2.0%，增速回落22.9个百分点；出口额515亿美元，同比增长19.4%，增速回落33.3个百分点。其中，铝、铅、锌产品的出口额均有所下降。

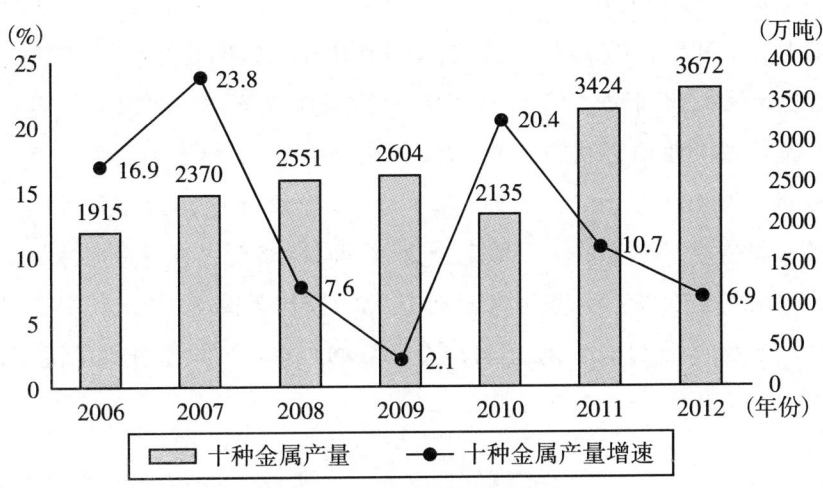

图 3-2　十种金属产量和增速

资料来源：国家统计局。

企业"走出去"积极推进，境外资源开发项目取得突破。2012 年，中国五矿成功收购 Anvil 公司，中国电力投资集团在几内亚铝土矿资源开发取得进展；而缅甸达贡山镍铁项目，以及巴新瑞木镍钴项目正式投产，则标志着中国企业在海外开发利用红土镍矿资源方面取得重大突破。

新技术新产品开发取得新进展，节能降耗稳步推进。2012 年产业关键技术和新材料开发取得新成果，国内自主开发的超强化悬浮铜冶炼工艺，居世界领先地位。百万千瓦级核电用银合金控制棒研制成功，填补了国内空白，7000 系铝合金强韧化热处理创新技术研发成功，突破了航空用高性能铝合金制备的关键技术等。2012 年，有色金属行业节能取得显著成效，铝锭综合交流电耗下降到 13844 千瓦时/吨，比 2011 年下降 58 千瓦时/吨，全年节电约 12 亿千瓦时；铜冶炼、电解锌综合能耗分别下降到 325 千克标准煤/吨和 912 千克标准煤/吨，比 2011 年分别下降 11.9%和 4.9%。

投资增速明显放缓，投资结构优化调整。2012 年，我国有色金属工业（不含独立黄金企业）完成固定资产投资额 5516 亿元，同比增长 15.5%，增幅回落 19.1 个百分点。其中，矿山、冶炼、加工 3 个领域完成固定资产投资分别为 1085 亿元、2084 亿元、2347 亿元，同比增长分别为 13.4%、−5.0%、

44.6%，分别占有色金属行业投资完成额的比重为 19.7%、37.8% 和 44.6%。矿山、冶炼领域投资比重分别下降了 0.3 个、8.2 个百分点，加工领域投资比重则上升了 8.5 个百分点，投资结构呈现优化调整的趋势。

有色金属行业利润率回落，企业经济效益明显下降。2012 年，有色金属冶炼及压延加工业销售利润率为 3.5%，比 2011 年下降了 1 个百分点；成本费用利润率为 4.7%，比 2011 年下降了近 1.1 个百分点，8057 家规模以上有色金属工业企业（不含黄金、稀土企业，下同）实现主营业务收入 41370 亿元，同比增长 15.1%；实现利润 1558 亿元，同比下降 8.9%。其中，有色金属采选、冶炼行业利润分别为 411 亿元和 393 亿元，同比分别下降了 5.1% 和 34%。

专栏 3-2　工业和信息化部发布《有色金属工业"十二五"发展规划》

2012 年 1 月 31 日，工业和信息化部正式发布《有色金属工业"十二五"发展规划》（以下简称《规划》）。《规划》共分有色金属工业发展现状、发展环境、指导思想及主要目标、主要任务、重大专项及保障措施六个章节，是加快有色金属工业转型升级的具体部署，是推动未来五年我国有色金属工业健康发展的指导性文件《规划》的发布，对有色金属工业贯彻落实科学发展观，加快转变增长方式，推进产业结构调整，促进产业转型升级，全面提升行业核心竞争力和可持续发展能力，实现我国有色金属工业由大到强的转变具有重要意义。

3.1.1.4　石油与化学

增加值与主要产品产量稳步增长，但增速均有所放缓。2012 年，石油加工、炼焦与核燃料加工业增加值比 2011 年增长 11.7%，增速比 2011 年下降 1.3 个百分点；化学工业增加值比 2011 年增长 6.3%，增速比 2011 年下降 3 个百分点。原油加工量 4.68 亿吨，增长 3.7%，增速比 2011 年下降 1.2 个百分点；成品油加工量 2.82 亿吨，增长 5.5%，增速下降 0.4 个百分点；乙烯产量 1486.8 万吨，增长 -2.5%，增速下降 9.9 个百分点；农药（折 100%）、化肥产量（折纯）分别达到354.9万吨和7432.4万吨，同比分别增长19.0%、10.9%，增速分别下降2.4个和1.2个百分点，见图3-3。

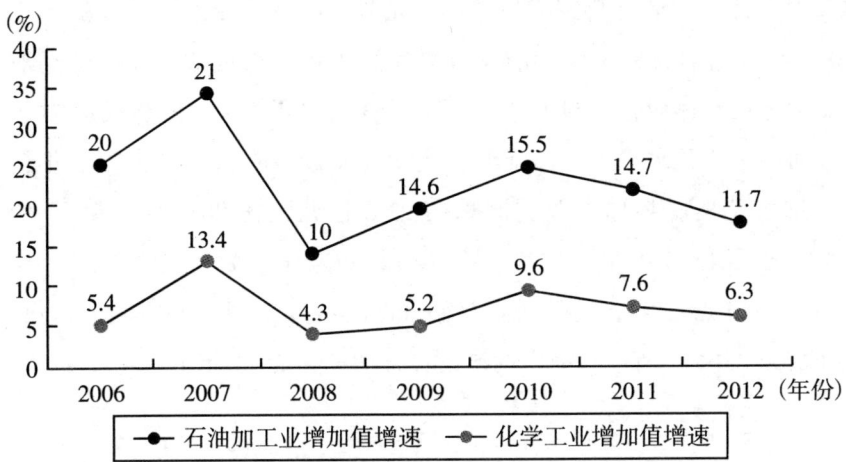

图3-3　石油加工与化学工业增加值增速

资料来源：国家统计局。

油气对外依存度提高，行业对外贸易逆差扩大。2012年，我国进口原油2.71亿吨，比2011年增长7.3%，对外依存度为56.4%，比2011年提高1.3个百分点；进口天然气407.7亿立方米，增长29.9%，对外依存度26.2%，提高4.2个百分点。2012年，全行业进口总额4640.1亿元，比2011年增长6.7%；出口总额1735.9亿美元，比2011年增长0.8%；累计逆差2904.2亿美元，比2011年扩大10.6%。

技术进步积极推进，产品结构调整优化。2012年，石油和化学工业在科技创新和技术进步领域成果显著，生物基航空煤油的研制和生产取得重要进展，天然气制乙炔产品链向世界一流水平迈进，自主开发成功柴油液循环加氢技术，超重油轻质化关键技术工业化试验取得成功。化学工业产品结构调整优化，合成材料和有机化学原料制造业产值占化工行业比重分别达到18.2%和16.3%，同比提高1.6个和1.1个百分点；全钢子午胎产量超过7000万条，子午化率达到87.4%，提高0.3个百分点；离子膜烧碱占烧碱产量比重85.1%，提高4个百分点。

固定资产投资保持较快增长，投资结构不断优化。2012年，据石化联合会统计，2012年，全行业完成固定资产投资1.76万亿元，增长23.1%，增速高出全国2.5个百分点，与2011年基本持平。在具体投向上，高端制造业增幅较大，其中合成材料完成投资同比增长54.5%，专用设备投资同比增长57.5%，有机化学原料增长60.1%，均远高于化工行业27.9%的投资平均增幅，显示出在整体效益下滑的情况下，投资结构调整优化的步伐加快。

石油加工效益水平进一步降低，化学工业效益明显下滑。2012年，石油加工、炼焦及核燃料加工业利润总额23.6亿元，比2011年下降了49.7亿元，增速比2011年下降67.2%，销售利润率为0.06%，增速较2011年下降了0.14个百分点；化学工业利润总额3683.9亿元，比2011年减少229.8亿元，降幅为7.4%，销售利润率为5.53%，增速比2011年下降了1个百分点。

专栏3-3　国家发展和改革委员会公布《天然气利用政策》

2012年10月31日，国家发展和改革委员会公布了《天然气利用政策》，按照政策要求我国将继续深化天然气价格改革，建立并完善天然气上下游价格联动机制，研究推行天然气季节差价和可中断气价等差别性气价政策。

在《天然气利用政策》文件中，国家发展和改革委员会将天然气用户分为优先类、允许类、限制类和禁止类四类。根据政策规定，居民用气、公共设施用气以及车船用气都被列入优先类用气名单。而包括陕、蒙、晋、皖等13个大型煤炭基地所在地区建设基荷燃气发电和天然气制甲醇都被列入禁止类。

按照政策要求，国家发展和改革委员会将继续完善天然气价格形成机制，加快理顺天然气价格与可替代能源比较关系，建立并完善天然气上下游价格联动机制。另外，发改委还将鼓励天然气用气量季节差异较大的地区，研究推行天然气季节差价和可中断气价等差别性气价政策，引导天然气合理消费，提高天然气利用效率。

3.1.1.5　建材材料（建议按统计局和行业协会最后核定的统计数据：水泥产量22.1亿吨，玻璃7.7亿吨重量箱，其他数据做相应调整，不用块报数）

3 重点行业发展

产值产量增速明显回落。2012年,建筑材料工业增加值比2011年增长11.5%,增速较2011年回落8个百分点。水泥生产21.8亿吨,比2011年增长7.4%,增速下滑了4.3个百分点;平板玻璃7.1亿吨重量箱,比2011年下降3.2%,增速下滑17.2个百分点;卫生陶瓷产量1.6亿件,比2011年下降13.1%,增速下降了31.7个百分点;生产玻璃纤维纱431.0万吨,比2011年增长10.2%,增速比2011年下降了7.8个百分点,见图3-4。

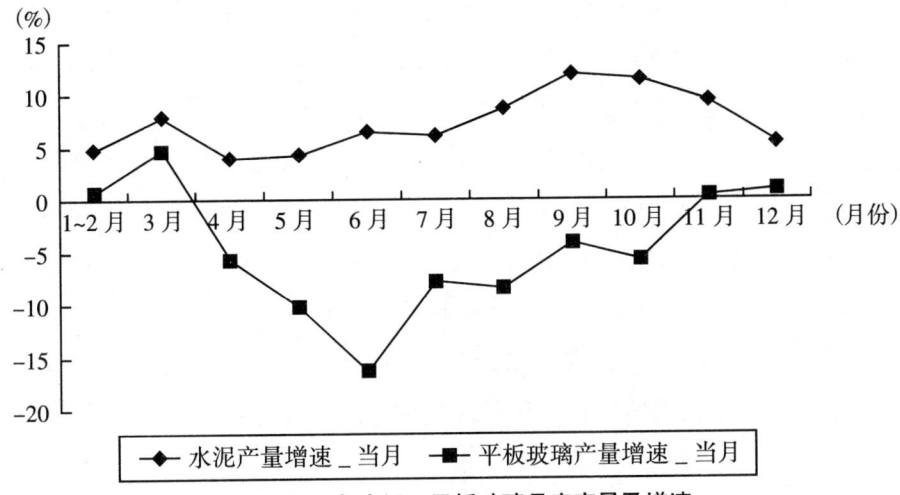

图3-4 2012年水泥、平板玻璃月度产量及增速

资料来源:国家统计局。

出口较快增长,进出口结构优化。2012年,行业出口交货值约2250亿元,同比增长7.9%。其中,建筑卫生陶瓷、建筑和技术玻璃、玻璃纤维及制品出口额同比分别增长31.5%、10%、5.7%。进口方面,导电玻璃、碳纤维及制品、密封制品等深加工产品进口下降,大理石和花岗岩等产品进口增长。

兼并重组积极推进,集中度进一步提高。2012年,水泥企业兼并重组有61个案例,整合产能1.5亿吨。截至2012年年底,前10家大型水泥集团水泥产量占全国31%,比2011年提高了4.5个百分点,熟料产能已占全国的48.93%,熟料产能达1亿吨以上的有2家。

淘汰落后与节能减排取得新进展。2012年,淘汰落后水泥(熟料及磨机)产能近2.58亿吨,落后平板玻璃产能5856万重量箱。40余条水泥生产线利用削减氮氧化物新技术进行改造、配套建设脱硝示范装备,近20条水泥生产线开展协同处置城市生活垃圾、污泥、工业废弃物等工程示范。42.5及以上等级水泥占水泥总量约36%，同比提高0.9个百分点，薄型砖比重也有所提升。

固定资产投资增速放缓，投资结构优化。2012年，建材工业完成固定资产投资约1.1万亿元，同比增长17.5%，增幅比2011年下降了13.6个百分点。其中，水泥、建筑陶瓷等行业分别下降4.2%、4.3%；混凝土与水泥制品业技术玻璃、轻质建材、隔热隔音材料制造业同比分别增长22.1%、31.7%、45.7%和53.7%。从区域看，西部和中部地区固定资产投资完成额分别增长25.7%、18.7%，均高于东部地区。

行业总体经济效益仍维持较高水平，部分行业细分行业效益显著下降。2012年，建材工业规模以上企业实现主营业务收入5.3万亿元，比2011年增长13.4%；利润总额3750亿元，比2011年增长3.5%。其中，水泥制品、轻质建筑材料、建筑陶瓷、耐火材料制品、金属门窗和玻纤增强塑料材料等行业利润总额同比分别增长22.5%、21.8%、33.8%、10.5%、26.9%和30.6%；水泥、平板玻璃等行业利润总额则比2011年分别下降32.8%、66.6%。

专栏3-4 《关于加快推动我国绿色建筑发展的实施意见》发布

2012年4月，财政部与住房和城乡建设部共同发布《关于加快推动我国绿色建筑发展的实施意见》（以下简称《实施意见》）。

《实施意见》指出推动发展绿色建筑，是保障改善民生的重要举措，是建设资源节约、环境友好型社会的基本内容，对加快转变经济发展方式，深入贯彻落实科学发展观都具有重要的现实意义。

《实施意见》提出到2020年，绿色建筑占新建建筑比重超过30%，建筑建造和使用过程的能源资源消耗水平接近或达到现阶段发达国家水平。

《实施意见》指出加快推动我国绿色建筑发展必须遵循以下原则：因地制宜、经济适用，充分考虑各地经济社会发展水平、资源禀赋、气候条件、建筑特点，合理制定地区绿色建筑发展规划和技术路线，建立健全地区绿色建筑标准体系，实施有针对性的政策措施。

在具体政策方面,《实施意见》将推出以下措施：建立健全绿色建筑标准规范及评价标识体系，引导绿色建筑健康发展；建立高星级绿色建筑财政政策激励机制，引导更高水平绿色建筑建设；推进绿色生态城区建设，规模化发展绿色建筑；大力推进绿色建筑科技进步及产业发展，切实加强绿色建筑综合能力建设。

3.1.2 问题与挑战

（1）产能过剩矛盾突出，结构调整压力加大。

2012年，炼钢产能预计将超过10亿吨，全年粗钢产量约7.2亿吨，产能利用率仅为72%左右，多数钢材品种产能过剩较为严重；大部分（有色金属）行业冶炼产能过剩，尤以电解铝产能过剩问题突出，电解铝产能为2765万吨，产能利用率仅为72%；水泥、平板玻璃产能仍分别达30亿吨、10.4亿重量箱，产能利用率又创新低，分别降至72.7%、68.3%；尿素产能过剩约1800万吨；磷肥（折纯）产能超过国内需求1000多万吨；氯碱行业全年装置利用率约70%，聚氯乙烯装置利用率约60%；甲醇装置开工率约50%；电石行业新增产能约400万吨，远超过全年淘汰132万吨产能，装置利用率约76%。当前，较为严重的产能过剩使得这些行业面临严峻的经营形势，过剩产能如果不能顺利调整，还会导致这些行业长期处于困境，进而严重阻碍这些行业的转型升级。

（2）《节能减排"十二五"规划》颁布，节能减排压力进一步加大。

2012年8月，国务院发布《节能减排"十二五"规划》，规划明确提出，到2015年，全国万元国内生产总值能耗下降到0.869吨标准煤（按2005年价格计算），比2010年的1.034吨标准煤下降16%（比2005年的1.276吨标准煤下降32%）；全国化学需氧量和二氧化硫排放总量分别控制在2347.6万吨、2086.4万吨，比2010年的2551.7万吨、2267.8万吨各减少8%，全国氨氮和氮氧化物排放总量分别控制在238万吨、2046.2万吨，比2010年的264.4万吨、2273.6万吨各减少10%。就具体行业而言，2015年，吨钢综合能耗、铜冶炼综合能耗、原油加工综合能耗分别要求下降至580、300、86千克标准煤/吨，铝锭综合交流电耗下降至13300千瓦时/吨；钢铁行业二氧化硫排放量下降至 180 万吨，水泥行业氮氧化物排放量下降至 150 万吨。《节能减排"十二五"规划》的发布意味着原材料工业发展面临的环境约束进一步强化，节能减排压力不断加大。

（3）高端产品比重偏低，技术创新能力亟须提高。

自主创新能力及高端产品开发能力亟待提高。有色金属工业自主开发的新材料少，新合金开发方面基本是跟踪仿制国外，关键有色金属新材料开发滞后于战略性新兴产业发展需求；石化化工产品仍以中低端和通用品种为主，高端产品短缺，新技术新产品产业化进程较慢，缺少具有知识产权的核心技术，部分大型成套技术装备和高端产品主要依赖进口；建材工业亟待加快开发适用于水泥、玻璃、陶瓷等大宗行业削减氮氧化物、防治 PM2.5 以及减排二氧化碳等的先进技术，无机非金属新材料尚难保障本土需求；钢铁工业自主创新基础薄弱，工艺技术装备和关键品种自主创新成果不多，轧钢过程控制自动化技术和部分关键装备仍然主要依靠引进，非高炉炼铁、近终形连铸轧等前沿技术研发投入不足。

3.2 机械装备工业

经历了"十五"和"十一五"持续近十年的高速增长后，我国机械装备工业开始逐步进入平稳增长周期。受国内外经济景气下行的影响，2012 年，机械装备工业延续了上年增速回落的态势，产业发展面临的各种困难更加突出。展望 2013 年，市场竞争和需求调整对结构升级的倒逼压力将延续，行业发展环境仍然严峻。

3.2.1 行业发展特点

3.2.1.1 机械装备工业总体

总体产销增速同比下滑。2012 年，机械装备工业全行业完成工业总产值 184131 亿元，同比增长 12.6%；实现工业销售产值 180356 亿元，同比增长 12.5%，产销率达到 97.9%。增加值增速近年来首次低于工业平均水平。2012 年，机械装备工业增加值同比增长 8.4%，增幅较 2011 年回落 6.7 个百分点,且低于同期全国工业平均增速 1.6 个百分点,多年来首次低于全国工业增加值平均增速。这表明,相对其他工业行业,机械装备工业在本轮调整中面临的挑战格外严峻。

主要产品产量同比平稳增长。2012 年,120 种主要产品中,多数产品产量保持增长,77 种产量同比增长,占 64.2%;43 种产量下降,占 35.8%。增幅最大的三个子行业玉米收获机械、石油化工用加氢反应器和燃气轮机分别增长 113.3%、116.3% 和 166.0%。饲料生产专用设备、液压元件、铸铁件等子行业的产量增速则分别大幅下滑 61.2 个、67.1 个和 41.7 个百分点。

盈利能力显著下降。2012 年,全行业累计实现利润总额 1.2 万亿元,同比仅增长 5.2%,增速较 2011 年回落 16.0 个百分点,较产值增速低 7.5 个百分点。行业主营业务收入利润率回落至 6.8%,明显低于 2010 年和 2011 年 7% 以上的水平。实现税金总额 6553 亿元,同比增长 12.9%。企业亏损面 11.3%,较 2011 年同期上升 2.8 个百分点,亏损企业亏损额增长 63.2%。

对外贸易形势严峻,增速大幅回落。2012 年,机械装备工业累计实现进出口总额 6472 亿美元,同比仅增长 2.5%,增速较 2011 年大幅回落 20.3 个百分点。其中,累计实现出口 3506 亿美元,同比增长 9.0%,累计进口 2966 亿美元,同比下降 4.1%。虽然全年累计实现贸易顺差 540 亿美元,创历史新高。但与金融危机前进口、出口同步快速增长形成的高额贸易顺差不同,2012 年的贸易顺差主要由内需不足引发的进口额下降所致,不能完全解读为我国机械产品国际市场竞争力的提升。

出口交货值增速同比继续下滑。2012 年,机械装备工业实现出口交货值 17911.5 亿元,同比增长 3.3%,较 2011 年下滑 19.1 个百分点。从子行业来看,除了农机行业的增速略微有所增长以外,其他分行业的增速均出现了不同程度的下滑;其中,工程机械、食品包装、电工电器行业的增速下滑幅度较大,较 2011 年分别下降 59.0 个、46.0 个和 23.3 个百分点。

固定资产投资增速冷热不均。2012 年,机械装备工业累计完成固定资产投资 34769 亿元,同比增长 24.9%。机械装备工业投资增幅虽分别高于全国(20.6%)和制造业(22.0%)4.3 个和 2.9 个百分点,但较 2011 年 37.5% 的增幅大幅回落 12.6 个百分点。其中,通用设备制造业同比增长 33.6%,专用设备制造业同比增长 45.6%，汽车制造业同比增长 32.8%，均高于制造业平均增速 10 个百分点以上。而电气机械和器材制造业受市场需求不足影响大幅回落，同比增长仅为 4.8%。

需求疲软导致订货不足、产品价格下降。2012 年，机械产品价格指数始终在 100 以下，产品价格总体处于下行态势。企业订单增幅明显下降，机械装备工业重点调查企业统计显示，2012 年内各月累计订货值同比均为负增长，至 2012 年底同比下降 1% 左右，明显低于 2011 年 6% 的增幅，更低于"十一五"期间 20% 以上的平均增长水平。

货款回收困难，企业资金成本上升。受市场需求影响，企业间拖欠货款现象明显增加。2012 年，机械装备工业应收账款总额高达 2.6 万亿元，同比增长 14.9%，远高于同期主营业务收入 9.8% 的增幅。发电设备、重型矿山机械和工程机械等子行业应收账款占主营业务收入的比重分别达到 50%~80%、100% 和 35% 的水平。货款回收难、贷款利息高等多重因素共同作用，使企业流动性压力增大、财务成本上升。机械装备工业全年累计财务费用增幅高达 28.0%，其中利息支出增幅 30.6%。

3.2.1.2 工程机械

产销增速均略有回升。2012 年，全国工程机械行业完成工业总产值 6018.3 亿元，较 2011 年增长 0.6%；完成销售产值 5915.7 亿元，较 2011 年增长 1.9%。产销率达到 98.3%，更新需求成为驱动行业增长的主要因素。更新需求分别占到挖掘机、装载机和推土机销量的 62%、70% 和 46%。主要产品产量增长出现分化。其中，挖掘机出现了 34.4% 的负增长，而混凝土机械增速达到 13.6%，见图 3-5。

出口形势良好。2012 年，我国工程机械出口总额达到 182.2 亿美元，同比增长 14.5%。2012 年，工程机械行业累计完成出口交货值 352.6 亿元，同比增长 14.2%。工程机械出口产品中，超过 2 亿美元的商品达到 24 种，这 24 种商品的出口总额达到 156.8 亿美元，占总出口额的 86.1%。其中，海洋工程专用设备制造的出口保持较高增长，增速达 32.7%。建筑材料生产专用机械制造出口增速最低，为 -24.0%。

企业盈利能力大幅下滑。2012 年，13 家重点企业集团的实现销售收入

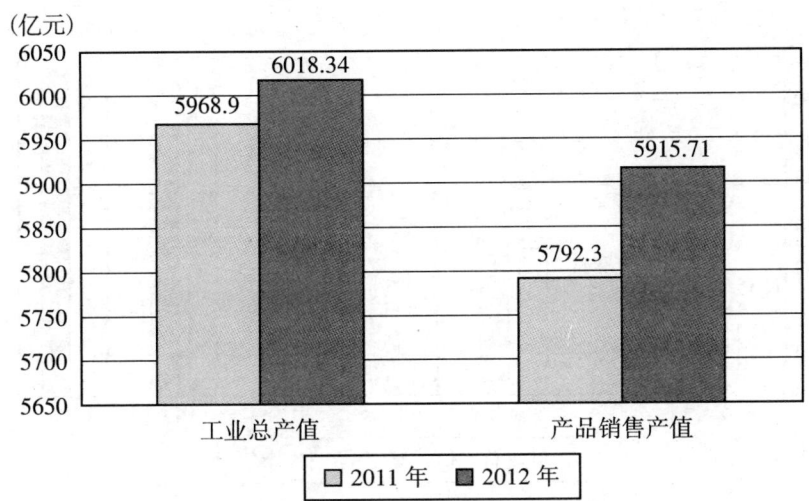

图 3-5 工程机械工业总产值和销售产值

资料来源：中国工程机械工业协会。

3698.6 亿元，比 2011 年下降了 3.7%，利润下降了 223.4 亿元，降幅高达 34.1%，收入利润率由 2011 年的 8.8%降至 6.0%。

并购重组活跃。1 月 18 日，柳工收购波兰 HSW 公司股权。1 月 30 日，三一重工宣布联手中信以 3.6 亿欧元收购德国工程机械企业普茨迈斯特的全部股权。4 月 20 日，徐工集团宣布收购德国施维英集团有限公司。8 月 31 日，山东重工旗下潍柴动力正式宣布以 7.38 亿欧元收购欧洲最大的叉车及高端液压制造商德国凯傲集团 25%的股权。

3.2.1.3 机床工具

产销增速同比下滑。2012 年，机床工具行业完成工业总产值 7985 亿元，较 2011 年增长 12.7%；产品销售产值 7755 亿元，较 2011 年增长 12.3%；产品销售率达到 97.1%，较 2011 年同期降低 0.2 个百分点。细分行业中，切削工具制造、金属切削机床制造行业的增速下降幅度较大，分别下滑 31.2 个和 15.3 个百分点，见图 3-6。

进口增速下降，部分高端机床产品进口规模快速增长。2012 年，全行业进口下降 5.3%，较 2011 年大幅下滑 24.9 个百分点。金属加工机床进口 10.7 万台，进口金额达 134.2 亿美元，增长 2.1%。其中，加工中心进口规模继续较快增长，进口 5.0 万台，进口金额 56.5 亿美元，增长 16.2%；立式加工中

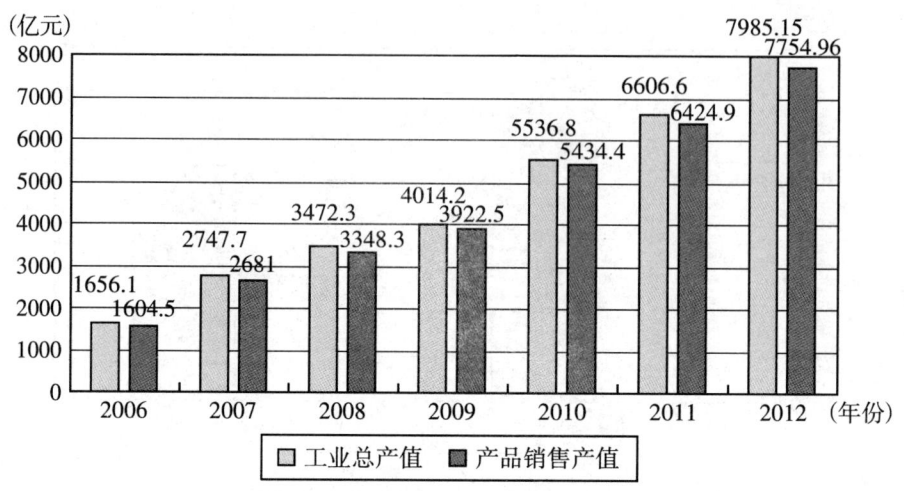

图3-6 机床工具工业规模变动情况

资料来源：中国机床工具工业协会。

心进口4.4万台，进口金额32.2亿美元，增长20.5%；卧式加工中心进口4313台，进口金额19.3亿美元，增长12.2%。数控机床进口1.7万台，进口金额47.2亿美元，下降11.9%。其中，数控卧式车床进口4053台，进口金额5.3亿美元，下降11.2%。组合机床进口467台，进口金额3.5亿美元，增长73.4%。

出口继续稳步增长。2012年，全行业出口增长13.6%，较2011年提高3.9个百分点。金属加工机床（含台钻、砂轮机、抛光机等）出口457.2万台，出口金额26.4亿美元，增长13.2%。其中，加工中心出口2329台，出口金额1.4亿美元，下降5.5%。数控机床出口1.8万台，出口金额7.3亿美元，增长18.6%。组合机床出口高速增长，出口5388台，出口金额2005.7万美元，增长56.8%。

专栏3-5 《"数控一代"装备创新工程行动计划》

2012年7月4日，工业和信息化部发布了《"数控一代"装备创新工程行动计划》（以下简称《计划》），重点围绕纺织机械、塑料及橡胶加工机械、中小型机床与基础制造装备、印刷机械、包装机械、食品加工机械、制药机械、高效节能产品等,实现数控化集成开发。

《计划》提出,到2020年实现我国装备数控化水平大大提升,典型领域数控装备形成较强的国际竞争力。开发一批国际领先的新型数控装备,典型行业装备数控化率达到70%。到2020年的具体目标包括:装备数控化水平大大提升,典型领域数控装备形成较强的国际竞争力;数控装备开发及推广服务能力显著增强,形成比较完善的技术服务体系;实现数控装备广泛应用,经济效益和社会效益显著。重点应用领域生产效率提高20%以上,能源、资源消耗降低30%以上。

《计划》要求,经过十年时间的努力,数控技术和装置得以普遍推广应用并实现产业化,装备技术水平和附加值显著提升,生产效率大幅提高,带动装备制造业转型升级。到2020年,认定一批数控装备推广和应用示范企业;重点应用领域生产效率提高20%以上,能源、资源消耗降低30%以上。

为实现上述目标,重点组织实施五大行动:数控技术开发与推广服务平台建设、数控技术开发与产业化、数控装备集成创新、数控装备示范推广、数控装备技术规范和标准体系建设。工业和信息化部介绍说,之所以选择以上领域作为行动重点,是因为相关领域市场需求量大、劳动强度大、安全保障条件亟待改善,虽然已有一定产业基础,但装备数控化水平尚需大幅提高。

3.2.1.4 汽车工业

产销再创新高,增速稳中有进。2012年,全国汽车产销量分别为1927.2万辆和1930.6万辆,产销突破1900万辆,创历史新高,再次刷新全球纪录,连续四年蝉联世界第一。产销增速分别达到4.6%和4.3%,较2011年分别提高3.8个和1.9个百分点,增速稳中有进。

乘用车产销增长明显,自主品牌乘用车市场份额下降。2012年,自主品牌乘用车销售648.5万辆,同比增长6.1%,占乘用车销售市场的41.9%,市场份额同比下降0.3个百分点。其中,自主品牌轿车销售305.0万辆,同比增长3.5%,占轿车市场的28.4%,市场份额同比下降0.7个百分点,见图3-7。国外品牌中,日系、德系、美系、韩系和法系乘用车销售量分别占乘用车销售总量的16.4%、18.4%、11.7%、8.7%和2.8%。与2011年比较,德系乘用车销售量增长明显，日系乘用车销售量下降明显。

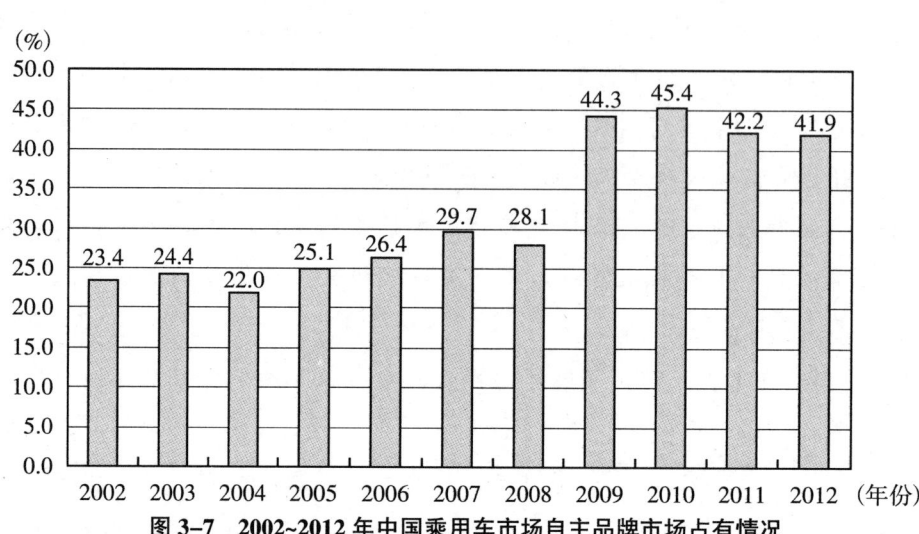

图3-7 2002~2012年中国乘用车市场自主品牌市场占有情况
资料来源：中国汽车工业信息网。

商用车产销增速回落。2012年，商用车产销量分别完成374.8万辆和381.1万辆，较2011年分别下降4.7%和5.5%，降幅较2011年分别缩小5.2个和0.8个百分点。商用车在2010年达到历史最高点后，已连续两年出现负增长。货车市场的低迷主要受中型、重型货车的影响。2012年，中型、重型货车销量（含半挂牵引车）较2011年下降24.6万辆，轻型货车下降3.7万辆，而微型货车增加4.3万辆，见图3-8。

经济效益继续改善。2012年1~11月，17家重点企业（集团）工业总产值、营业收入分别增长4.4%和3.5%，分别回落1.0个百分点和6.1个百分点；实现利税总额增长5.8%，回落7个百分点。

重点企业市场集中度有所提升。2012年，5家汽车生产企业（集团）产销规模超过100万，其中上汽销量突破400万辆，达到446.1万辆，东风、一汽、长安和北汽分别达到307.9万辆、264.6万辆、195.6万辆和169.1万辆。上述5家企业（集团）占全国汽车销售总量的71.7%，产业集中度同比提高0.5个百分点。我国汽车销量前十名的企业集团共销售汽车1686.3万辆，占汽车销售总量的87.3%，汽车产业集中度同比提高0.3个百分点，见图3-9。

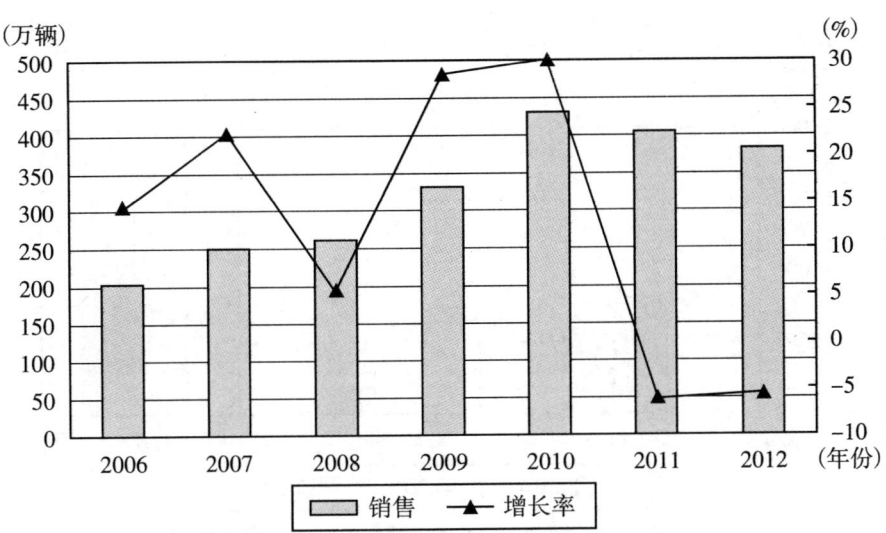

图 3-8 2006~2012 年商用汽车销量及增长情况

资料来源：中国汽车工业信息网。

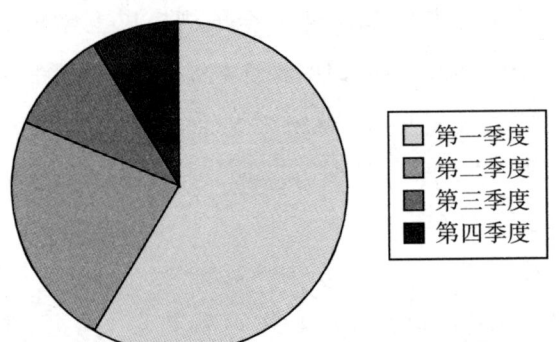

图 3-9 2012 年国内汽车销售市场占有情况

资料来源：中国汽车工业信息网。

汽车出口保持高速增长势头。2012 年，汽车整车出口增长明显，突破 100 万辆，达到 105.6 万辆，较 2011 年增长 29.7%。出口的主要车型为轿车和货车，所占比重分别达到 45.3% 和 27.9%。出口企业前五名分别为奇瑞、吉利、长城、上汽和力帆，其中奇瑞和吉利均超过 10 万辆。

3.2.1.5 船舶工业

造船工业三大经济指标全面下降。2012 年，全国造船完工量为 6021 万载重吨，较 2011 年下降 21.4%；承接新船订单量为 2041 万载重吨，较 2011 年下降 43.6%；截至 2012 年底，企业手持船舶订单量为 10695 万载重吨，较

2011年下降28.7%，见图3-10。

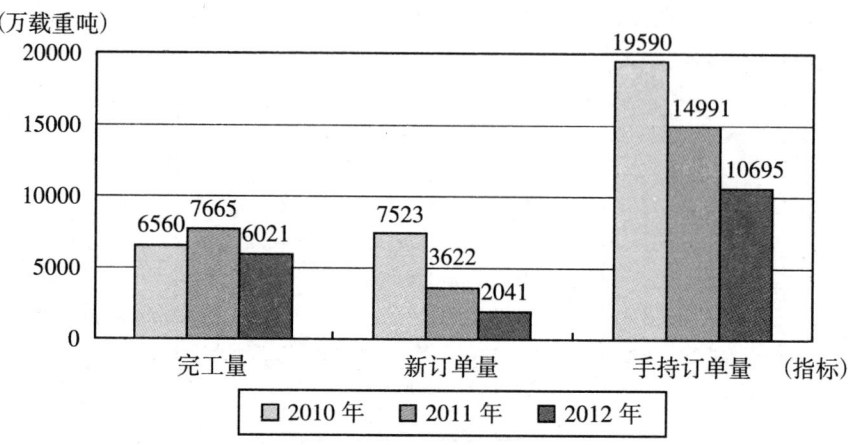

图3-10 2010~2012年我国船舶工业三项指标
资料来源：中国船舶工业行业协会。

工业总产值小幅增长。2012年，全国规模以上船舶工业企业1647家，完成工业总产值7903亿元，同比增长3.4%。其中，船舶制造企业完成产值5951亿元，同比下降0.1%；船舶配套企业产值1130亿元，同比增长15.1%；船舶修理企业产值181亿元，同比增长11.6%；船舶改装企业产值317亿元，同比增长23.6%。

船舶出口持续下滑。2012年，我国造船企业完工出口船4949万载重吨，同比下降20.9%；承接出口船订单1496万载重吨，同比下降45.9%；年底手持出口船订单8844万载重吨，同比下降35.3%。出口船舶的完工量、新接订单量、手持订单量分别占全国总量的82.2%、73.3%和82.7%。2012年，全国规模以上船舶工业企业完成出口交货值2684亿元，同比下降11.6%。其中，船舶制造企业完成出口产值2443亿元，同比下降12.6%；船舶配套企业出口产值115亿元，同比增长7.5%；船舶修理企业出口产值44.3亿元，同比下降5.8%；船舶改装企业出口产值25.2亿元，同比下降15.7%。

经济效益下滑。2012年1~11月，全国规模以上船舶工业企业实现主营业务收入6162亿元，同比下降0.2%。其中，船舶制造业为4568亿元，同比下降4.2%；船舶配套业为949亿元，同比增长17%；船舶修理业为135亿元，同比增长8.7%。2012年1~11月，全国规模以上船舶工业企业实现利润总额 288 亿元，同比下降 29.1%。其中，船舶制造业为 225 亿元，同比下降 35.3%；船舶配套业为 44.3 亿元，同比增长 1.8%；船舶修理业亏损 9000 万元，同比下降 134%。

3.2.2 问题与挑战

3.2.2.1 需求萎缩，结构调整压力大

累计订货增速持续回落，需求持续萎缩。2011 年，机械行业累计订货增速仅为 6% 左右。2012 年，累计订货增速进一步下滑，全年各月累计订货均为负增长。其中工程机械、内燃机、机床工具、发电设备（尤其是核电和风电设备）、载重汽车、机械基础件等行业订单下滑尤为严重。发电设备、金属轧机、冶金设备等重点产品需求增长速度明显回落，依靠传统产品增长支撑产业发展的压力越来越大。因此，必须加快产品结构调整升级的步伐，拓展行业的增长空间。

3.2.2.2 产业组织不合理，没有形成产业发展合力

机床、专用设备、通用设备零部件等子行业的"低、小、散"问题仍然突出，生产设备落后、产品技术水平低且同质化严重。大企业对于促进行业创新发展的引领带动作用不强，企业主导产品仍然主要面向国内市场，在国际高端市场的占有率低。产业链协同合作和创新的氛围尚没有形成，"竞争型"供应链的特征仍然十分突出。产业技术联盟对于共性技术突破的力度有待进一步提升。

3.2.2.3 用户需求加速升级，产能结构与需求结构失衡严重

一方面，随着航空航天、军工、新能源装备等战略性新兴产业的加快发展，下游用户对机械企业提供整体解决方案的能力、自动化程度、生产效率、产品交货期、售前及售后服务等方面都不断提出更高的要求。另一方面，国内机械装备企业低端产品同质化问题严重，满足高端用户需求的能力不足。通用型的低档次产品供应能力明显相对过剩，而中高档特别是面向高端细分市场的产品供给能力严重不足。

3.2.2.4 核心技术缺乏，国际竞争力仍有待提升

国内产品在性能、质量、可靠性、服务、品牌影响力等方面与工业发达

国家企业相比仍存在较大差距。核心技术和前沿技术研发能力薄弱仍是制约行业发展的突出问题。2012年，我国高端机床进口额接近200亿美元、仪器仪表进口额459亿美元、电工电器进口额超过500亿美元。突破核心技术，使设备的精度、稳定性、可靠性得到高端用户的认可，加快技术突破和创新成果的产业化、商品化是行业发展的主要任务。

3.3 消费品工业

2012年，消费品工业保持平稳较快增长，增速高于全国工业水平；结构调整取得积极进展，规模以上企业整体经济效益良好；行业出口增速减缓，内需拉动作用明显；行业技术改造步伐加快，转型升级稳步推进；消费品工业增长对整个工业平稳健康发展发挥了重要支撑作用。

3.3.1 行业发展特点

3.3.1.1 消费品工业总体

总体保持平稳较快增长，增速高于全国工业水平。全年消费品工业规模以上企业增加值较2011年增长11.0%，增速回落3.1个百分点，但仍高出全部工业增速的1个百分点。其中，轻工、纺织、医药、烟草等行业分别增长11.0%、10.5%、14.5%和9.3%。工业销售产值同比增长16.2%，高出全国工业3.4个百分点。

利润保持较快增长，经济效益总体向好。消费品工业规模以上企业实现利润总额1.71万亿元，较2011年增长17.8%，增速高于全国工业12.5个百分点，占全部工业的30.6%，对整个工业平稳健康发展发挥了重要支撑作用。其中，轻工、纺织、医药和烟草等行业利润分别较2011年增长19.4%、7.8%、18.5%和27.2%。

出口保持小幅增长，增速有所回落。消费品工业累计完成出口交货值约3.3万亿元，较2011年增长6.6%，增速回落9.1个百分点，比全部工业略低0.5个百分点。其中，轻工、纺织、医药和烟草等行业出口交货值分别较2011年增长8.3%、2.5%、8.1%和13.7%。

内销持续旺盛，内需拉动作用增强。2012年，消费品工业内销产值约22万亿元，较2011年增长17.8%，增速回落12.7个百分点，比全部工业加快4.2个百分点。其中，轻工、纺织、医药、烟草等行业内销产值分别较2011年增长19.3%、12.4%、22.3%和14.8%；全社会消费品零售总额达20.7万亿元，较2011年增长14.3%。

3.3.1.2 纺织工业

生产保持平稳增长，主要产品产量增速略有回落。规模以上纺织企业工业增加值同比增长10.5%，增速较2011年下降0.2个百分点，纺织工业增加值占全国比重为5.6%，较2011年下降0.07个百分点。其中，纱线生产2984万吨，较2011年增长4%，增速回落2.7个百分点；布生产840.8亿米，较2011年增长3.3%，增速回落1.3个百分点；化学纤维生产3811万吨，较2011年增长11.8%，增速回落2.1个百分点；服装生产267亿件，较2011年增长6.2%，增速回落1.9个百分点。纺织工业增加值增速与主要产品产量增速，见图3-11。

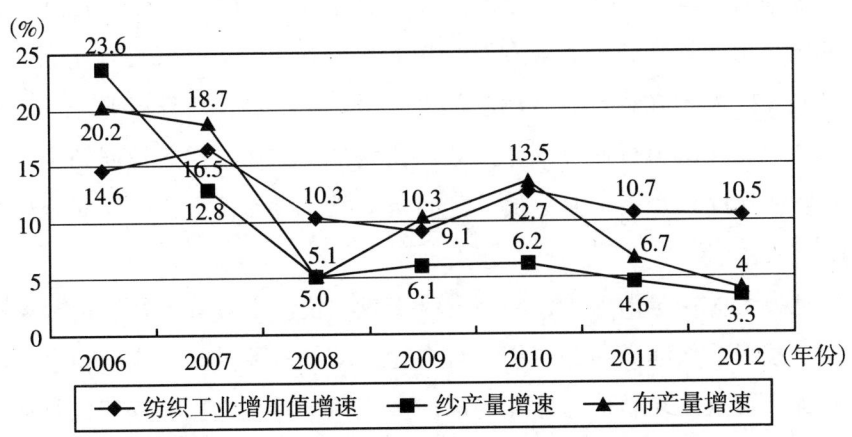

图3-11 纺织工业增加值增速与主要产品产量增速

资料来源：国家统计局。

出口保持小幅增长，增速继续趋缓。2012年，我国累计出口纺织品服装2626亿美元，较2011年增长3.3%，增速继续趋缓。其中，纺织品出口额比2011年增长1.5%，服装出口额增长4.5%。纺织品服装出口价格比2011年提高3.9%，扣除价格上涨因素后出口数量同比下降0.6%，行业出口压力仍然较大。

内需保持稳定增长，内销规模继续扩大。2012年，全国社会消费品零售总额达207141亿元，较2011年增长14.3%。其中，限额以上企业服装鞋帽、纺织品零售额9777.8亿元，较2011年增长18.0%，显著高于社会消费品零售总额增速。表明内需市场对中国纺织行业运行的支撑作用继续巩固。

固定资产投资增速回落，区域结构调整继续加强。纺织行业500万元以上项目实际完成固定资产投资总额达7793亿元，同比增长14.6%，增速比2011年回落21.7个百分点，行业新开工项目数同比下降5.5%。棉纺织及印染加工业投资额同比增长12.5%，化纤行业投资额较2011年增长20.3%。中部地区500万元以上项目实际完成固定资产投资额较2011年增长16.7%，增速高于东部地区3个百分点；西部地区实际完成固定资产投资额较2011年增长12.8%，增速略低于东部地区。

经济效益平稳增长，增速较2011年有较大下滑。2012年，纺织行业主营业务收入55747亿元，同比增长10.7%，增速较2011年回落15.9个百分点。利润总额2943亿元，同比增长7.8%，增速较2011年回落18.0个百分点。其中，棉纺及印染加工业利润总额同比增长11.2%，家纺行业利润总额同比增长12.7%，服装行业利润总额同比增长10.2%，化纤行业利润总额同比下降28.3%。纺织行业亏损企业数同比增加29.6%，增速较同期全国工业高7.3个百分点。亏损企业亏损总额同比增长47.0%，增速较同期全国工业高14.2个百分点。

信息技术应用走向深入，转型升级步伐加快。云计算、物联网、移动互联等信息技术的快速发展和应用，有力地推动了产业升级。企业信息化管理系统由推广普及逐步转向行业化的深层次应用，纺机、服装和印染行业的智能化生产发展迅速，信息技术与生产装备的深度融合获得重大突破，信息技术在生产、物流和基础管理环节的应用，促进了优势企业节能降耗和管理水平的提升。

3.3.1.3 医药工业

总体保持平稳增长，产业规模稳步扩张。截至2012年底，医药产业共有6625家企业，比2011年增加471家。总资产16408亿元，比2011年增长

18.4%。全年医药产业工业增加值较上年增长14.5%，高出全部工业增速4.5个百分点。全年完成工业总产值18255亿元，比2011年增长21.7%。其中，化学药品原药产值3305亿元，比2011年增长16.6%；化学药品制剂产值5089亿元，比2011年增长24.7%；中药饮片产值1020亿元，比2011年增长26.4%；中成药产值4136亿元，比2011年增长21.3%；生物药品产值1853亿元，比2011年增长20.5%；医疗器械产值1573亿元，比2011年增长20.6%。医药行业工业增加值增速，见图3-12。

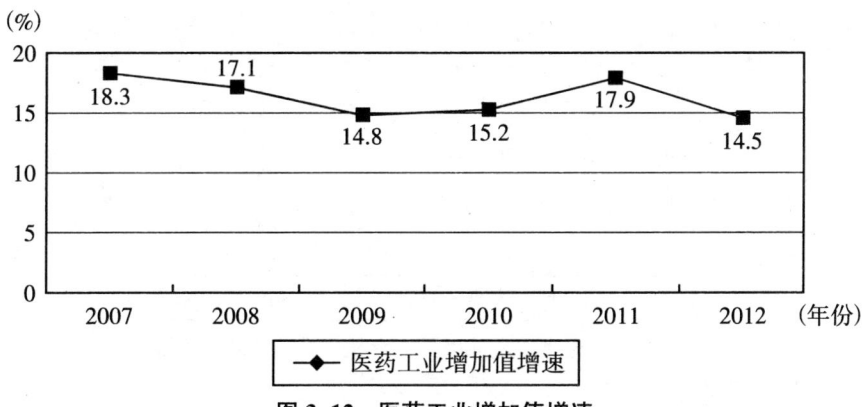

图3-12 医药工业增加值增速

资料来源：国家统计局。

产品出口保持温和增长，增速有所放缓。2012年，受欧美国家需求下降、部分国家进口标准提高等因素影响，医药产业出口贸易增速有所放缓。医药行业全年累计出口额476亿美元，较2011年增长6.9%，增速回落3.7个百分点；累计完成出口交货值1484.7亿元，较2011年增长7.3%，增速回落9.7个百分点。其中，化学原料药出口550亿元，较2011年增长6.8%；生物药品出口184.2亿元，较2011年减少5%；化学药品制剂出口146.3亿元，较2011年增长23.5%；中成药出口45.5亿元，较2011年增长15.6%；医疗器械出口379.6亿元，较2011年增长4.2%。除化学药品制剂出口增速较2011年增加8个百分点之外，其余子行业出口增速都出现回落。医药行业产品出口结构及各子行业出口增速，见图3-13。

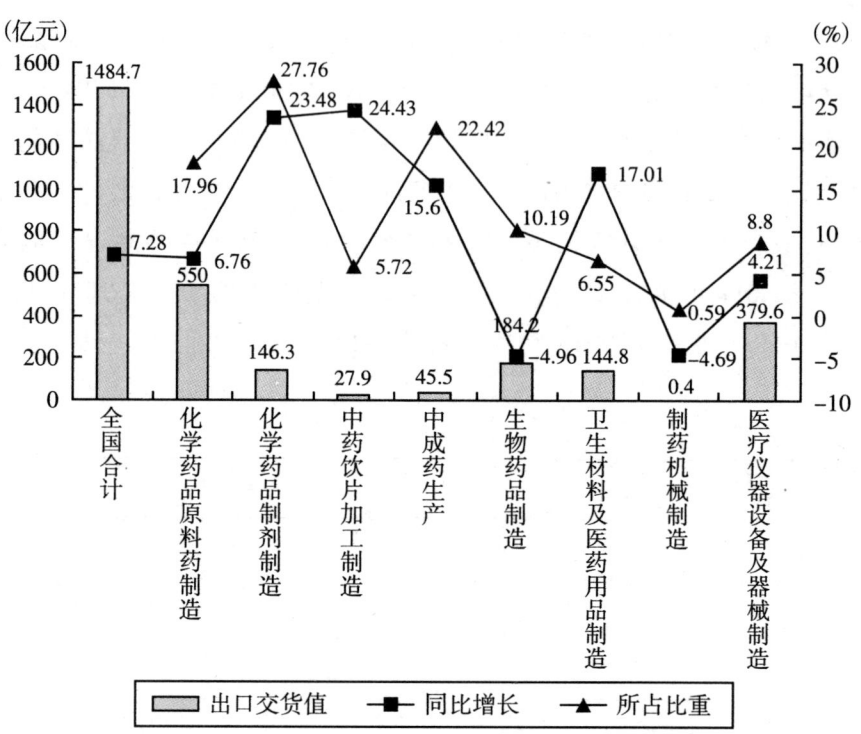

图3-13 医药行业产品出口结构及各子行业出口增速
资料来源：国家统计局。

盈利能力呈回升态势，成本压力依然较大。2012年医药产业实现主营业务收入17950亿元，同比增长20.1%；累计实现利润总额1833亿元，同比增长20.4%，继续维持较高水平。其中，中药饮片、化学药品制剂利润增速较快，分别为27.5%和25.3%；化学药品原药、中成药、生物生化药品利润增速稍低，分别为15.9%、16.9%和14.3%。2012年医药产业销售收入利润率约10.2%，与2011年基本持平。医药制造业全年累计毛利率为29.58%，比2011年有所改善。2012年11月、12月单月毛利率分别达到30.22%、32.52%，不断创出新高，盈利能力呈回升态势。2012年医药制造业销售费用、管理费用与财务费用分别同比增长26.0%、18.2%与21.9%，三项费用率合计为18.59%，高于2011年同期水平0.50个百分点。受费用率水平提升影响，全年公司营业利润率为10.25%，略低于2011年水平（10.62%）。

固定资产投资保持快速增长，增速有所回落。2012年，受国家实施新版

《药品经营质量管理规范》、节能减排力度加大等因素影响,医药产业固定资产投资继续快速增长,全年累计完成固定资产投资3565亿元,同比增长34.6%,增速较2011年回落10.9个百分点,但仍高出全社会固定资产投资增速约14个百分点。医药行业固定资产投资额占全国固定资产投资额的比重为0.98%,占比较2011年提高0.11个百分点。

3.3.1.4 食品工业

生产稳定增长,产业规模继续扩大。2012年,我国规模以上食品工业企业33692家,占同期全部工业企业的10.1%;从业人员707.04万人,比2011年新增39.70万人。规模以上食品工业实现现价工业总产值80931.68亿元,较2011年增长21.7%,高出全国工业总产值增速9个百分点。其中,农副食品加工业产值增长13.6%,食品制造业产值增长11.8%,酒、饮料和精制茶制造业产值增长12.5%,烟草制品业产值增长9.3%。全国规模以上食品工业企业增加值较2011年增长12.0%,增速回落3个百分点,高出全国工业1个百分点。食品工业对全国工业增长贡献率达到12.8%,拉动全国工业增长1.3个百分点,是拉动国民经济平稳较快增长的重要驱动力。食品工业增加值增速,见图3-14。

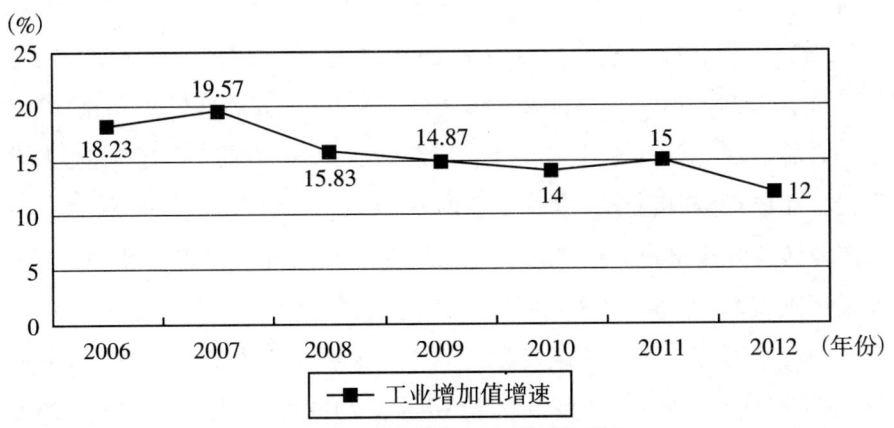

图3-14 食品行业工业增加值增速

资料来源:国家统计局。

出口市场不振,产品销售仍依赖内需市场。2012年,食品工业实现销售产值88022.20亿元,同比增长21.1%。食品市场供需平衡,全年产品销售率

98.3%，比全国工业平均水平高 0.3 个百分点。全国规模以上食品工业企业累计完成出口交货值 4062.43 亿元，仅比 2011 年增长 0.63%。出口交货值占销售产值 4.62%，比 2011 年回落 0.5 个百分点。食品工业的主要市场仍在国内。

利润大幅上升，盈利能力增强。2012 年，规模以上食品工业实现利润总额 6571.47 亿元，同比增长 25.2%，比全国工业高出 19.9 个百分点。分行业看，农副食品加工业，食品制造业，酒、饮料和精制茶制造业，烟草制品业分别实现利润 2671.51 亿元、1311.47 亿元、1530.00 亿元、1058.49 亿元；分别比 2011 年增加 20.6%、25.8%、31.8%、27.2%。在食品工业 56 个小类行业中，52 个行业利润同比增长，仅有 4 个行业下降。规模以上食品工业企业实现主营业务收入 87982.57 亿元，同比增长 19.0%；增速比全国工业平均水平高 7.9 个百分点。食品工业主营业务收入利润率为 7.5%，比全国工业高 1.4 个百分点。

固定资产投资规模继续扩大。2012 年，食品工业固定资产投资施工项目 24463 项，其中 2012 年新开工项目 19189 项。全年完成固定资产投资额 12833.75 亿元，同比增长 30.7%；增幅高出全国平均水平 10.1 个百分点。分行业看，农副食品加工业完成投资额 6906.62 亿元，食品制造业完成 3080.04 亿元，酒、饮料和精制茶制造业完成 2601.92 亿元，烟草制品业完成 245.17 亿元，同比分别 32.0%、28.1%、36.2%、-8.7%。分地区看，河南、山东、辽宁、吉林、黑龙江、湖北、湖南、河北、四川、江苏位列全年完成投资额前十位，完成投资额占全国食品工业的 65.9%。

产业转移继续推进，区域发展较为均衡。2012 年，中部、西部地区食品工业发展速度较快，各地区之间增长速度总体上差别不大，发展较为均衡。东部、中部、西部、东北地区食品工业总产值在全国食品工业总产值中的比重分别为 42.4%、24.9%、18.9%、13.8%，2011 年分别为 42.8%、24.5%、19.6%、13.1%。东部、东北地区所占份额下降，中西部地区份额相对上升。东部、中部、西部、东北地区食品企业个数占全国食品企业个数比重分别为 41.6%、27.1%、18.7%、12.6%，2011 年分别为 42.1%、26.8%、18.6%、12.6%。总体呈现出东部占比下降，中部、西部占比上升的态势。

行业集中度继续提高。2012年,全年完成主营业务收入超过百亿元以上的食品工业企业有54家;不计烟草制品业,食品工业主营业务收入百亿元以上企业有33家。重点行业生产集中度水平继续提高,大中型食品工业企业贡献突出,规模优势显著。2012年规模以上大中型食品工业企业共计4740家,占食品工业企业数的14.1%,比2011年提高2.8个百分点;完成产值占全行业的50.6%,比2011年提高3个百分点。

3.3.2 问题与挑战

(1) 国际市场需求不足,出口形势严峻。

2012年以来,国际市场需求减弱,纺织品、服装、食品等消费品主要出口市场需求增长乏力,甚至有所萎缩。2012年1~11月,美国从全球进口纺织品服装总额同比下降0.9%,欧盟进口额同比下降5.0%,日本进口额同比仅增长1.7%。国际市场需求不足对消费品企业尤其是外向型企业造成重大冲击。

(2) 用工成本持续上升,国际竞争压力加大。

2012年以来,企业用工成本继续增加,劳动密集型消费品生产企业面临盈利能力下降、国际竞争力削弱的挑战。据中纺联服装出口企业专项调查结果显示,88.2%的企业劳动力成本较2011年有所提升,8.8%的企业劳动力成本较2011年持平,仅有2.9%的企业劳动力成本较2011年有所下降。用工成本的上升直接影响到产品的出口竞争力,我国消费品在国际进口市场的份额可能继续下降。

(3) 产业链创新能力弱,转型升级任务依然艰巨。

虽然各行业龙头企业加大了技术改造力度和研发支出,但消费品行业大部分企业生产规模小、利润率低,由此导致整个行业创新投入不足,产业链创新能力的提高受到限制。在低附加值、低品牌度的生产模式主导下,消费品行业增长方式仍然较为粗放,行业转型升级之路依然任重道远。

(4) 公众对食品药品安全的信任度降低,公共监管体系亟待完善。

2012年,食品药品安全事件仍然频频发生,白酒塑化剂超标、制药企业的"毒胶囊"、快餐企业的"速成鸡"、知名乳品企业的"酸败门""含汞门"

等问题和事件相继曝光,使消费者对食品药品企业的信任度不断降级,也对产业发展造成了消极影响。针对食品、药品产业链条建立全过程的监管体系迫在眉睫。

3.4 电子信息产业

2012 年,中国电子信息产业总体规模不断壮大,销售收入突破 10 万亿元大关,主要电子信息产品产量稳居世界第一的位置,在工业经济中的领先地位和支柱作用凸显;产业转型升级取得成效,软硬件结构、产品结构、投资结构和贸易结构均有所改善;企业经济效益逐步好转,多项核心技术取得突破,内资企业实力日益增强,在行业发展中的贡献和作用更加显著。

3.4.1 行业发展特点

3.4.1.1 电子信息产业总体

产业规模不断壮大,制造大国地位日益稳固。2012 年,中国电子信息产业销售收入首次突破 10 万亿元大关,达到 11.0 万亿元,增幅较 2011 年超过 15%。规模以上电子信息制造业实现销售产值 85044 亿元,比 2011 年增长 12.6%。其中,手机、计算机和彩电产量占全球出货量的比重均超过 50%,稳居世界第一的位置。

软件业务增长迅速,软硬件结构更趋合理。2012 年,中国软件产业实现业务收入 2.5 万亿元,比 2011 年增长 32.7%,增速高于电子信息制造业 19.7 个百分点;软件产业收入占电子信息产业收入比重达到 22.8%,比 2011 年提高 2.6 个百分点,比"十一五"期末提高 4.5 个百分点,产业软硬件结构更趋合理。电子信息产业软硬件结构变化情况,见图 3-15。

产业转型取得成效,产业融合化程度加深。2012 年,电子信息制造业基础领域不断壮大,电子元件、电子器件、电子测量仪器及电子专用设备等基础行业销售产值比重达到 39.4%;软件业服务化和网络化趋势明显,数据处理和运营服务类业务实现收入 4285 亿元,同比增长 35.9%,增速高于行业平均水平 7.4 个百分点,占比达到 17.1%;软件业与制造业融合化程度加深,

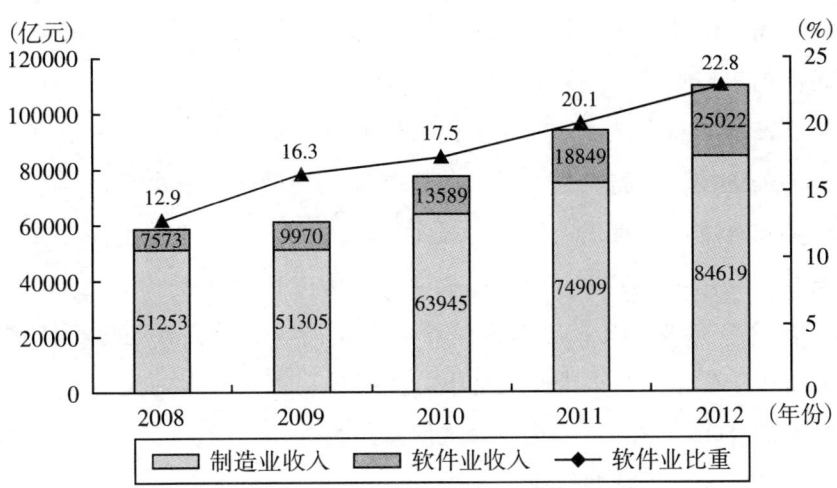

图 3-15 电子信息产业软硬件结构变化情况

资料来源：工业和信息化部。

嵌入式系统软件增速加快，实现收入 3973 亿元，比 2011 年增长 31.2%。

投资增速明显放缓，投资结构变化较大。2012 年，中国电子信息产业 500 万元以上项目完成固定资产投资额 9592 亿元，比 2011 年增长 5.7%，增速比 2011 年回落 45.8 个百分点，低于同期工业投资增速 14.3 个百分点。同时，投资结构发生较大变化。从行业看，广播电视设备行业完成投资额增长 173.7%，而 2011 年增长较快的电子器件制造和电子信息机电行业完成投资额分别减少 9.9% 和 10.8%；从地区看，中西部地区投资增长最快，全年完成投资额 4128 亿元，比 2011 年增长 20.6%，比重上升至 43.0%；从投资主体看，内资企业投资增速从 2011 年的 68.5% 放缓至 2012 年的 10.9%，而三资企业投资额则比 2011 年下降 10.1%，内资企业比重进一步提升至 78.8%。

外贸增速有所回落，贸易结构趋于优化。2012 年，中国电子信息产品进出口呈小幅增长态势，全年进出口总额 11868 亿美元，比 2011 年增长 5.1%，增速比 2011 年回落 6.4 个百分点，占全国外贸总额的 30.7%。其中，出口 6980 亿美元，比 2011 年增长 5.6%，增速比 2011 年回落 6.3 个百分点，占全国外贸出口额的 34.1%；进口 4888 亿美元，比 2011 年增长 4.5%，增速比 2011 年回落 6.5 个百分点，占全国外贸进口额的 26.9%。从贸易结构看，一般贸易出口稳步增长，增速高于加工贸易 3.4 个百分点；内资企业出口比重提升，占比 22.2%，比 2011 年提高 3.5 个百分点；新兴市场快速开拓，对泰国和越南的出口增速分别达到 21.7% 和 32.3%。

核心技术不断突破，产业化步伐明显加快。2012 年，中国电子信息产业多项核心关键技术取得突破，部分技术已经达到国际先进水平，自主研发产品的市场占有率不断提高。以新型显示领域为例，生产线、相关材料及设备的研发和产业化步伐加快，液晶面板全球市场占有率超过 10%，国内电视面板供应自给率突破 20%，国内面板骨干企业采购国产材料的金额比例超过 25%。此外，在相关政策措施支持下，多晶硅、锂离子电池关键材料及传感器等领域的技术研发和产业化步伐也明显加快。

3.4.1.2 电子信息制造业

行业增速小幅放缓，保持工业领先地位。2012 年，规模以上电子信息制造业增加值比 2011 年增长 12.1%，增速比 2011 年回落 3.8 个百分点；自 2012 年 4 月之后，行业增速在整体工业中始终保持领先地位，增加值增速高于同期工业平均水平 2.1 个百分点；收入、利润及税金增速分别高于工业平均水平 2.0 个、0.9 个和 9.9 个百分点，在工业经济中的领先地位和支柱作用进一步凸显，见图 3-16、图 3-17。

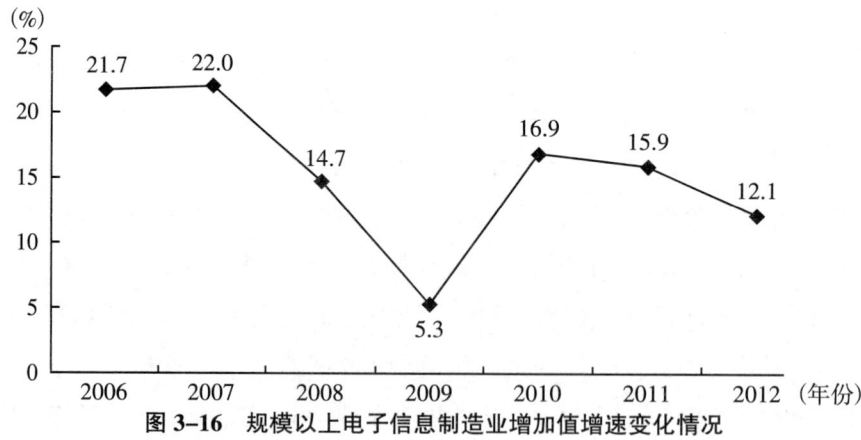

图 3-16　规模以上电子信息制造业增加值增速变化情况

资料来源：工业和信息化部。

整体效益逐步好转，效益结构有所改善。2012 年，规模以上电子信息制造业实现销售收入 84619 亿元，比 2011 年增长 13.0%；实现利润总额 3506 亿元，比 2011 年增长 6.2%；销售利润率达到 4.1%，比 2011 年回落 0.3 个

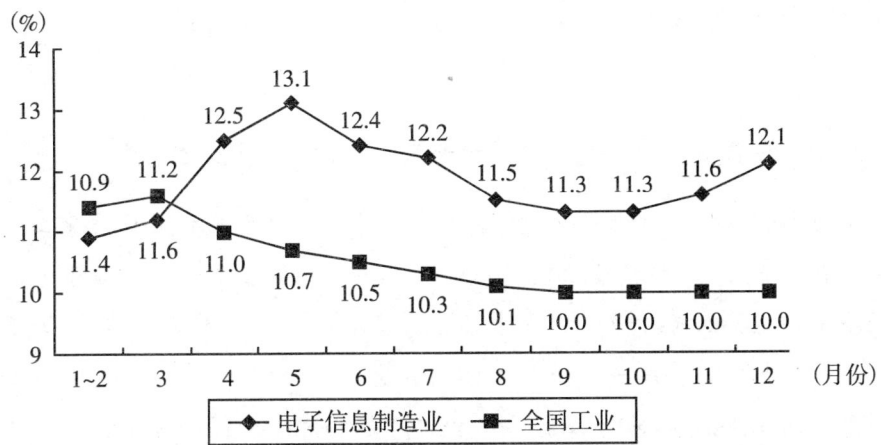

图 3-17　2012 年电子信息制造业与全国工业增加值累计增速对比
资料来源：工业和信息化部。

百分点。从全年走势看，产业整体效益呈逐步向好态势，利润总额逐步扭转下降态势，利润率不断提高，亏损面持续缩小。同时，效益结构有所改善。内资企业效益贡献加大，收入和利润比重达到 29.4% 和 42.7%，分别比 2011 年提高 1.1 个和 1.8 个百分点；小型企业发展活力增强，收入和利润增速分别达到 23.3% 和 16.6%，高于行业平均水平 13.8 个和 17.5 个百分点。

内资企业实力增强。2012 年，规模以上电子信息制造业中，内资企业销售产值与出口交货值分别比 2011 年增长 18.4% 和 13.4%，高于行业平均水平 5.8 和 3.1 个百分点，所占比重比 2011 年提高 1.4 个和 0.3 个百分点，内资企业实力日益增强，在行业发展中的贡献和作用更加显著。

产业转移步伐加快。2012 年，规模以上电子信息制造业中，中部地区销售产值和出口交货值分别比 2011 年增长 40.9% 和 85.4%，高于行业平均水平 28.3 个和 75.1 个百分点；西部地区销售产值和出口交货值分别比 2011 年增长 39.4% 和 83.2%，高于行业平均水平 26.8 个和 72.9 个百分点；中西部地区销售产值比重合计达到 16.2%，比 2011 年提高 3.2 个百分点，不同区域间的产业转移速度明显加快。

内销市场稳步增长。2012 年，规模以上电子信息制造业实现内销产值 38263 亿元，比 2011 年增长 15.5%，高于行业平均水平 2.9 个百分点，高于出口交货值增速 5.2 个百分点，内销比重比 2011 年提高 1.2 个百分点，国内市场在行业发展中扮演着越来越重要的角色。

专栏 3-6　2012 年中国电子信息产业十大标准化事件

工业和信息化部对标准化工作提出新要求。工业和通信业标准化工作要坚持"四个服务",即服务于创新,服务于培育和拓展市场,服务于形成良好的行业规范,服务于建立消费者的信心;要夯实"三个基础",即加强标准化工作思想建设,加强标准化工作制度建设,加强标准化人才队伍建设;要抓住"两个重点",即重点解决消费者关注的焦点问题,重点解决产业发展、行业发展面临的关键问题;要突出"一个特点",即标准化工作要依靠各方的参与和支持,形成合力。

技术标准体系提升工程全面启动。工业和信息化部正式启动技术标准体系提升工程,确定了到"十二五"末期制定 800 余项重点领域和战略性新兴产业重要技术标准、技术标准体系进一步优化、标准整体水平有效提升、标准化工作可持续发展能力显著增强的总体目标。这标志着我国工业标准化工作全面转入"重点突破、整体提升"新阶段,标准化成为支撑产业发展和转型升级的重要手段。

工业和信息化部发布半导体照明综合标准化技术体系。工业和信息化部正式发布半导体照明综合标准化技术体系,系统梳理了现有标准,确定了"通用标准"、"材料和设备标准"、"芯片和器件标准"、"照明设备和系统标准" 4 大体系、共 193 项标准,规划了半导体照明综合标准化体系框架和基本内容,明确了"十二五"期间半导体照明领域的标准化重点项目,对有效推动半导体照明的技术进步和产品开发,促进半导体照明产业的健康有序发展具有重要作用。

电子电工产品安全新国标加强对人身和财产安全保护。国家标准 GB8898-2011《音频、视频及类似电子设备安全要求》正式实施。该标准在国际标准的基础上,结合了我国地理条件、气候条件和使用条件,首次加入了我国国家偏离,增加或提升了相关安全技术指标,满足了我国高海拔地区、热带气候地区及供电条件落后地区对电子电工产品安全性能的要求,对进一步保护我国消费者人身和财产安全具有重要的意义。

信息技术服务运行维护3项国家标准正式颁布实施。《信息技术服务运行维护 第1部分：通用要求》、《第2部分：交付规范》以及《第3部分：应急响应规范》3项信息技术服务运行维护国家标准正式颁布，初步形成了信息技术服务运行维护标准体系，2013年2月1日正式实施。该3项标准颁布对推进信息技术服务行业的良性竞争和健康发展意义重大。

新兴产业标准化技术组织相继成立。三维数字社会管理系统标准应用联盟、SOA分技术委员会和云计算工作组等标准组织相继成立。按照"服务产业、急用先行、成熟先上"的基本原则，相关标准化组织先后发布了《云计算标准化研究报告》、《中国SOA最佳应用及云计算融合实践》等研究报告，加大了《信息技术面向服务的体系结构总体要求》等重要标准的研制。部省联动启动了《信息技术三维数字社会管理系统技术规范》等三维数字社会管理系统标准的制定与试点。

我国主导制定新型电视国际标准。我国提出的《智能电视概念模型》、《3D电视图像舒适度评价》提案获得IEC国际标准立项，中国电子技术标准化研究院专家首次在国际数字音视频领域担任智能电视国际标准工作组组长，担任3D技术国际标准工作组联合组长，标志着我国在主导制定新型电视国际标准方面取得重要进展，为我国视听产业的转型升级和抢占国际市场创造了有利条件，有效提升了我国在消费类电子产品国际标准化活动中的影响力。

"闪联"全系列标准正式成为国际标准。IEC国际标准化组织向全球正式发布由我国主导制定的《信息设备资源共享协同服务》、《第21部分：应用框架》、《第3部分：基础应用》、《第5部分：设备类型规范》、《第6部分：服务类型规范》4项国际标准，与之前颁布的3项国际标准共同构成完整的"闪联"国际标准体系，标志着3C协同互联领域实现了国际标准中国创造，对中国信息技术、消费电子和通信技术的协同发展和产业竞争力的提升具有重要意义。

海峡两岸9项共通标准正式发布。中国电子工业标准化技术协会、华聚产业共同标准推动基金会共同发布了《室内一般照明用LED平板灯具》、

《立体显示器件术语和定义》、《光伏建筑一体化（BIPV）组件电池额定工作温度测试方法》等9项共通标准，涉及半导体照明、平板显示技术、太阳能光伏3大产业重点发展领域。这是海峡两岸在技术标准和产业合作方面的重要成果，这将为促进两岸共同发展创造更大机遇。

《中国电子信息行业社会责任指南》（以下简称《指南》）助力产业可持续发展。中国电子工业标准化技术协会社会责任工作委员会发布《指南》，重在引导电子信息行业企业和其他组织，从组织管理、技术创新、员工权益、安全健康、环境保护、诚信经营、供应链、消费者关系、社区参与和发展9个方面履行社会责任，推动电子信息产业转型升级和可持续发展。

资料来源：《2012年度中国电子信息产业十大标准化事件公布》[EB/OL]. 中国网，2013-1-10. http://legal.china.com.cn/2013-01/11/content_27656227.htm.

3.4.1.3 软件业

收入增长稳中趋升。2012年，中国软件产业共实现软件业务收入2.5万亿元，比2011年增长28.5%，增速比电子信息制造业高出15.5个百分点。分月度看，2012年前10个月保持平稳增长态势，增速为25%左右，2012年11月和12月增速明显回升，分别达到41.4%和37.5%，见图3-18。

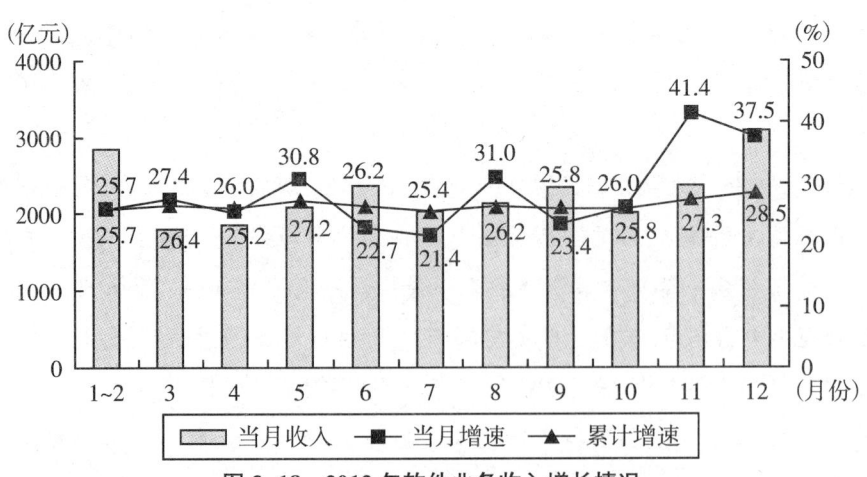

图3-18　2012年软件业务收入增长情况

资料来源：工业和信息化部。

企业经济效益良好。2012年，百家软件骨干企业共实现软件业务收入

3667亿元，比2011年增长7.8%；收入达10亿元以上企业占比72%，比2011年提高16个百分点；实现利润总额654亿元，比2011年增长22.5%，扭转了2011年利润下滑的局面；主营销售利润率上升至9.7%，比2011年提升1.5个百分点；投入软件研发经费628亿元，比2011年增长17.8%，高出收入增速10个百分点；研发经费占主营业务收入比重达到9.5%，比2011年高出1.3个百分点。

产业集聚度不断提高。2012年，中国软件产业龙头企业集聚带动作用突出，通过建立产业联盟、形成产业园区和产业集群等多种方式，在很大程度上促进了软件产业的集聚发展。同时，地区集聚度进一步提高。全国15个中心城市共实现软件业务收入1.37万亿元，比2011年增长31.4%，占全国软件业务收入比重达到55%；百家软件骨干企业中有81家集中在东部沿海地区，其软件业务收入占全部百家企业收入的89%；有80家集中在北京、上海等15个中心城市，其软件业务收入占全部百家企业收入的91%。

软件出口持续低迷。2012年，中国软件业出口增长依然处于低迷态势，全年实现出口368亿美元，比2011年增长18%，增速基本与2011年持平，但低于全行业10.5个百分点。其中，嵌入式软件出口增长13%，增速继续处于较低水平；外包服务出口增长54%，对软件出口增长贡献率达到60%。

专栏3-7　智慧城市建设全面启动，电子信息产业迎来新机遇

目前，国内多个省市正在启动建设智慧城市，并由此激发出巨大产业空间。智慧城市被视为中国城市化进程的一大趋势和方向，随着其建设步伐的加快，将有助于推动物联网、云计算等一大批新兴产业的"落地"，同时也将为国内各地的经济结构调整、产业转型升级带来契机。

智慧城市建设蕴含数万亿商机

在全球智慧城市风潮和国家政策鼓励下，北京、上海、广东、南京、武汉等多个省市已启动了智慧城市建设。根据已披露数据显示，到2012年底全国开建智慧城市的城市数将有望超过400个，估计前期网络和数据平台等基础设施建设投资规模将超过5000亿元。安信国际预测，"十二五"期间中国将有 600~800 个城市建设智慧城市，加上后期各种数据中心、分析设备和服务设备的投资，市场总规模将达 2 万亿元。

高达 2 万亿元的市场空间，无疑将为一大批新兴技术、新兴产业提供广阔发展前景。智慧中国首席战略官曹国辉在"2012 中国智慧城市高峰论坛"上表示，所谓"智慧城市"就是集成多种高新技术应用，通过数字化、信息化、泛在互联、云计算、全面感知、智能分析等手段，形成技术集成、综合应用、网络高端发展的现代化、网络化、信息化城市。近年来以物联网、云计算、下一代互联网、新一代移动通信为代表的信息技术的不断革新与融合，为智慧城市的发展提供了有力支撑。

新兴产业通过智慧城市实现"落地"

战略性新兴产业是当前各地经济发展的一大重点。而加快建设智慧城市步伐，将有助于促进战略性新兴产业的发展，为相关产业的"落地"提供示范和实践机会。以物联网为例，通过智慧城市建设，将切实促进物联网的推广和应用，使其从"概念"加速变为惠及民生、提升城市管理职能的美好现实。

目前，国内数百个城市都在探索建设智慧城市，其中国内大型城市发展的重点是完善城市智慧化基础设施，发展区域性的智能电子商务、智能节能物流、智慧虚拟企业和小区级智慧化生产协作站点。而一些地区级大中城市，主要着力于提升电力交通、供水供气、排污、垃圾处理、园林绿化、环境监测等城市设施的智能化水平。伴随这些项目的实施，包括物联网、云计算、城市光网、智能电网等在内的诸多新兴产业也将迎来快速发展。

以智慧城市为契机推进产业转型升级

建设智慧城市，更重要的意义在于可以以此为契机和重要抓手，推动地方经济的结构调整和产业升级。智慧产业作为知识技术密集、物质资源消耗少、成长潜力大、综合效益好的产业，将对城市加快产业转型升级，构建现代产业体系等产生重大引领带动作用。中国将通过城市化带动智慧化，智慧化带动工业化，通过各环节的带动，充分实现智慧城市对产业转型升级的抓手作用。

为培育壮大智慧产业，升级优化传统产业，当前需要坚持"智慧产业和传统产业并举发展，助推智慧城市经济跃升"的思路，发展以智能电网、智能交通、智能医疗、智能物流等技术含量高、产业关联度大的智慧产业，同时加大对制造业的升级改造，推动信息技术更好地融入产品研发设计、生产过程控制等环节，加快开发数字化、智能化装备和产品。

资料来源：高少华，龚雯. 智慧城市建设助推新兴产业"落地"[N]. 经济参考报，2012-12-18（6）.

3.4.2 问题与挑战

（1）仍然处于全球产业链和价值链的低端环节。

目前，中国电子信息产业仍处于全球价值链的底层，在关键技术、专利和标准方面，外资企业仍占据主导地位。中国企业生产所需的大部分零部件和核心部件需要依赖进口，采取的主要生产方式依然是对产品部件进行加工组装，而且多为技术含量不高的低端产品。长期以来，凭借着低成本的生产力要素等优势成长起来的电子信息产业，在全球产业分工体系中，还处于中、低端环节和外围地位。这些都成为制约我国电子信息产业发展的"瓶颈"。面对全球产业竞争的挑战，中国要实现从"制造大国"向"制造强国"的转变，就必须加快推进产业转型升级，进一步加强企业自主创新，掌握行业关键技术的自主知识产权，逐渐从产业链低端向高端转移，抢占软件、芯片、通信设备、终端等高端产业市场。

（2）缺乏具有国际竞争力的龙头企业和自主品牌。

中国电子信息企业与国际先进水平之间的差距依然明显，目前缺乏具有国际竞争力的龙头企业，未能形成自主品牌优势，这种差距甚至有扩大的趋势。中国企业大多以代工模式起家，为了追求更多的利润，规模扩张成为发展的主要目标，导致其陷入"追随—落后—追随"的恶性循环，使得中国企业的产品竞争力偏弱，且难以形成自己的品牌优势。中国电子信息产业的百强企业或者龙头企业，与国外产业巨头相比，仍然只是中小企业的规模。要扭转这种劣势，一方面，应积极推动行业兼并重组，加快推进资源优化整合，培育一批掌握关键核心技术、创新能力突出、品牌知名度高、国际竞争力强的跨国大公司；另一方面，应大力发展自主品牌，推动全行业发展模式转变，即从以加工组装为主的模式转向以自主知识产权和自有标准、品牌为主的模式。

(3) 新一代信息技术领域的社会投资缺乏长远规划。

新一代信息技术是中国电子信息产业新的增长点,除国家财政资金支持外,还需要大量的社会资金投入,但是由于缺乏对社会投资导向的长远规划,导致这个领域的社会投资出现停滞现象。剖析其原因,一方面,是由于缺乏短期可以形成大量产值的热点领域,以及成熟可靠的商业模式;另一方面,是因为缺乏对投资的科学规划和设计,导致产业未来增长点不明确,社会资金在进入时趋于保守。投资增速放缓已经阻碍了新一代信息技术领域的发展,迫切需要形成科学合理的宏观投资思路,以发挥其对整个产业发展的战略性和先导性作用。在具体操作层面,应发挥政府资金的杠杆和乘数效应,引导整合民间资本,设立新一代信息技术产业投资引导基金。该基金应采取政府引导、市场运作的模式,一方面,与地方相关园区基地紧密合作,参股区域性投资基金,引导新一代信息技术产业有序布局;另一方面,参股社会资本,引导其科学合理有序地进入新一代信息技术领域。

(4) 恶性竞争频繁发生暴露出软件业行业管理漏洞。

中国软件业经历了"黄金十年"的快速成长期,在行业规模迅速扩张的同时,企业之间的恶性竞争事件频繁发生,暴露出行业管理体系不健全的问题。例如,多家互联网企业之间的混战,不仅反映出企业综合创新能力缺乏导致捷径取巧的恶性模式盛行,以及用户层面不具备专业分辨能力、缺乏权益维护手段,还反映出专业评判标准缺乏、事件处理机制不完善、约束和惩戒手段较少等行业管理漏洞。频频爆发的不正当竞争,对企业的经济利益和品牌信誉造成负面影响的同时,也严重损害了广大消费者的合法权益,导致用户对本土软件企业乃至中国软件行业丧失信心,对行业长期发展带来巨大的消极影响。为了中国软件业的健康、可持续发展,亟待建立健全行业管理体系,加强行业管理工作。具体建议包括:一是建立跨领域、跨业务部门的行业管理体制;二是制定突发事件应对预案,建立并完善市场规则和事件处理机制;三是依托权威评测机构、科研机构,重点围绕软件质量、服务质量等制定专业评测标准;四是明确界定行业垄断、市场支配地位等反垄断相关问题,明确约束惩戒措施,营造良好的产业发展环境。

3.5 工业相关服务业

2012年，国务院印发了《服务业发展"十二五"规划》，指出要大力发展现代物流业、高技术服务业、设计咨询、科技服务业、商务服务业、电子商务、人力资源服务业、节能环保服务业等工业相关服务业。

3.5.1 工业设计服务业

（1）产业规模快速扩大，全球地位进一步巩固。

工业设计服务业产业规模稳步扩大。以IC设计产业为例，2012年我国IC设计产业实现收入808亿元，同比增长16.9%，是2007年171亿元的4倍多，见图3-19。另外，根据全球半导体联盟（GSA）的统计数据，2012年我国IC设计产业规模占全球的比重达到13.61%，中国集成电路设计业在全球产业中的地位得到了进一步巩固，在美国和中国台湾地区之后稳居第三位。

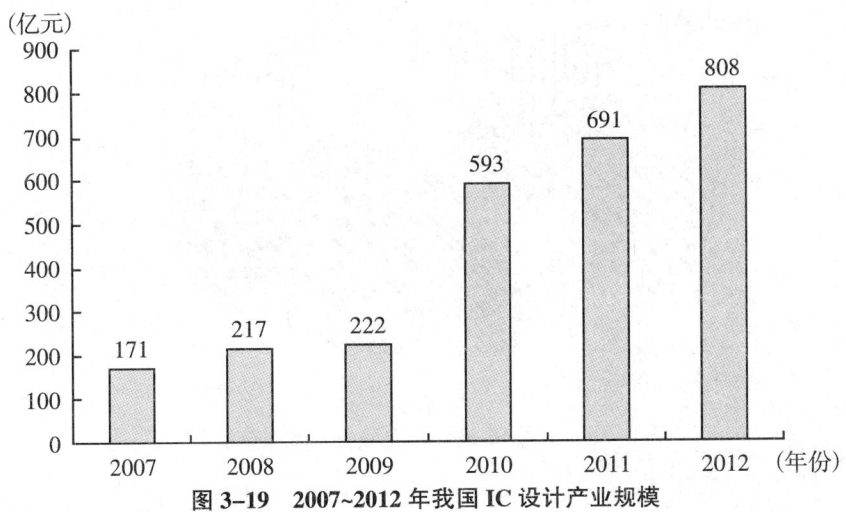

图 3-19　2007~2012年我国IC设计产业规模

资料来源：工业和信息化部。

（2）园区建设进展明显，能级不断提升。

2012年7月，中国（大兴）工业设计基地中国中小工业设计企业总部工业设计成果交易展示中心建成；2012年7月，浙江杭州颐高圣泓工业设计创意园开园,已有30多家工业设计机构入驻;2012年12月,福建晋江国际工业设计园开园,该园区为制造企业、大专院校、设计机构搭建互动交流平台、知识产权保护平台、交易服务平台、金融服务平台、成果转化服务平台、人才引进及培训服务平台、品牌推介平台。各地积极开展省(市)级工业设计中心认定,2008~2010年广东省评定了3批共48家工业设计示范企业;2010~2011年山东省先后认定了61家省级工业设计中心;上海市2012年认定了30家设计创新示范企业;江苏省2012年认定了15家省级工业设计中心。

(3)设计成果涌现,服务领域进一步延伸。

工业设计涌现出一批重要成果,2012年,获中国创新设计红星奖的设计成果达258项,包含了重大装备制造、交通工具、公共设施、通信、家电、家居和工艺美术7个领域。从分领域看,IC设计的服务产品和领域也非常广泛,IC设计服务于家电、玩具、手机等领域,见图3-20。

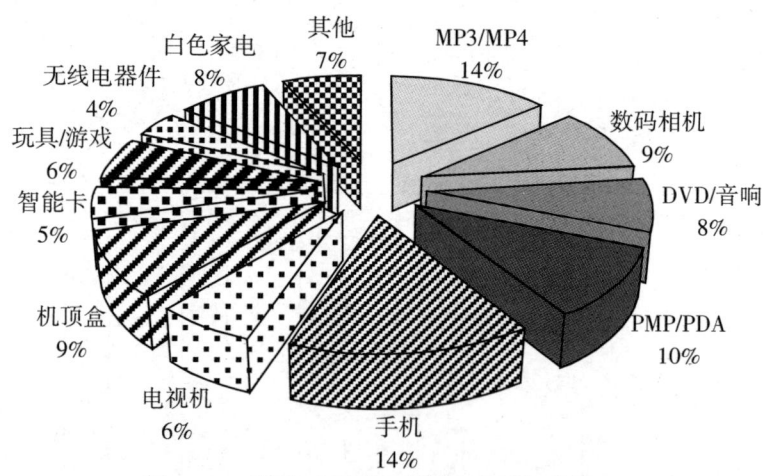

图3-20 我国IC设计产业服务领域细分情况
资料来源:工业和信息化部。

3.5.2 物流服务业

(1)社会物流总额增幅继续回落。

2012年全国社会物流总额达177.3万亿元,较2011年增长9.8%,增速继2011年下降2.7个百分点后,2012年继续下降2.5个百分点。其中,工业品物流总额为162万亿元，较2011年增长10%；进口货物物流总额11.5万亿元，较2011年增长7.8%；农产品和再生资源物流总额为2.72万亿元和0.66万亿元，较2011年分别增长4.5%和10.2%。

（2）物流总费用占GDP的比重小幅上升。

2012年，全国社会物流总费用为9.4万亿元，较2011年增长11.4%，增速下降7.1个百分点；社会物流总费用与GDP的比率为18%，占比提高0.2个百分点。其中，运输费用为4.9万亿元，较2011年增长10.7%，占社会物流总费用的比重为52.5%；保管费用为3.3万亿元，较2011年增长11.8%，占社会物流总费用的比重为35.2%；管理费用为1.2万亿元，占社会物流总费用的比重为12.3%。

（3）物流业增加值增幅趋缓，基础设施投资增速回升。

2012年，全国物流业创造增加值3.5万亿元，较2011年增长9.1%，见图3-21。其中，交通运输物流增加值较2011年增长8.7%，仓储物流增加值较2011年增长6.8%，批发、零售物流增加值较2011年增长9.8%。物流业增加值占GDP的比重为6.8%，与2011年基本持平，占服务业增加值的比重为15.3%。物流业固定资产增速回升，2012年1~11月，物流业固定资产投资完成3.5万亿元，较2011年增长22.2%，较2011年同期提高12.6个百分点。

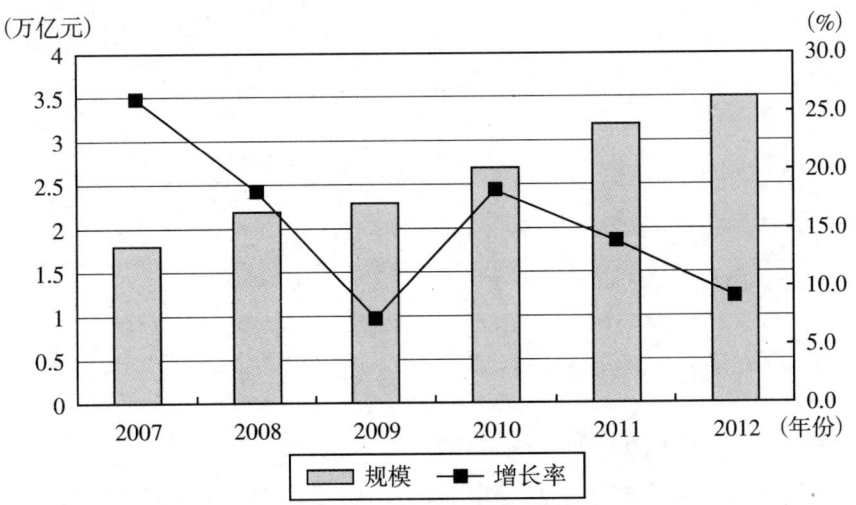

图3-21 2007~2012年中国物流业增加值变动情况

资料来源：中国物流与采购联合会。

(4) 物流企业核心群体稳步增强。

2012年,12家物流企业被中国物流与采购联合会评定为5A级物流企业,截至2012年7月,获得中国物流与采购联合会5A级认定的企业累计达到110家,A级物流企业达到1835家。

(5) 物流基础设施继续改善。

道路、港口、园区等物流基础设施继续改善。2012年,铁路运营里程达到9.8万千米,较2011年增长0.5万千米,高速公路运营里程达到9.6万千米,较2011年新增1.1万千米。2012年,中国物流与采购联合会新认定5家物流园区为中国物流示范基地,10家物流园区(企业)为中国物流实验基地。

(6) 物流货运能力平稳增长。

2012年,货物运输总量达到412.1亿吨,较2011年增长11.5%;货物运输周转量173145.1亿吨公里,较2011年增长8.7%。其中,铁路货物运输总量为39亿吨,货物运输周转量29187.1亿吨公里;民航货物运输总量541.6万吨,货物运输周转量162.2亿吨公里,年货邮吞吐量在万吨以上的机场有49个,较2011年增加2个,见表3-1。

表3-1　2012年各种运输方式完成货物运输量及其增长速度

指标	货物运输总量		货物运输周转量	
	规模(亿吨)	增长(%)	规模(亿吨公里)	增长(%)
铁路	39	-0.7	29187.1	-0.9
公路	322.1	14.2	59992	16.8
水运	45.6	7	80654.5	6.9
管道	5.3	-7.8	2847.2	9.1
民航	541.6	-2	162.2	-6.8
总计	412.1	11.5	173145.1	8.7

资料来源:国家统计局。

3.5.3 电子商务服务业

(1) 电子商务市场蓬勃发展。

2012年中国电子商务交易总额7.85万亿元,较2011年增长30.8%,占国内生产总值比重为15.1%。电子商务服务企业从业人员超过200万人,第三方支付交易规模达到 35000 亿元，较 2011 年增长 57%。全国网络购物用户达到 2.47 亿人，网络购物使用率达到 42.9%。

（2）B2B 市场快速增长，用户规模不断扩大。

B2B 市场继续保持快速增长的态势。2012 年，全国 B2B 电子商务交易额达到 6.25 万亿元，较 2011 年增长 27%，见图 3-22。

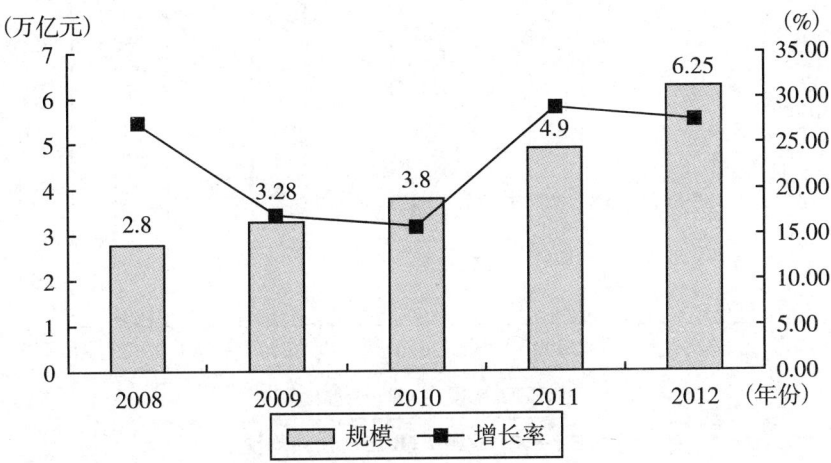

图 3-22 中国 B2B 市场交易规模

资料来源：中国电子商务研究中心。

到 2012 年，中国 B2B 电子商务服务企业达 11350 家，较 2011 年增长 8%。B2B 电子商务企业营收达到 160 亿元，较 2011 年增长 23%，见图 3-23。

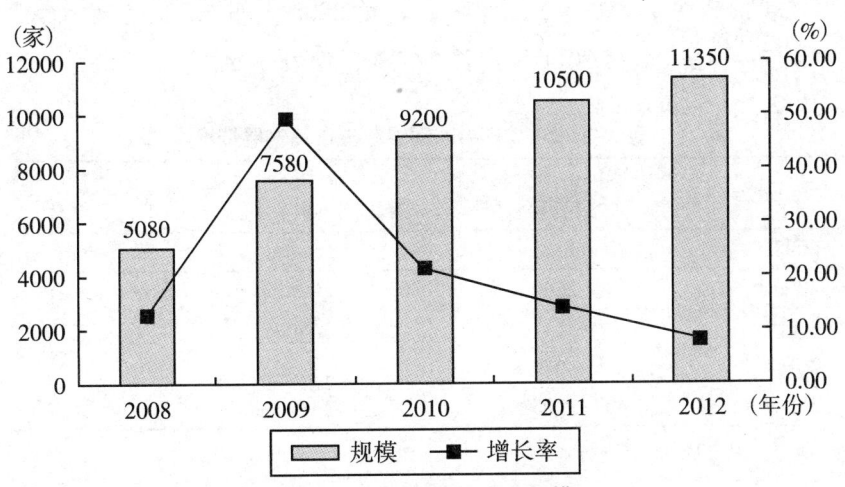

图 3-23 中国 B2B 企业规模

资料来源：中国电子商务研究中心。

2012年，中国使用第三方电子商务平台的中小企业用户规模（包括同一企业在不同平台上注册单不包括在同一平台上重复注册）突破1700万次，为2007年的2.1倍，见图3-24。

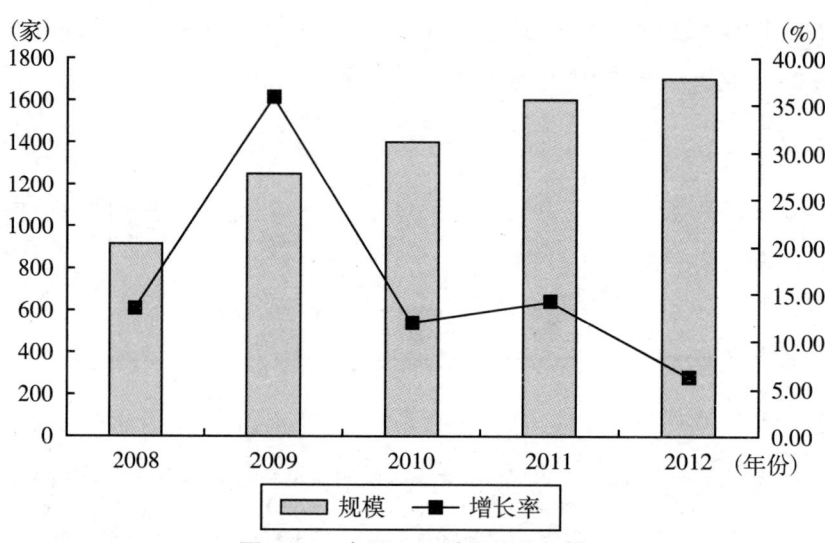

图3-24 中国B2B注册企业规模

资料来源：中国电子商务研究中心。

（3）网络零售市场规模快速增长。

2012年，网络零售市场交易规模达到13205亿元，较2011年增长64.7%左右。电子商务企业数量达到24875户，是2008年的4.5倍。网络零售用户规模达到2.47亿人，较2011年增长21.7%，见表3-2。

表3-2 2012年中国网络零售市场发展情况

年 份	网络零售市场交易规模（亿元）	电子商务企业数量（户）	零售用户规模（亿）
2008	1300	5460	0.79
2009	2600	9962	1.21
2010	5141	15800	1.58
2011	8019	20750	2.03
2012	13205	24875	2.47

资料来源：中国电子商务研究中心。

(4) 团购市场规模不断扩大，竞争日趋激烈。

2012全年，团购市场规模达到了348.85亿元，较2011年增长61%；参团人数稳步增长，1月参团人数为2300人，到12月增长到6000人，见图3-25。但是行业竞争日趋激烈，截至2012年底，全国团购网站累计诞生总数高达6177家，累计关闭3482家，关闭率达56%；其中，2012年，1514家团购网站退出，新生300家团购网站。

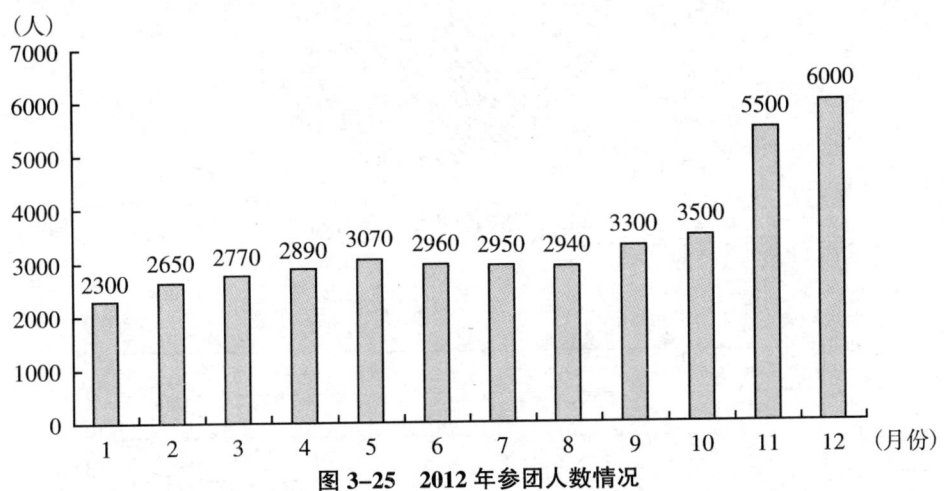

图3-25　2012年参团人数情况

资料来源：中国电子商务研究中心。

(5) 电子商务投诉不断增加，服务质量有待提升。

2012年，网络购物投诉占电子商务类投诉55.40%，团购占21.32%，移动电子商务占5.36%，B2B网络贸易占2.53%。网络购物投诉不断增加，退款问题、节能补贴、账户被盗、虚假促销、货到迟缓、网络诈骗、退换货难、物流快递、网络售假、支付问题等成为投诉热点，见图3-26。

3.5.4　节能环保服务业

(1) 节能环保服务业平稳快速增长，节能效果进一步显现。

截至2012年底，全国从事节能服务业务的公司数量近4175家，其中2339家为备案节能服务企业。节能服务业行业从业人员达到43.5万人，较2011年增长14%。2012年，节能服务业总产值达到1653.37亿元，较2011年增长32.24%，较2006年增长20倍左右，见图3-27。从地区分布看，东

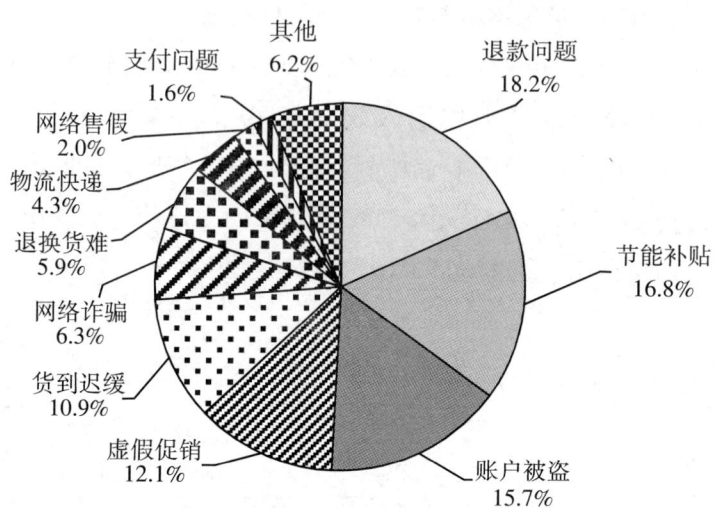

图 3-26 网络购物投诉类型分布

资料来源:中国电子商务研究中心。

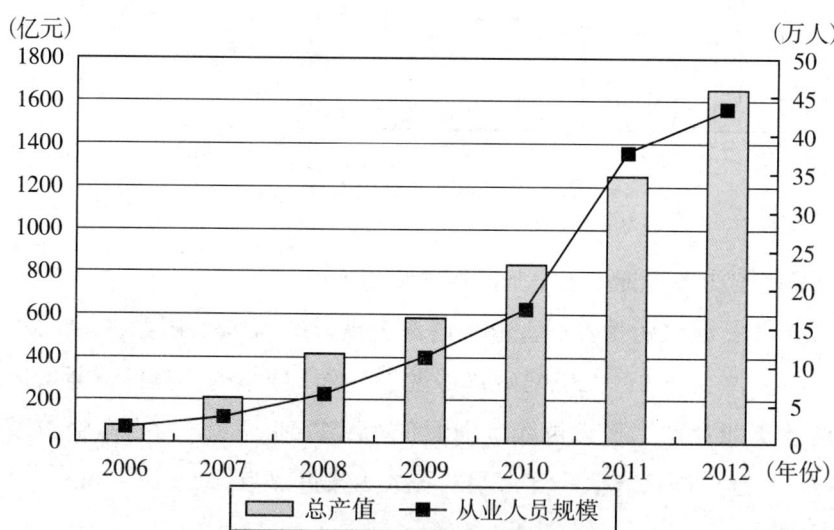

图 3-27 2006~2011 年节能服务业发展状况

资料来源:中国节能协会节能服务产业委员会。

部、中部、西部地区节能服务产业总产值贡献率分别为 59.2%、26.7%、14.1%,区域发展不均衡,差距明显。

2012 年,合同能源管理项目投资额达到 557.65 亿元,较 2011 年增长 35.21%,共实施合同能源管理项目 3905 个;合同能源管理节能效果明显,2012 年实现节能量1828.36万吨标准煤，减排二氧化碳4570.9万吨，见图3-28。

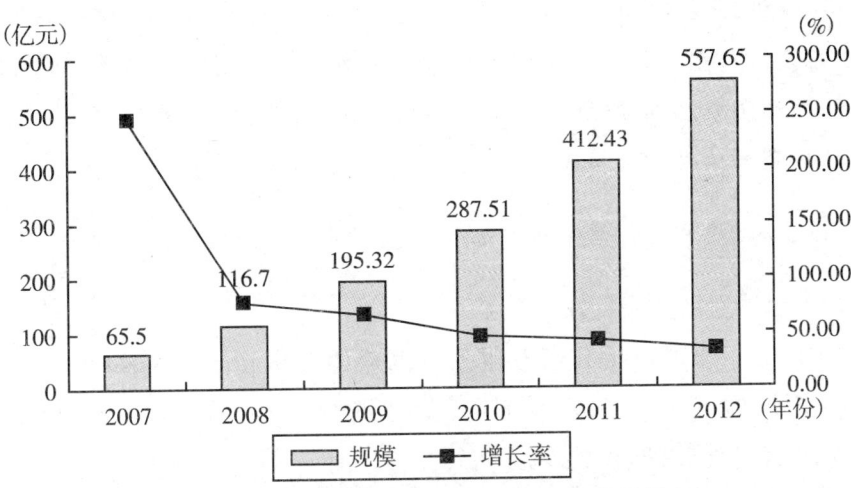

图3-28 2006~2011年合同能源管理项目投资情况
资料来源：中国节能协会节能服务产业委员会。

（2）环保服务业稳步发展。

2012年中国环境保护产业的产值约11000亿元，其中环境服务产业占比15%左右。2012年，从事污水处理及再生利用的企业数达到213家，企业实现销售收入236.64亿元，较2011年增长16.1%，从事废弃资源综合利用的企业达到1136家，实现销售收入2885.43亿元，较2011年增长3.53%。

载体建设加快，2012年，发布《环保服务业试点工作方案》，组织开展环保服务业试点工作，推动环保服务业的发展。启动国家环境服务业华南集建设，将立足于环保领域的综合式"方案解决中心"，提供检测认证、方案解决、技术研发、工程设计、排污权交易、金融风险投资等多个环保领域的专业服务，共有20多家环境服务业及相关产业的企业和机构进驻。

一批环境服务技术取得突破，高浓度氨氮废水资源化处理技术及工程示范、特大型电袋复合除尘技术开发与应用、电力行业二氧化硫排污交易技术和实施研究、湖泊沉积物/水界面物质循环理论创新与应用示范、区域生态承载力与生态安全评估预警技术研究、核事故后果预测与评价决策支持系统获环境保护科学技术奖一等奖。

2012年，累计削减化学需氧量（COD）总量1078.6万吨，较2011年增加860.9万吨,增长6.0%。削减氨氮总量92.3万吨,较2011年增加7.7万吨,增长9.2%;全国城镇污水处理厂累计处理污水422.8亿立方米,较2011年增长7.5%。2012年,全国工业固体废物综合利用量达到199757.4万吨,综合利用率达到60.5%;全国工业危险废物综合利用量1773.1万吨,综合利用处置率达到76.5%。

3.5.5 融资租赁与商务服务业

(1) 总体发展势头良好。

2012年,全国租赁和商务服务业完成固定资产投资4644.9亿元,较2011年增长37.4%,占全社会固定资产投资的1.3%,见图3-29。2012年商务服务业实现收入27448.32亿元,较2011年增长20.3%。

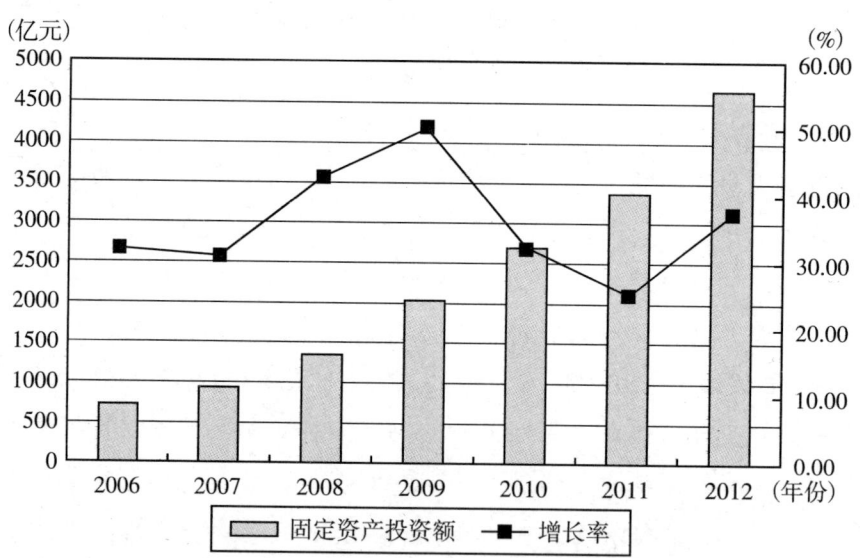

图3-29 2006~2012年中国租赁和商务服务业固定资产投资情况
资料来源:国家统计局。

(2) 产业集中度较高。

2012年,注册会计师行业总收入为436亿元,在7976家会计师事务所中,前100家事务所业务收入达到279亿元,占行业总收入的63%,比2011年提高1.7个百分点;前4家会计师事务所的业务收入达到100.9亿元,占行业总收入的 23.1%。①

（3）重点行业平稳发展。

截至 2012 年底，全国共有各类人力资源服务机构 5.6 万家，其中经营性服务机构 1.6 万家；在"2012 全球人力资源服务机构 50 强"中，有 2 家中国人力资源服务企业进入。

2012 年，中国市场刊例广告收入突破 6694.5 亿元，较 2011 年增长 4.5%，增幅降低 8.5 个百分点。其中，电台广告收入增长 8.9%，电视广告增长 6.4%，户外广告增长 2%。广告投放规模最大的领域是化妆品/浴室用品、商业及服务性行业、饮料、食品及药品等 5 个行业；广告刊例花费增长最快的行业是酒精类饮品、活动类、饮料、个人用品、食品，其中酒精类饮品行业广告刊例花费增速高达 31.9%。互联网广告、商务楼宇 LCD、电影院等新媒体广告增长迅速，互联网广告较 2011 年增长 46.1%，增速提高 2 个百分点，商务楼宇视频较 2011 年增长 14.8%；电影院广告快速增长，其中北京地区较 2011 年增长 72.1%，上海地区较 2011 年增长 88.0%，见图 3-30。

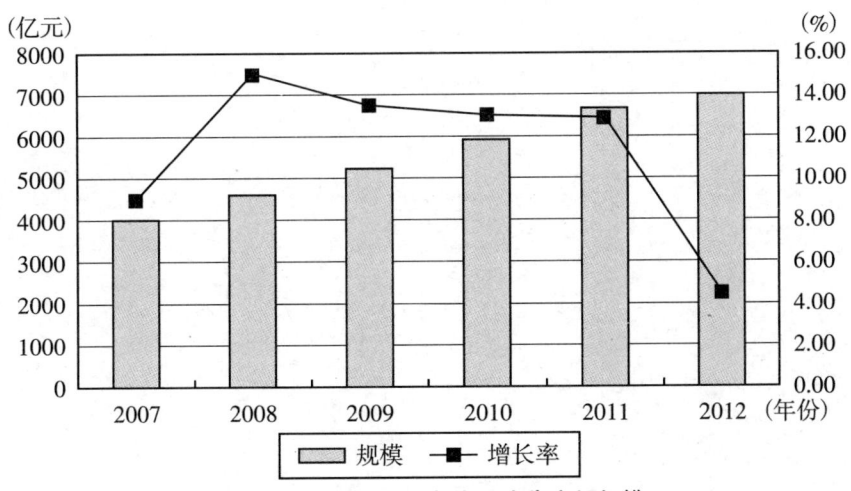

图 3-30　2007~2012 年中国广告市场规模

截至 2012 年底，全国共有会计师事务所（含分所）8128 家，全国共有注册会计师 99085 人，非执业会员 98089 人。截至 2012 年底，全国律师达到

---

① 根据中国注册会计师协会资料。

23万多人，律师事务所近2万家；2012年全国律师共办理各类诉讼案件240.8万件，办理仲裁案件10.6万件，办理非诉讼法律事务近60万件，担任法律顾问44.8万家，承办法律援助案件30万件，参加公益性活动213.4万件。

截至2012年底，全国运营的各类融资租赁公司（不含单一项目融资租赁公司）共560家，较2011年增加264家，增长89.2%；全国融资租赁合同余额为15500亿元，较2011年增加6200亿元，增长66.7%。[①]

[①] 根据中国租赁联盟资料。

4 地区工业发展

4.1 指数构建

根据走中国特色的新型工业化道路发展方向,以转变经济发展方式为主线,以考察地区工业发展质量为研究目标,报告从生产效率、增速效益、绿色发展、技术创新四个维度构建了地区工业发展指数,以便能够比较客观地揭示地区工业发展实际情况。生产效率采用 Sequential-Malmquist-Luenberger 生产率指数(下称 SML 指数)进行测度,增速效益使用工业增加值增速、工业增加值率、产值利税率 3 个二级指标衡量,绿色发展采用能源效率、废水排放产出强度、废气排放产出强度 3 个二级指标分析,技术创新采用 R&D 经费的发明专利产出强度、R&D 人员占比、R&D 强度、新产品产值占比四个指标进行分析,见表 4-1。

表 4-1 地区工业发展指数的指标评价体系

一级指标	二级指标	指标说明	单位
生产效率	Sequential-Malmquist-Luenberger 生产率指数	数据包络分析(DEA)计算	
增速效益	工业增加值增速	工业增加值(可比价)环比增长率	
	工业增加值率	工业增加值/工业总产值	
	产值利税率	利税总额/工业总产值	
绿色发展	能源效率	工业增加值(可比价)/工业能源消费总量	万元/吨标准煤
	废水排放产出强度	工业增加值(可比价)/废水排放量	元/吨
	废气排放产出强度	工业增加值(可比价)/废气排放量	万元/标立方米

续表

一级指标	二级指标	指标说明	单位
技术创新	R&D 经费的发明专利产出强度	发明专利数/R&D 经费支出	件/万元
	R&D 人员占比	R&D 人员/从业人员	
	R&D 强度	R&D 经费支出/主营业务收入	
	新产品产值占比	新产品产值/工业总产值总值	

测算地区工业发展指数的主要步骤包括：第一，采用德尔菲法确定四个评估维度的一级指标基准权重，生产效率、增速效益、绿色发展和技术创新分别为 0.30、0.25、0.15 和 0.30。第二，采用正规化法对二级指标 X 进行无量纲化处理，具体计算公式为：$(X - X_{min})/(X_{max} - X_{min})$。第三，计算正规化后的二级指标的变异系数，利用变异系数大小赋予二级指标权重，然后将多个二级指标合成一级指标。第四，测算地区工业发展指数。根据一级指标的权重，计算出各地区工业发展指数，然后以 2005 年为基期和以前一年为期，分别计算出各年度的定基指数和环比指数。

由于数据个别年份缺失或统计口径不一致问题，本报告没有将西藏、香港、澳门、台湾地区的数据纳入分析，最后汇总得到 2005~2011 年 30 个省（市、区）的数据。报告所使用的数据主要来自相关年份的《中国统计年鉴》、《中国工业经济统计年鉴》、《中国环境统计年鉴》、《中国能源统计年鉴》和《中国科技统计年鉴》。历年各地区的工业增加值利用本地区相应年份的工业生产者出厂价格指数进行平减，统一调整到以 2004 年为基期的可比价。

4.2 各地区工业发展特征

2011 年，中国各地区工业发展定基指数平均值有所下降。2011 年，地区工业发展指数平均值为 110.7，较 2010 年下降 9.8 个百分点，但比 2005 年提高了 10.7。2011 年，各地区工业发展环比指数平均值为 91.9，比 2010 下降 18.0，工业发展水平出现明显下滑趋势，见图 4-1。这表明，随着全球经济复苏放缓和内需增长乏力，各种深层次矛盾集中显现，各地区遇到较大的"保增长、促转型"压力，许多行业出现不同程度的产能过剩，工业发展很难再延续高增长态势。尽管与"十一五"平均水平相比，目前中国工业发展还处于企稳的状态，但加快转型升级势在必行、比较紧迫。

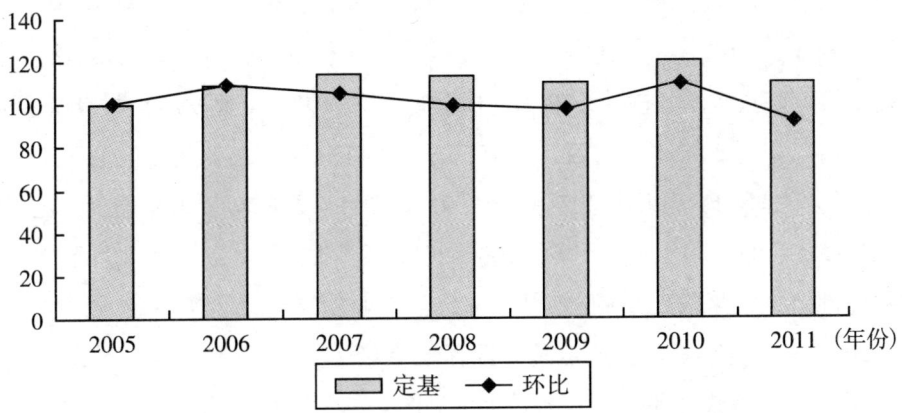

图 4-1　2005~2011 年中国各地区工业发展指数平均值

从四大板块来看，2011 年，东部、中部、西部和东北地区工业发展定基指数平均值都呈现下降的趋势。西部和东北地区下降比较严重，环比指数分别为 92.3、89.8，较 2010 年下降 50.5、51.3。东部和中部地区工业发展指数降幅较小，环比指数分别为 91.2 和 89.0，比 2010 年下降了 28.3 和 28.8。与 2005 年相比，2011 年东部、中部、西部和东北地区工业发展指数分别上升了 20.3、23.9、26.6 和 23.6，见图 4-2。可见，"十一五"以来，随着国家深入实施区域发展总体战略，中部、西部和东北地区工业受益最大，收效明显；东部地区工业发展进步相对较小，但仍有很大的发展潜力。

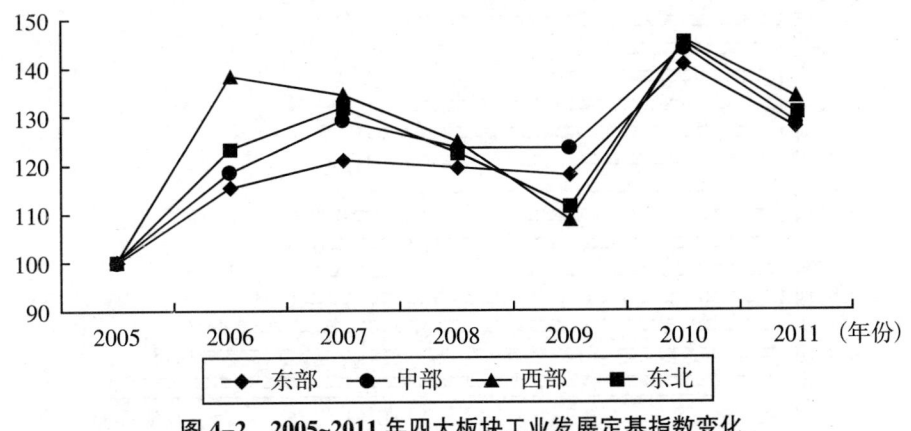

图 4-2　2005~2011 年四大板块工业发展定基指数变化

从省（市、区）的情况来看，2011年，地区工业发展指数排序由低到高进行排序，北京、天津、重庆、陕西、广东、黑龙江排在30个省（市、区）中前六位，山西、河北、内蒙古、河南、江西、新疆排在最后六位。同时，与"十五"末相比，2011年，甘肃、宁夏、北京、重庆、安徽、吉林等省（市、区）工业发展定基指数增长较快，新疆、内蒙古等省（区）工业发展指数有所下降。除了甘肃、宁夏、河北、山西、云南、海南等省（区）之外，其他地区工业发展指数都有所下降，环比指数都低于100，陕西和新疆降幅最为显著，环比指数分别为54.2、83.5。进一步计算了2006~2011年各省（市、区）工业发展定基指数的标准差，结果表明2006年以来各地区工业发展定基指数的标准差波动较大，2011年各地区工业发展定基指数标准差较2010年略有升高，这说明各省（市、区）工业发展水平差距略有扩大，见图4-3、图4-4、图4-5。

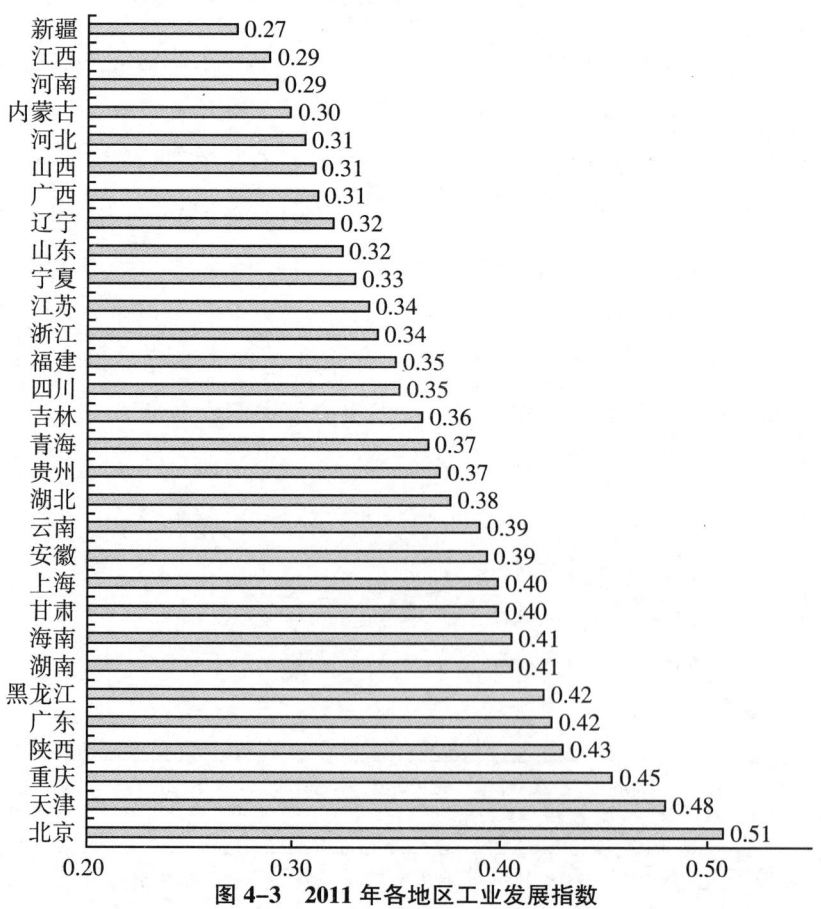

图4-3 2011年各地区工业发展指数

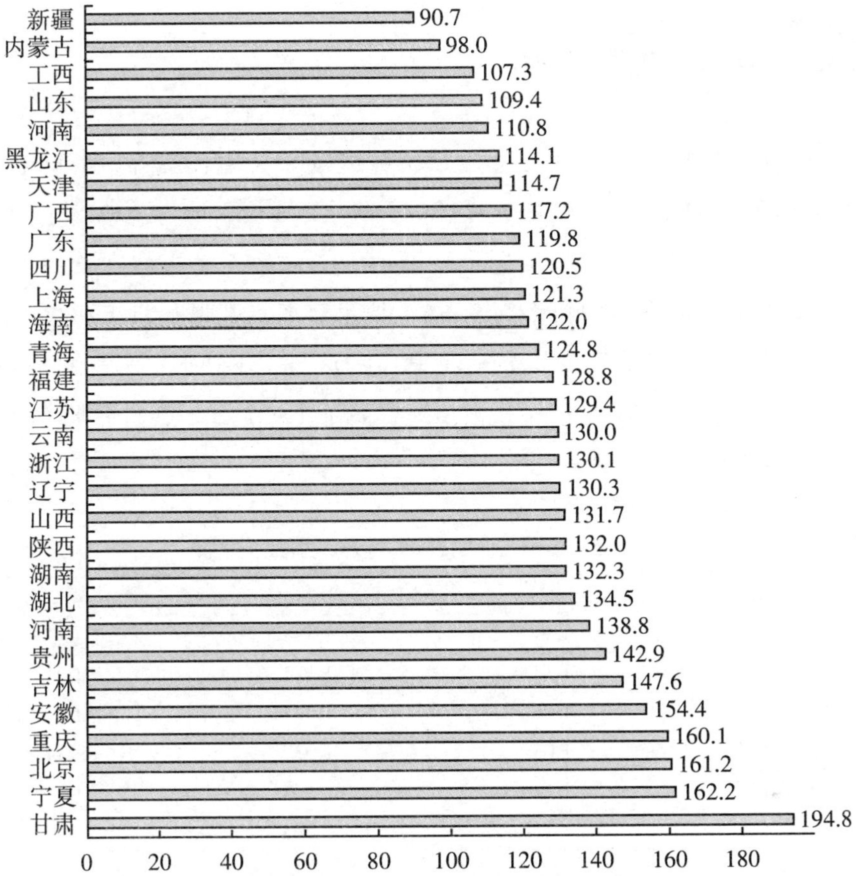

图 4-4　2011 年各地区工业发展定基指数

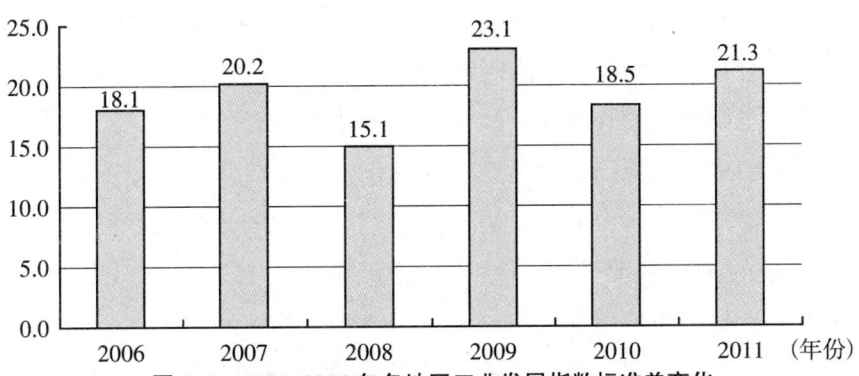

图 4-5　2006~2011 年各地区工业发展指数标准差变化

4.3 地区工业生产效率

2011年,中国工业的SML生产率指数继续保持增长态势,平均增长率为10.8%,但增幅较2010年有所回落,下降了3.3个百分点。SML生产率指数分解结果进一步表明,技术进步是推动了工业生产率指数增长的主要动力,技术进步指数平均增长率为9.3%;技术效率指数增长对工业生产率指数增长贡献较小,增长率为1.4%,见表4-2。与"十一五"平均水平相比,2011年中国工业的SML生产率指数增速提高了1.9个百分点,工业生产效率总体表现为企稳回升态势。

表4-2 中国工业的SML生产率指数及分解

年 份	SML	STE	SEC
2006/2005	1.115	1.141	0.977
2007/2006	1.113	1.111	1.001
2008/2007	1.060	1.074	0.987
2009/2008	1.019	1.037	0.984
2010/2009	1.141	1.104	1.033
2011/2010	1.108	1.093	1.014

从四大板块来看,2011年,东部、中部、西部和东北地区的工业SML生产率指数平稳增长,平均增长率分别为10.1%、14.1%、17.2%和17.9%,见图4-6、图4-7。东北和西部地区增速较快,工业生产效率"赶超"效应显现出来;东部地区增速最低,这表明进入"十二五"之后,东部地区工业发展所面临的外部环境已经发生很大的变化,工业转型升级任务紧迫,工业实现又好又快发展的压力增大。从SML生产率指数的分解结果看,技术进步对四大板块的SML生产率指数增长的贡献最大;技术效率对东部地区的SML生产率指数增长的贡献最小,对中部地区贡献最大,可见,技术进步和技术效率已成为推动中部地区工业SML生产率指数增长的"双引擎"。除了东北地区之外,2011年东部、中部和西部地区工业的SML生产率指数增长率都超过"十一五"平均水平。2006~2011年,西部地区工业的SML生产率

指数平均增长率最高,为 11.0%,东部次之,为 9.9%,东北和中部地区分别为 8.7%、6.1%。

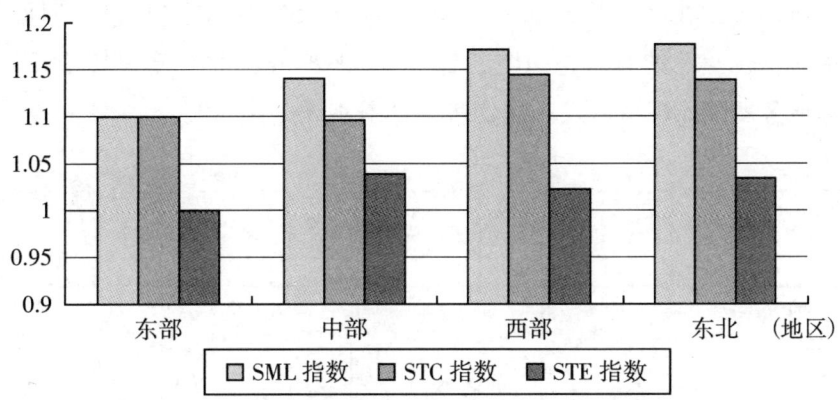

图 4-6　2011 年四大板块工业的 SML 生产率指数及分解

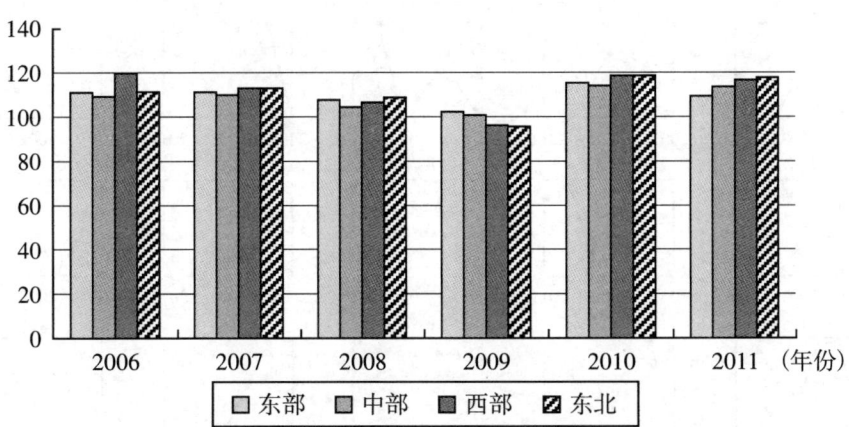

图 4-7　四大板块工业的 SML 生产率指数基期值变化

从分省(市、区)看,2011 年,北京、天津、辽宁、黑龙江、上海等 16 个省(市、区)工业的 SML 生产率指数环比值呈现下降,增速降幅最大依次为新疆、上海、陕西、北京、福建等省(市、区)。河北、山西、内蒙古等 14 个省(市、区)工业的 SML 生产率指数环比值继续保持增长,增幅最大依次为甘肃、贵州、四川、内蒙古、河北等省(区)。跟"十一五"相比,2011 年北京、内蒙古、上海、江苏、浙江、河南、广东、新疆 8 个省(市、区)工业的 SML 生产率指数低于"十一五"平均水平。2005 年以来,海南、宁夏、吉林、陕西、重庆、北京工业生产率增长较快，这些省份的SML生产率指数基期值居前六位；相反，广西、黑龙江、山西、浙江、内蒙古、山东的工业生产率增长相对较慢，地区的SML生产率指数基期值位列全国最后六位。总的看来，中国各省（市、区）工业生产率保持增长态势，中西部地区逐渐显现出后发赶超优势，见图4-8、图4-9。

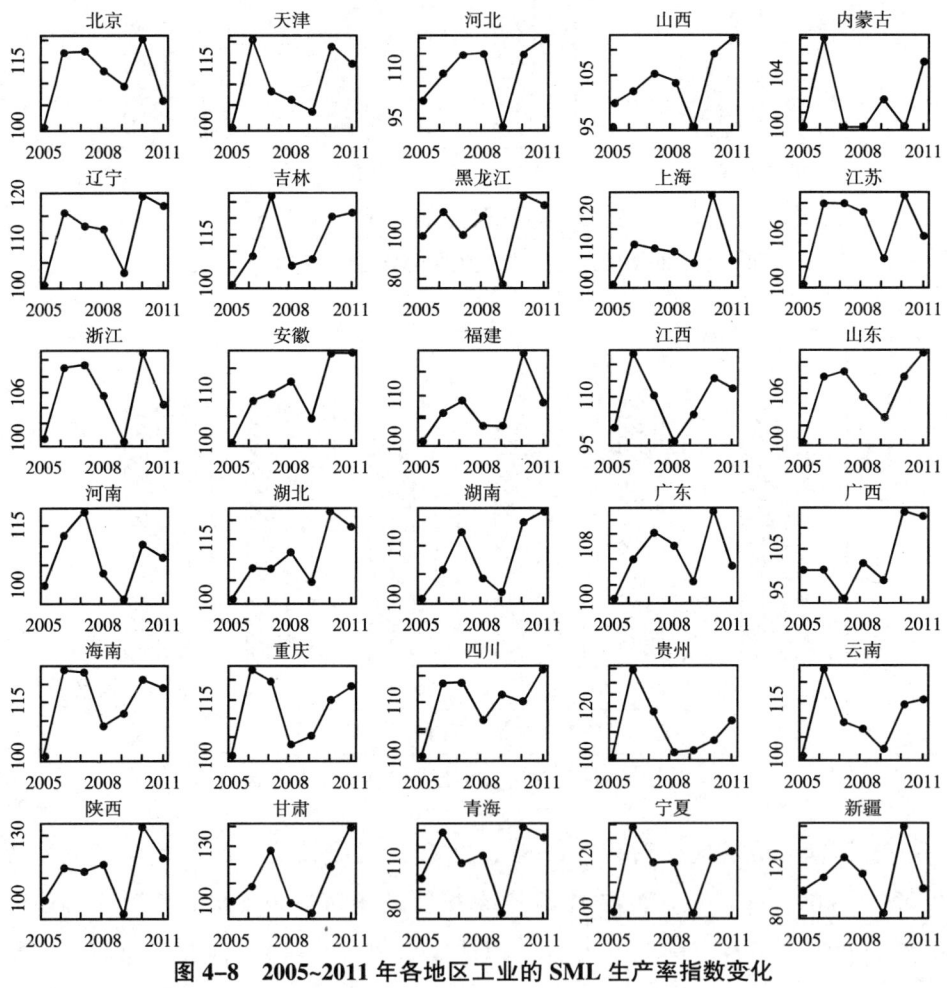

图4-8　2005~2011年各地区工业的SML生产率指数变化

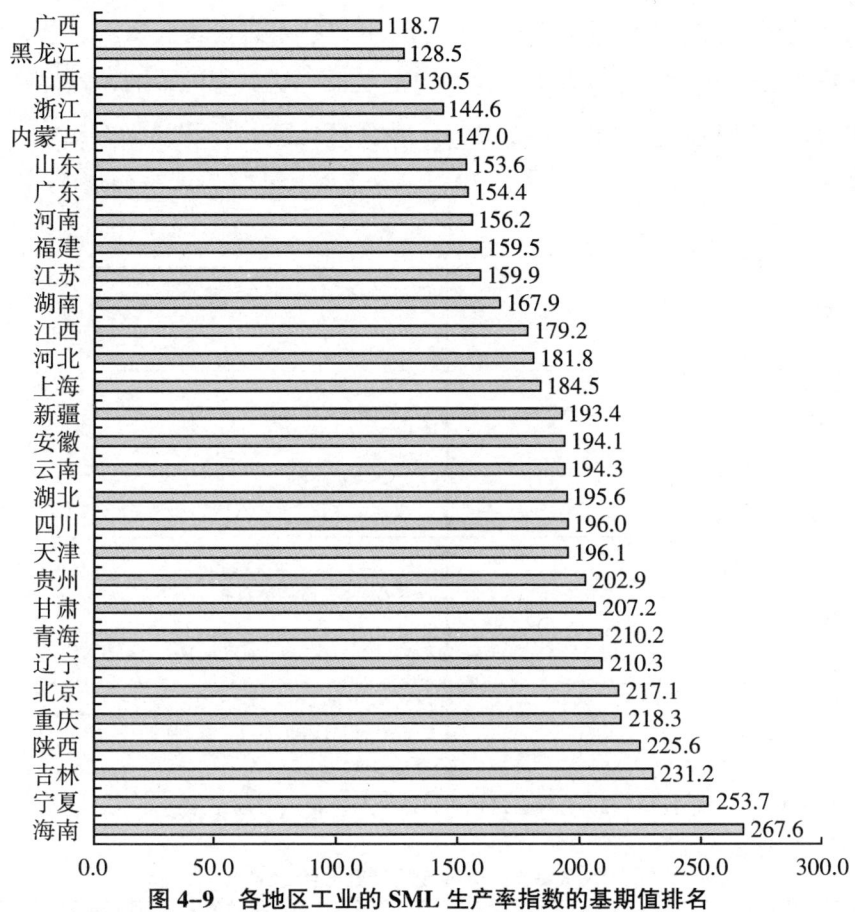

图4-9 各地区工业的SML生产率指数的基期值排名

根据2011年各省（市、区）的技术进步（STC）指数是否高于全国平均水平，从横向分为技术进步加快和技术进步减缓两个维度；然后根据各省（市、区）的技术效率（STE）是否高于1.00，从纵向分为技术效率改善和技术效率减弱两个维度。从四个维度视角对30个省（市、区）进行考察，从而将这些省（市、区）划分为四组。2011年，甘肃、青海、重庆、吉林、贵州、江西、天津、辽宁等省（市）工业生产率增长较快，技术进步和技术效率共同推动这些省（市）工业SML生产率指数增长，北京和浙江处于图4-10的第四象限，受到短期效应的影响，技术进步减缓和技术效率弱化导致地区工业SML生产率指数增长乏力。在经济增速下滑的背景下，广东、上海、江苏、山东、福建等沿海发达省份工业发展面临着很大的结构调整压力，市场萎缩、投资放慢、产能过剩等多重因素降低了技术进步增长率。总之，中国工业短期增速下滑对许多省份工业生产率增长产生显著的影响，各种结构性问题凸显和市场需求调整将继续通过工业生产率变化显现出来，见图4-11、表4-3。

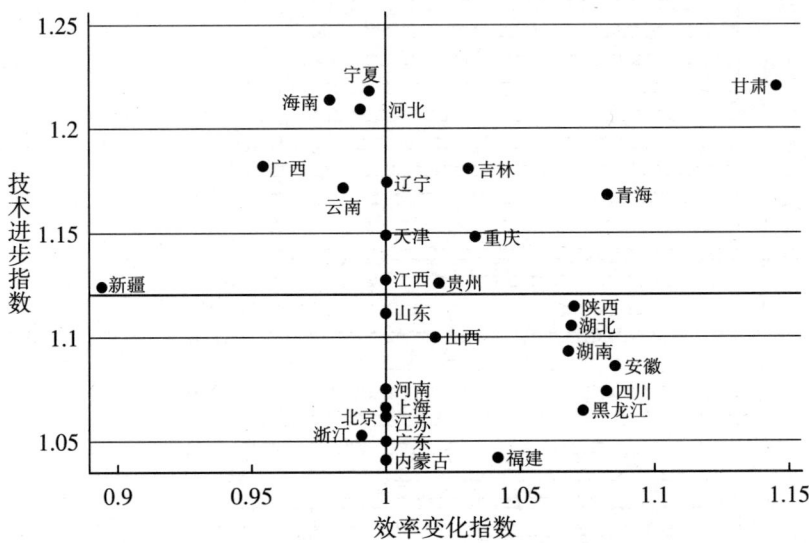

图4-11 2011年各地区SML生产率指数分解结果分布

表4-3 四个维度的考察分组结果

	技术进步加快	技术进步减缓
技术效率改善	甘肃、青海、重庆、吉林、贵州、江西、天津、辽宁	陕西、湖北、湖南、安徽、四川、黑龙江、山西、福建、山东、河南、上海、江苏、广东、内蒙古
技术效率减弱	宁夏、河北、云南、广西、海南、新疆	北京、浙江

4.4 地区工业增速效益

2011年，东部、中部、西部和东北地区的工业增速效益指数基期平均值都出现回落，中部地区下降最为明显，见图4-12。中部地区工业增速效益指数基期平均值为73.7，比2010年下降28.7，东部、西部和东北地区分别较2010年下降20.5、23.2、26.9。工业增加值增速放慢是导致四大板块工业增速效益指数基期平均值下降的主要原因，工业增加值率下降进一步加剧这种态势。进一步表明，中国工业要实现"又好又快"发展的难度加大，全面提升工业发展质量将是一个长期、复杂和艰巨的过程。

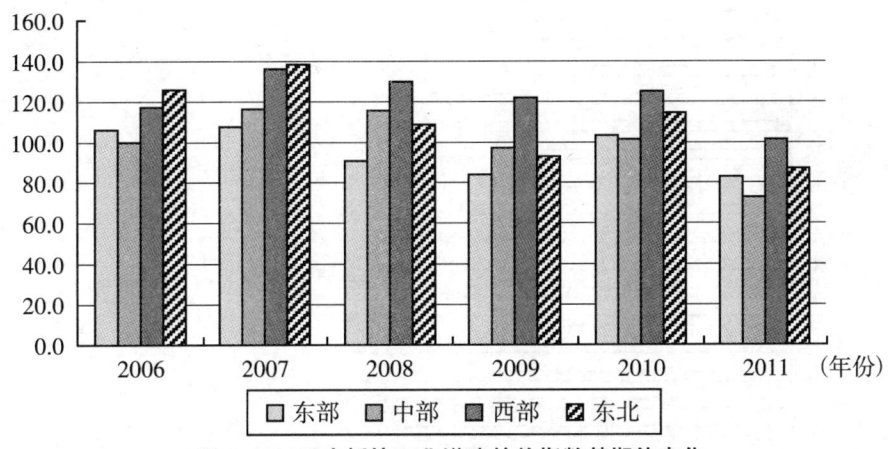

图 4-12　四大板块工业增速效益指数基期值变化

分省的测算结果显示，2011年，重庆、甘肃、吉林、浙江、宁夏等省（市、区）工业增速效益指数基期值最高，分别为 178.8、136.2、117.0、110.8、110.5，表明这些省份工业发展具有增速快、效益好的特点。与"十五"末相比，受到工业增加值增速下降的影响，山东、安徽、河北、湖北、辽宁、新疆等22个省（市、区）工业增速效益指数基期值都低于100。同时，与"十一五"相比，除天津市之外，其他省（市、区）工业增速效益指数基期值都低于"十一五"平均水平，这表明中国工业发展可能落入"低速、低效"的陷阱，工业发展面临着内外交融的深层次问题，长期粗放式扩张的传统发展模式已难以为继，见图4-13。

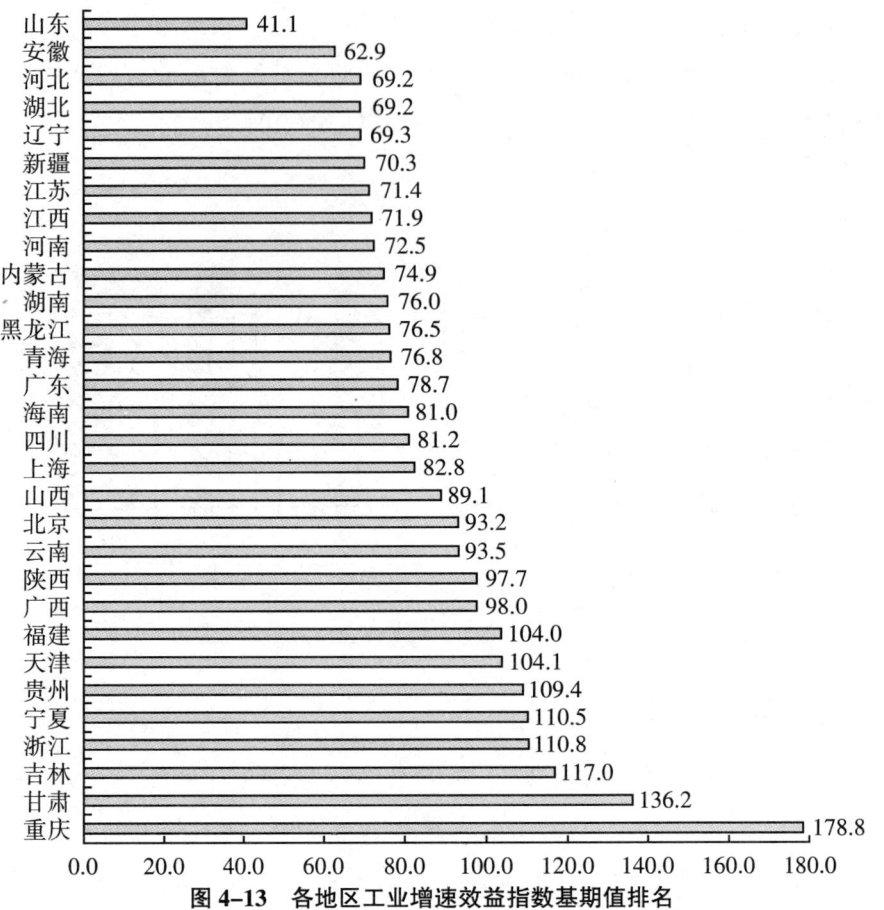

图 4-13 各地区工业增速效益指数基期值排名

4.5 地区工业绿色发展

从四大板块看,四大板块可持续发展进步明显,中部地区进步最快。2011年,中部地区绿色发展指数基期平均值最高,为230.8,东部、西部和东北地区绿色发展指数基期平均值分别为180.9、209.6和227.3。跟"十一五"平均水平相比,东部、中部、西部和东北地区工业节能减排效果显著,工业绿色发展进入上升阶段,见图4-14。

从各省(市、区)情况看,2011年,重庆、内蒙古、辽宁、吉林、河北等可持续发展进步较快,绿色发展指数基期值分别为328.9、271.2、257.9、228.4、226.6、218.7,在30个省(市、区)中列居前六位。新疆、青海、黑

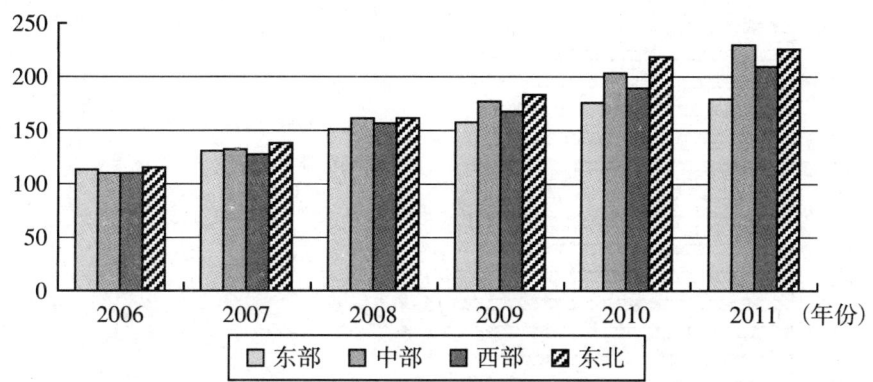

图 4-14　2006~2011 年四大板块工业绿色发展指数基期平均值变化

龙江、云南、山东、上海可持续发展进步相对较慢，在 30 个省（市、区）中处在最后六名。与"十五"末相比，新疆是 30 个省（市、区）中唯一一个绿色发展指数基期值低于 100 的省份，绝大多数省份的工业节能减排效率取得显著成效。与"十一五"相比，除了新疆、云南、江苏三个省（区）之外，2011 年，其他省（市、区）工业绿色发展指数基期值都高于"十一五"平均水平，这表明中国工业可持续发展已发生积极变化，单位排放产出水平显著提高，中西部后发地区工业减排潜力较大，见图 4-15。

4.6　地区工业技术创新

2011 年，东部、中部、西部和东北地区工业技术创新指数继续保持增长态势，但增幅有所回落。中部地区工业技术创新指数基期平均值为 132.0，较 2010 年下降 22.0，但增长领先于其他板块。东部、西部和东北地区工业技术创新指数基期平均值分别为 125.9、117.6 和 105.2，分别较 2010 年下降 4.8、11.3、18.9。除东部地区之外，2011 年中部、西部和东北地区技术创新指数基期平均值低于"十一五"平均水平，工业创新投入增长缓慢和创新效率不高是其中的重要原因，见图 4-16。

从分省的测算结果看，2011 年，安徽、北京、新疆、山西、云南、宁夏工业技术创新进步明显，工业技术创新指数基期值分别为 203.2、188.4、171.2、162.5、155.3 和 152.1，在 30 个省（市、区）中位列前六名，这表明

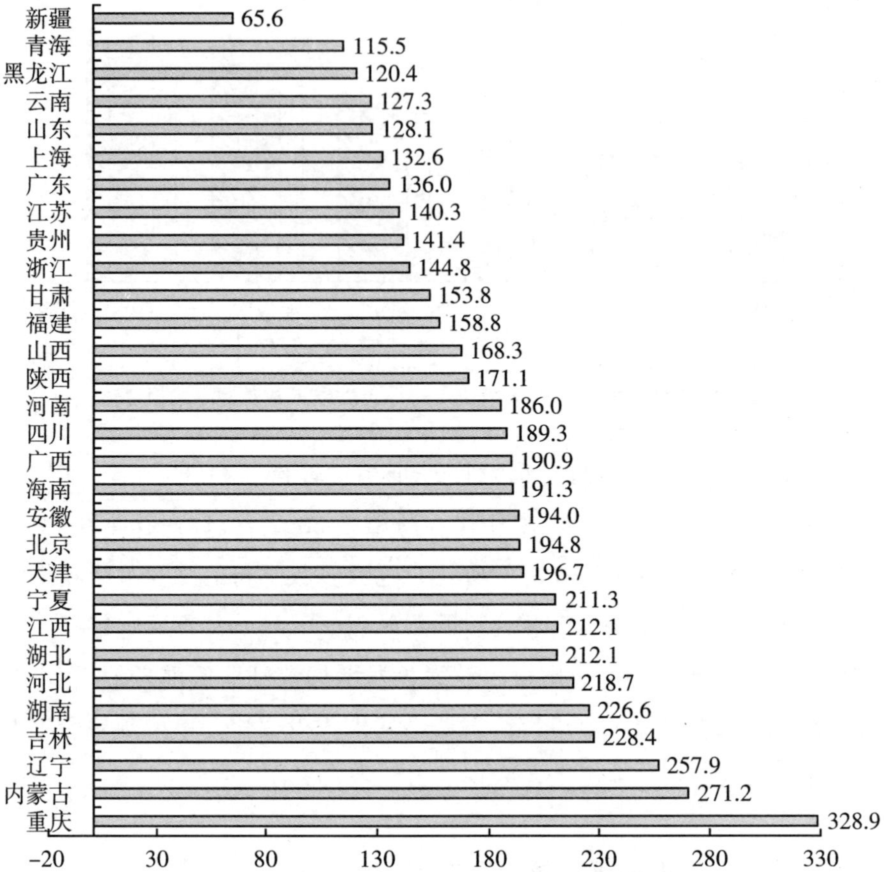

新疆 65.6
青海 115.5
黑龙江 120.4
云南 127.3
山东 128.1
上海 132.6
广东 136.0
江苏 140.3
贵州 141.4
浙江 144.8
甘肃 153.8
福建 158.8
山西 168.3
陕西 171.1
河南 186.0
四川 189.3
广西 190.9
海南 191.3
安徽 194.0
北京 194.8
天津 196.7
宁夏 211.3
江西 212.1
湖北 212.1
河北 218.7
湖南 226.6
吉林 228.4
辽宁 257.9
内蒙古 271.2
重庆 328.9
–20
30
80
130
180
230
280
330

图 4–15　各地区工业绿色发展指数基期值排名

180
160
140
120
100
80
60
40
20
0
2006
2007
2008
2009
2010
2011
（年份）
东部
中部
西部
东北

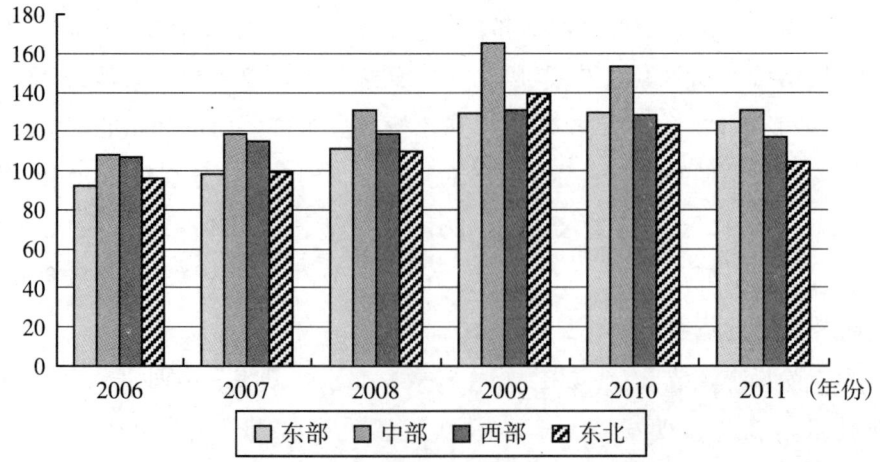

图 4–16　2006~2011 年四大板块工业技术创新指数基期平均值变化

中西部地区的一些省份工业技术创新水平显著提高,研发投入加大,创新效率上升。江西、内蒙古、天津、广西、青海、辽宁、吉林、四川、海南等省(市、区)的工业技术创新指数基期值都低于100,工业技术创新水平相对"十五"末有所下降。与"十一五"相比,2011年内蒙古、辽宁、吉林、江西、山东、河南、湖北、湖南、广东、广西、重庆、四川、贵州、甘肃、青海15个省(市、区)工业技术创新指数基期值低于"十一五"平均水平。总体上看,中国各省(市、区)工业创新投入和创新效率的地区差距较大,这种地区失衡会在今后一段时期内逐步显现出来,并将制约工业转型升级,见图4-17。

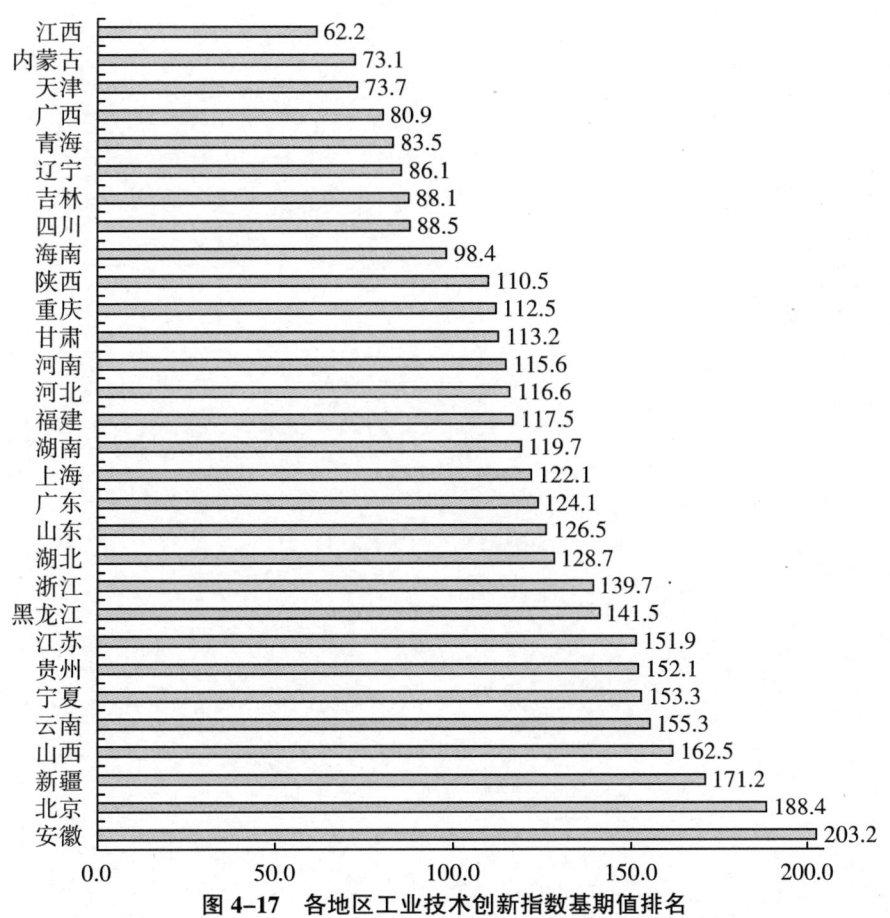

图4-17 各地区工业技术创新指数基期值排名

5 产业政策

产业政策是在发挥市场配置资源的基础性作用下,政府对产业发展与结构调整的方向、路径、方式等进行具体引导,并具有相对稳定性的政策措施。2012年,中国产业政策以推进产业结构调整和转变经济发展方式为着眼点,积极创新思路和方法,全面加强产业政策的支撑,加快推动工业转型升级,强化产业政策的指导,积极推动工业稳中求进,优化产业政策的实施,努力推动工业持续健康发展,为促进全国经济社会发展做出了积极贡献。

5.1 转型升级

"十二五"时期是我国工业转型升级的攻坚时期。转型就是转变工业发展方式,实现由传统工业化向新型工业化道路转变;升级就是全面优化技术结构、组织结构、布局结构和行业结构,促进工业结构整体优化。2012年,为稳步推进工业转型升级,国家制定和出台了一系列相关政策,取得了显著成绩。

5.1.1 规划引导

为贯彻落实《国民经济和社会发展第十二个五年规划纲要》和《工业转型升级规划(2011~2015年)》,2012年国家又密集发布了一系列区域性的、行业性的和专项"十二五"或中长期规划,见表5-1-1,以便更加有针对性地推动各行业和各领域加快转型升级步伐。

为落实《工业转型升级规划(2011~2015年)》,从2012年开始,工业和信息化部启动全面实施转型升级行动计划(即"6+1"活动),抓好产业基地公共服务能力提升活动、中小企业服务年、百项技术创新推进活动、质量

表 5-1   2012 年工业领域发布的"十二五"或中长期规划

类型	规划名称
区域规划	《东北振兴"十二五"规划》、《西部大开发"十二五"规划》、《中原经济区规划（2012~2020 年)》
行业规划	《葡萄酒行业"十二五"发展规划》、《高端装备制造业"十二五"发展规划》、《互联网行业"十二五"发展规划》、《通信业"十二五"发展规划》、《长江三角洲地区通信发展"十二五"专项规划》、《宽带网络基础设施"十二五"规划》、《国际通信"十二五"发展规划》、《电信网码号和互联网域名、IP 地址资源"十二五"规划》、《软件和信息技术服务业"十二五"发展规划》、《电子商务"十二五"发展规划》、《"十二五"国家政务信息化工程建设规划》、《海洋工程装备制造业中长期发展规划》、《船舶工业"十二五"发展规划》、《环保装备"十二五"发展规划》、《肉类工业"十二五"发展规划》、《粮食加工业发展规划（2011~2020 年)》、《太阳能光伏产业"十二五"发展规划》、《集成电路产业"十二五"发展规划》、《电子信息制造业"十二五"发展规划》、《电子基础材料和关键元器件"十二五"规划》、《电子专用设备仪器"十二五"规划》、《数字电视与数字家庭产业"十二五"规划》、《医药工业"十二五"发展规划》、《马铃薯加工业"十二五"发展规划》、《化纤工业"十二五"发展规划》、《产业用纺织品"十二五"发展规划》、《制糖行业"十二五"发展规划》、《纺织工业"十二五"发展规划》、《轻工业"十二五"发展规划》、《海水淡化产业发展"十二五"规划》、《天然气发展"十二五"规划》、《煤炭工业发展"十二五"规划》、《食品工业"十二五"发展规划》、《造纸工业发展"十二五"发展规划》、《新材料产业"十二五"发展规划》、《"十二五"节能环保产业发展规划》
专项规划	《节能减排"十二五"规划》、《工业节能"十二五"规划》、《工业通信业安全生产"十二五"规划》、《工业清洁生产推行"十二五"规划》、《大宗工业固体废物综合利用"十二五"规划》、《废物资源化科技工程"十二五"专项规划》、《海水淡化科技发展"十二五"专项规划》、《科研条件发展"十二五"专项规划》、《国家基础研究发展"十二五"专项规划》、"纳米研究、量子调控研究、蛋白质研究、发育与生殖研究、干细胞研究、全球变化研究"六个国家重大科学研究计划"十二五"专项规划

品牌建设年、宽带上网提速活动、两化融合深度行 6 项重点活动以及开展"改进机关作风年"活动。

5.1.2 示范基地

自 2009 年起，工业和信息化部在全国组织开展了国家新型工业化产业示范基地（以下简称示范基地）创建工作。实践证明，开展示范基地创建工作，是提高工业园区发展水平、促进产业集群转型升级的重要途径，也是加快产业结构调整、推动工业发展方式转变的重要举措。2012 年 1 月，工业和信息化部出台了《关于进一步做好国家新型工业化产业示范基地创建工作的指导意见》，提出力争经过五年发展，到"十二五"末形成 300 个左右产业特色鲜明、创新能力强、品牌形象优、配套条件好、节能环保水平高、产业规模和影响居全国前列的国家新型工业化产业示范基地，使之成为带动我国工业转型升级的重要载体和推动区域经济发展的重要引擎，参与国际产业竞争的重要力量，培育形成 30 家左右具有较强国际竞争优势和影响力的产业基地。同时，还明确了八项主要任务：加强自主创新和技术改造，提升产业层次；促进绿色低碳发展，增强可持续发展能力；壮大龙头企业，提升中小企业专业化协作配套水平；促进产业融合，大力发展生产性服务业；积极培育自主品牌和区域品牌；提高"两化"融合和军民融合式发展水平；加强公共服务平台建设，完善配套服务环境；加强土地管理，提升土地节约集约利用水平。2012 年 3 月，工业和信息化部启动了产业基地公共服务能力提升工程，拟在已授牌的国家新型工业化产业示范基地内优选 30~50 个公共服务平台，对其现有服务设备、设施的改造升级，引导各方面加大对示范基地公共服务平台建设的支持力度，提高平台满足示范基地内行业、企业共性需求的专业服务能力，进一步提升示范基地的发展质量和水平。2012 年 7 月，工业和信息化部下发《关于组织申报 2012 年公共服务平台项目的通知》，部署开展公共服务平台项目组织工作。与此同时，工业和信息化部还下发了《关于组织开展 2012 年度"国家新型工业化产业示范基地"创建工作的通知》，并在经过审核和公示后，于 2013 年初公布北京经济技术开发区数字电视产业园、天津临港经济区、河北廊坊经济技术开发区等 46 个产业集聚区为第四批"国家新型工业化产业示范基地"。

5.1.3 自主创新

工业转型升级的关键是要推动工业发展逐步转向创新驱动、内生增长的轨道，其重要支撑和中心环节就是要增强自主创新能力，加快推动技术进步，而这也成为 2012 年我国产业政策的关注重点。

（1）深化体制机制改革。

2012 年 9 月，中共中央、国务院印发了《关于深化科技体制改革加快国家创新体系建设的意见》,明确提出要充分认识深化科技体制改革、加快国家创新体系建设的重要性和紧迫性,以及相应的指导思想、主要原则和主要目标。要求"十二五"时期:一是建立企业主导产业技术研发创新的体制机制,确立企业在技术创新中的主体地位,企业研发投入明显提高,创新能力普遍增强,全社会研发经费占国内生产总值2.2%,大中型工业企业平均研发投入占主营业务收入比例提高到1.5%,行业领军企业逐步实现研发投入占主营业务收入的比例与国际同类先进企业相当,形成更多具有自主知识产权的核心技术,充分发挥大型企业的技术创新骨干作用,培育若干综合竞争力居世界前列的创新型企业和科技型中小企业创新集群。二是推进科研院所和高等学校科研体制机制改革,建立适应不同类型科研活动特点的管理制度和运行机制,提升创新能力和服务水平,在满足经济社会发展需求以及基础研究和前沿技术研发上取得重要突破。加快建设若干一流科研机构,创新能力和研究成果进入世界同类科研机构前列;加快建设一批高水平研究型大学,一批优势学科达到世界一流水平。三是完善国家创新体系,促进技术创新、知识创新、国防科技创新、区域创新、科技中介服务体系协调发展,强化相互支撑和联动,提高整体效能,科技进步贡献率达到55%左右。四是改革科技管理体制,推进科技项目和经费管理改革、科技评价和奖励制度改革,形成激励创新的正确导向,打破行业壁垒和部门分割,实现创新资源合理配置和高效利用。五是完善人才发展机制,激发科技人员积极性、创造性,加快高素质创新人才队伍建设,每万名就业人员的研发人力投入达到43人/年;提高全民科学素质,我国公民具备基本科学素质的比例超过5%。六是进一步优化创新环境,加强科学道德和创新文化建设,完善保障和推进科技创新的政策措施,扩大科技开放合作。

(2)加强自主创新基础能力建设。

2012年2月,国家发布了《科研条件发展"十二五"专项规划》,提出要以支撑科技进步和创新为主线,以促进科研条件优化配置和高效利用为核心,以体制机制创新为动力,按照"统筹协调、强化支撑、自主研发、开放共享"的思路,着力优化科研条件系统布局,着力增强科研条件创新能力,着力推进科研条件开放共享,着力强化科研条件质量保障,着力加强科研条件队伍建设,大幅提升科研条件整体水平,为加快推进自主创新和建设创新型国家提供坚实保障。同月,国家印发了《国家基础研究发展"十二五"专项规划》,提出要按照"求真探源、人才为本,发展基地、营造环境,双力驱动、重点突破"的方针,以提高原始创新能力为核心,全面落实《国家中长期科学和技术发展规划纲要(2006~2020年)》战略部署;瞄准科学前沿,鼓励自由探索,冲击世界科学难题;围绕国家重大战略需求,着力解决制约国家经济和社会发展的关键科学问题;全面推进知识创新体系建设,营造有利于原始创新的环境,培养造就高层次人才和优秀创新团队,建设国际一流的研究基地和世界先进的重大科技基础设施,充分发挥基础研究在建设创新型国家中的引领作用,显著提升我国在世界科学中的地位。2012年6月,国家下发了《依托企业建设国家重点实验室管理暂行办法》,对企业国家重点实验室的职责、建设、运行、考核与评估、变更与调整进行了明确规定,提出要依托具有较强研究开发能力和技术辐射能力的企业建设企业国家重点实验室,企业国家重点实验室从事的创新研发活动,享受国家有关优惠政策。

(3) 开展自主创新目录指导。

2012年1月,国家结合三年来重大技术装备的发展,对《重大技术装备自主创新指导目录》(2009年版)进行了修订,形成并发布了《重大技术装备自主创新指导目录》(2012年版),共包含19个重大技术装备领域、260项装备项目。

(4) 实施"百项技术创新推进计划"。

2012年9月,工业和信息化部下发了《关于做好"百项技术创新推进计划"有关工作的通知》,提出要组织开展"百项技术创新推进计划",要求"百项技术创新推进计划"要紧密结合工业和通信业的发展,围绕落实《产业关键共性技术发展指南》,重点聚焦当前制约重点产业发展的"瓶颈",突出解决新一代信息技术、高端装备制造、新材料等战略性新兴产业的关键共性技术,引导和支持创新要素向企业集聚,实现重点产业领域的技术突破,为工业转型升级和产业结构调整提供技术支撑。

(5) 推动产业技术创新战略联盟规范发展。

2012年6月,国家印发了《产业技术创新战略联盟评估工作方案(试行)》,

提出要把评估作为引导产业技术创新战略联盟健康发展的政策工具，实现3个方面的政策目标：考核产业技术创新战略联盟建设和运行绩效，根据评估结果对产业技术创新战略联盟进行动态调整和择优支持，形成竞争机制，激发产业技术创新战略联盟发展活力；总结产业技术创新战略联盟成功经验，加强宣传推广，充分发挥试点的示范效应，进一步营造有利于产业技术创新战略联盟发展的社会环境；了解产业技术创新战略联盟发展的政策需求，研究完善政策措施，探索有效促进产业技术创新战略联盟健康发展的宏观管理方式。同时，还对产业技术创新战略联盟的评估对象和评估内容、评估信息的获取、评估结果和评估周期、组织实施进行了明确和规范。

（6）加强职工技术创新。

2012年3月，国家印发了《关于进一步加强职工技术创新工作的意见》，明确提出要充分认识加强职工技术创新工作的重要性，大力加强职工技术培训工作，广泛开展职工技术创新活动，充分发挥劳动模范和优秀技能人才的引领作用，切实加强对职工技术创新工作的组织领导。特别是提出职工技术创新活动要积极推动国家技术创新工程的实施，以提高职工技能水平、推动企业技术进步和促进经济发展为目标，积极引导职工投身原始创新、集成创新和引进消化吸收再创新实践，为建设创新型企业、创新型国家贡献智慧和力量；要围绕促进企业安全生产、提高生产效率、提升产品质量和推动节能减排，广泛开展技术攻关、技术革新、发明创造、合理化建议等活动，引导和鼓励职工立足本职、岗位创新。

（7）完善相关支持政策。

2012年6月，国家印发了《科技部关于进一步鼓励和引导民间资本进入科技创新领域的意见》，提出要深化国家科技计划管理改革，进一步加大对民营企业技术创新的支持力度；汇集科技资源，进一步增强民营企业持续创新能力；促进科技和金融结合，进一步拓宽民间资本进入科技创新领域的渠道；落实和完善政策，进一步营造有利于民营企业创新创业的发展环境。2012年12月，国家出台了《关于支持科技成果出资入股确认股权的指导意见》，提出要进一步发挥资本市场的资源配置功能，促进科技成果出资入股，建立资本市场推动企业科技创新的长效机制，支持实体经济发展和企业提高科技创新能力。特别是要鼓励以科技成果出资入股确认股权；鼓励企业明确科技人员在科技成果中享有的权益，依法确认股权；落实北京中关村等园区先行先试政策，采取多种方式合理确认股权；进一步深化发行审核机制改革，对科技成果形成的股权予以审核确认。

5.1.4 两化融合

推进信息化和工业化深度融合是我国工业转型升级、调整经济结构、转变发展方式的必然要求。2012年，我国在贯彻落实《关于加快推进信息化与工业化深度融合的若干意见》基础上，继续加强推动信息化与工业化深度融合政策的支持力度。

（1）分类推进两化融合重点领域和项目。

2012年7月，国家下发了《国务院关于大力推进信息化发展和切实保障信息安全的若干意见》，提出要推动信息化和工业化深度融合，提高经济发展信息化水平，包括全面提高企业信息化水平、推广节能减排信息技术、增强信息产业核心竞争力、引导电子商务健康发展、推进服务业信息化进程。2012年9月，工业和信息化部印发了《关于加强2012年信息化和工业化深度融合重点推进项目组织实施工作的通知》，要求重点推进包括研发设计信息化、生产制造信息化、经营管理信息化、节能减排信息化、安全生产信息化、电子商务、物流信息化、信息化综合集成创新、服务型制造、装备信息化、产品信息化、产业服务及行业管理信息化12个方向的项目。

（2）加大对两化融合的资金支持力度。

2012年5月，工业和信息化部制定和印发了《2012年信息化和工业化深度融合专项资金项目指南》，提出采用项目补助方式支持需求迫切、预期效果显著、具有引领和示范作用的两化深度融合重点项目。2012年度专项资金支持的重点项目涉及3个方向：一是信息化综合集成创新。支持工业企业关键业务环节信息化的综合集成及模式创新，重点支持大规模个性化制造、精益制造、准时制造、敏捷制造、虚拟制造、网络制造、综合集成制造、按需制造等模式创新。二是产品信息化和服务型制造。支持提高工业产品的信息化水平，实现工业产品的数字化、网络化和智能化。支持工业企业基于工业产品的信息化,建设面向产品的在线服务、状态监控、故障诊断、远程维护等信息系统。三是面向产业服务与行业管理的信息化服务。支持针对研发设计、企业管理、共性技术、信息服务、交易服务、电子商务、工业物流、节能减排、安全生产等环节,面向产业链、产业集群、行业性和区域性的信息化服务项目。支持民爆行业动态监控信息系统建设。

(3) 加强两化融合研讨与交流。

为全面总结两化融合的成功经验,展示两化融合在推动工业转型升级、转变经济发展方式中的成效,工业和信息化部于2012年6月举办了"信息化与工业化融合成果展览会",并在此期间组织召开了信息化与工业化融合高层研讨会。研讨会提出了推动信息化与工业化深度融合的五大要求:坚持把结构调整作为两化融合的主攻方向;坚持把增强企业核心竞争力作为两化融合的出发点和落脚点;坚持把建立自主可控的信息技术产业体系作为推动两化深度融合的重要支撑;坚持把建设资源节约型和环境友好型社会作为两化深度融合的突出重点;坚持把科学发展作为引领两化深度融合的根本要求。

5.1.5 工业设计

工业设计作为生产性服务业的重要内容,是创建自主品牌、提升产品附加值、增强工业竞争力的重要途径。2012年,在贯彻落实《关于促进工业设计发展的若干指导意见》基础上,国家进一步完善了促进工业设计发展的政策体系。

(1) 加强工业设计中心的认定管理。

2012年9月,工业和信息化部出台了《国家级工业设计中心认定管理办法(试行)》,提出国家级工业设计中心的认定工作要遵循企业自愿、择优确定和公开、公平、公正的原则,并明确了已建立工业设计中心的企业申请认定应具备的基本条件以及工业设计企业申请认定应具备的基本条件,同时还确定了国家级工业设计中心认定的工作程序和管理方式。2012年12月,工业和信息化部印发了《关于组织开展2013年度国家级工业设计中心申报和认定工作的通知》,先行选择轻工、纺织、家电三大行业领域试点开展中心认定工作。

(2) 组织开展中国优秀工业设计奖评奖工作。

为探索建立工业设计评价与奖励制度，鼓励和引导制造业企业更加重视工业设计，营造良好的产业发展市场环境，工业和信息化部组织开展了2012年中国优秀工业设计奖评奖。2012年7月，工业和信息化部印发了《关于开展2012年中国优秀工业设计奖评奖工作的通知》，决定开展首次中国优秀工业设计奖评奖。全国25个省（区、市）、5个计划单列市和17家中央企业推荐的1451件产品、作品参与了大奖的角逐，经过初评，有421件参加了在厦门举办的终评展示，评奖工作委员会组织专家独立开展终评工作，从美学效果、创新性、品质、环保性等八个方面的标准来评选，最终于2012年11月评选出10个金奖作品。

5.1.6 质量品牌

质量品牌建设是促进工业有质量、有效益的重要抓手，是推动工业转型升级的重要内容，也是2012年我国产业政策的关注重点。

(1) 对质量品牌建设工作的系统部署。

2012年3月，工业和信息化部下发了《关于加强2012年工业质量品牌建设工作的通知》，要求全面贯彻《工业产品质量发展"十二五"规划》，推动落实企业质量主体责任，提升企业质量管理能力和实物质量水平，增强质量文化"软实力"，加快工业企业品牌建设，形成社会各界共同参与质量信誉建设的格局，实现工业质量和信誉的全面提升。这一通知对2012年工业质量品牌建设工作做出了系统部署，主要任务是要深化推进工业产品质量建设，具体工作包括落实企业质量主体责任；深化推广先进质量管理方法；推进工业标准建设和贯彻实施；加强工业企业技术进步和技术改造，促进工业产品实物质量提高；加快工业企业品牌建设，完善质量诚信体系；继续改善质量政策、社会和市场环境。

(2) 开展"工业质量品牌建设年"活动。

2012年，工业和信息化部在全国范围内启动实施"工业质量品牌建设年"活动，主要包括三项：一是聚焦人民群众最为关心的药品和婴幼儿奶粉质量安全问题，以宣贯新版HACCP和GMP管理体系规范为抓手，开展"促进药品和婴幼儿奶粉生产质量安全"活动,在西藏、北京等11个地区举办了"全国促进药品和婴幼儿奶粉生产质量安全巡回宣讲活动",推动一批药品和婴幼儿奶粉生产企业提高产品质量安全管理能力。二是以"加快工业品牌培育"为主体,通过百家工业企业品牌培育试点,带动地区和行业推进品牌建设,指导企业建立品牌培育管理体系,提高品牌培育能力和品牌价值。2012年3月,工业和信息化部印发了《关于深化工业企业品牌培育试点工作的通知》,确定了141家工业企业为品牌培育试点企业,提出了相应的工作内容和要求。以提高企业品牌创建能力为着力点,研究制定品牌培育管理体系《实施指南》和《评价指南》,形成基于过程的品牌培育方法。三是借鉴国际通用的标杆管理方法,开展"千家企业学标杆,提升质量促转型"活动。以推广先进质量管理方法为主题,总结提炼并组织企业学习实践质量管理标杆经验,提高企业管理水平。2012年3月,工业和信息化部印发了《关于开展"质量标杆"活动的通知》,提出要通过树立质量标杆,广泛开展学习交流活动,引导广大工业企业学习实践质量标杆的成功经验,持续提升企业管理和技术水平,增强竞争力。在企业自愿申报、地方和行业推荐的基础上,评审确定了50家全国"质量标杆",编印了《2012年度工业企业质量标杆经验成果汇编》。在安徽、浙江等省市举办了7期全国性"质量标杆"经验学习交流会,通过经验介绍、专家讲解、实践分享、难点答疑和现场参观等多个环节,解决企业在学习实践中遇到的问题。

5.2 行业规制

行业规制事关产业能否健康和可持续发展,历来是产业政策实施的重要手段和工具。2012年,国家继续多措并举地完善行业规制政策,进一步加强行业准入管理,大力推进淘汰落后产能,深入推进节能减排,切实推动产业走上持续健康发展之路。

5.2.1 行业准入

2012年,根据宏观调控要求和行业发展实际,国家进一步加大了对"两高一资"及产能过剩行业的管理力度,持续对行业管理模式进行探索和创新,通过准入管理规范和引导行业投资行为,抑制低水平重复建设,促进产业结构调整优化。

(1) 完善准入条件与公告管理。

2012年,国家围绕促进焦化、铁合金、电石、黄磷、玻璃纤维等行业淘汰落后、兼并重组和转型升级,以准入管理为抓手,以准入公告为平台,切实从产业技术、产品质量、生产安全、节能环保等方面提高行业准入门槛,推动行业准入政策得到有效落实。一方面,发布了《玻璃纤维行业准入条件》、《合成氨行业准入条件》、《轮胎翻新行业准入条件》、《废轮胎综合利用行业准入条件》、《稀土行业准入条件》、《钼行业准入条件》、《废钢铁加工行业准入条件》、《再生铅行业准入条件》、《石墨行业准入条件》、《木材防腐行业准入条件》、《钢铁行业规范条件》(2012年修订),公开征求对《焦化行业准入条件(2008年)》、《铁合金行业准入条件》和《电解金属锰行业准入条件》的修订意见。另一方面,印发了《铅蓄电池行业准入公告管理暂行办法》、《石墨行业准入公告管理暂行办法》、《玻璃纤维行业准入公告管理暂行办法》、《稀土企业准入公告管理暂行办法》、《钼企业准入公告管理暂行办法》、《岩棉行业准入公告管理暂行办法》、《氟化氢行业准入公告管理暂行办法》、《联合收割(获)机和拖拉机行业准入公告管理暂行办法》、《磷铵行业准入公告管理暂行办法》、《印染企业准入公告管理暂行办法》、《粘胶纤维生产企业准入公告管理暂行办法》、《废钢铁加工行业准入公告管理暂行办法》、《氟化氢行业准入公告管理暂行办法》、《关于贯彻落实〈黄磷行业准入条件〉工作的通知》以及《关于做好焦化行业准入公告企业动态管理和第八批准入公告申报工作的通知》。此外,根据相关行业准入条件和公告管理要求,发布了符合《电石行业准入条件》企业名单(第五批)、符合《黄磷行业准入条件》企业名单(第一批)、符合《焦化行业准入条件》企业名单(第七批)、符合《铁合金行业准入条件》的企业名单(第四批)、符合《镁行业准入条件》企业名单(第一批)、符合《平板玻璃行业准入条件》生产线名单(第三批)等。

(2) 加强对已准入企业的监督检查。

加强对已准入企业的监督检查,是维护准入公告公信力的重要环节,也是准入管理的重要组成部分。为督促准入企业切实符合准入条件要求，坚持"有进有出"的动态管理，维护准入公告的质量和公信力，2012年工业和信息化部加强了对焦化、铁合金、电石行业已准入企业的监督检查。重点是对第一批至第五批已准入焦化企业进行全面监督检查，提出核查意见或限期整改意见，对经整改后仍不符合准入条件要求或存有落后产能未淘汰的企业，将撤销其准入公告；启动对第一批至第三批已准入铁合金企业的监督检查；对电石行业进行核查，摸清已准入企业执行和未准入而在生产以及在建、拟建企业的真实情况，加强电石行业准入条件的贯彻执行，抓一些违反产业政策的典型，进行曝光和处理。

（3）完善车辆生产企业及产品的准入管理政策。

2012年，工业和信息化部继续加强对汽车、摩托车、三轮汽车和低速货车生产企业及产品的强制性准入管理，完善相关准入标准和条件，健全车辆公告管理制度，促进汽车产业的有序竞争和健康发展。具体包括：一是根据《校车安全管理条例》、《国务院对确需保留的行政审批项目设定行政许可的决定》和《汽车产业发展政策》有关规定，制定和发布了《专用校车生产企业及产品准入管理规则》；研究制定了《关于全挂车产品实施〈公告〉管理有关事项的通知》，将全挂车产品纳入车辆《公告》管理范围，明确了全挂车产品检验项目及依据标准。二是发布了《工业和信息化部关于建立汽车行业退出机制的通知》、《关于实施重型商用车辆燃料消耗量管理的通知》、《关于进一步加强摩托车行业管理等有关问题的通知》、《关于开展报废汽车专项整治工作的通知》、《关于进一步规范汽车和摩托车产品出口秩序的通知》、《关于发布并实施〈罐式危险品运输车及半挂车补充安全技术要求〉的通知》、《关于完善机动车整车出厂合格证信息管理系统、加强车辆购置税征收管理和优化纳税服务工作的通知》等一系列监管政策，规范汽车行业管理和竞争。三是工业和信息化按照相关准入管理规定，全年共公布了12批许可的车辆生产企业及产品。

5.2.2 淘汰落后产能

加快淘汰落后产能是转变发展方式、调整经济结构的重大举措，是推进工业转型升级的必然要求。2012年，按照《工业转型升级规划（2011~2015年)》的要求，国家进一步完善了淘汰落后产能的相关政策体系，扎实推进淘汰落后产能工作。

（1）明确和分解年度淘汰落后产能的目标任务。

2012年4月，工业和信息化部下达了2012年19个工业行业淘汰落后产能目标任务，其中炼铁1000万吨、炼钢780万吨、焦炭2070万吨、铁合金289万吨、电石112万吨、电解铝27万吨、铜冶炼70万吨、铅冶炼115万吨、锌冶炼32万吨、水泥（熟料及磨机）21900万吨、平板玻璃4700万重量箱、造纸970万吨、酒精64万吨、味精14.3万吨、柠檬酸7万吨、制革950万标张、印染28亿米、化纤22万吨、铅蓄电池2000万千伏安时。同时，要求各地及时将目标任务分解到市、县，落实到企业，在省级政府网站及当地主流媒体公告淘汰落后产能企业名单，并采取综合性政策措施，在2012年底前拆除已公告应淘汰的落后产能主体设备（生产线），确保不向其他地区和周边国家转移。2012年6月和9月，工业和信息化部公布了2012年19个工业行业淘汰落后产能企业第一批和第二批名单。

（2）加强淘汰落后产能检查考核。

2012年4月，按照淘汰落后产能工作考核实施方案要求，淘汰落后产能工作部际协调小组分10个组对2011年各地淘汰落后产能工作进行了考核，并于2012年12月公告了《2011年全国各地区淘汰落后产能目标任务完成情况》，公布了2011年已关停但未彻底拆除落后产能的企业名单，要求地方政府加强监管，明确责任，确保其不可恢复生产，同时制订工作方案，条件成熟时立即组织拆除。

（3）推进建立产能等（减）量置换工作机制。

为进一步贯彻落实《国务院关于进一步加强淘汰落后产能工作的通知》和《国务院关于印发国家环境保护"十二五"规划的通知》，2012年工业和信息化部推动建立新建项目与污染减排、淘汰落后产能相衔接的审批机制，落实产能等量或减量置换制度，促使各地在加快淘汰落后产能的同时保持经济平稳发展。

(4) 加快淘汰铅蓄电池落后产能。

加快淘汰铅蓄电池落后产能，防止"血铅"事件频发。2012年，工业和信息化部将铅蓄电池列入淘汰落后产能的重点行业，下达目标任务，加强督查考核，并协调奖励资金对东部地区予以支持。

(5) 加强淘汰落后产能工作经验交流。

2012年8月，工业和信息化部分别在济南和昆明召开了部分省市淘汰落后产能工作经验交流会，对各地完成年度淘汰落后产能目标任务和做好淘汰落后产能企业项目审核等工作提出了要求，各地也交流了各自工作进展情况和经验做法，提出了对下一步工作的意见和建议。

5.2.3 节能减排

节能减排是加快建设资源节约型和环境友好型工业体系的内在要求。2012年，我国将推进节能减排置于产业政策制定与实施更加突出的位置，坚持强化责任、健全法制、完善政策、加强监管相结合，建立健全有效的激励和约束机制，努力实现全年节能减排约束性目标。

(1) 加强节能减排工作的规划与部署。

2012年8月，国务院印发了《节能减排"十二五"规划》，对"十二五"时期我国节能减排工作进行了详细规划和系统部署。这一规划在《关于印发"十二五"节能减排综合性工作方案的通知》提出的总体目标基础上，进一步提出了各行业"十二五"时期节能减排的具体目标，即到2015年，单位工业增加值（规模以上）能耗比2010年下降21%左右，建筑、交通运输、公共机构等重点领域能耗增幅得到有效控制，主要产品（工作量）单位能耗指标达到先进节能标准的比例大幅提高，部分行业和大中型企业节能指标达到世界先进水平；风机、水泵、空压机、变压器等新增主要耗能设备能效指标达到国内或国际先进水平，空调、电冰箱、洗衣机等国产家用电器和一些类型的电动机能效指标达到国际领先水平；工业重点行业、农业主要污染物排放总量大幅降低。同时，这一规划还提出了"十二五"时期推进节能减排的三大任务、十大工程和十大举措。三大任务即调整优化产业结构、推动能效水平提高、强化主要污染物减排；十大工程即节能改造工程、节能产品惠民工程、合同能源管理推广工程、节能技术产业化示范工程、城镇生活污水处理设施建设工程、重点流域水污染防治工程、脱硫脱硝工程、规模化畜禽养殖污染防治工程、循环经济示范推广工程、节能减排能力建设工程；十大举措即坚持绿色低碳发展、强化目标责任评价考核、加强用能节能管理、健全节能环保法律法规和标准、完善节能减排投入机制、完善促进节能减排的经济政策、推广节能减排市场化机制、推动节能减排技术创新和推广应用、强化节能减排监督检查和能力建设、开展节能减排全民行动。

2012年12月，国家印发了《工业领域应对气候变化行动方案（2012~2020年）》，提出到2020年，单位工业增加值二氧化碳排放量比2005年下降50%左右，基本形成以低碳排放为特征的工业体系。同时，提出工业领域应对气候变化的五大任务、六项重点工程和六大保障措施。五大任务，即构建以低碳排放为特征的工业体系、大力提升工业能效水平、控制工业过程温室气体排放、加快低碳技术开发和推广应用、促进低碳工业产品生产和消费。六项重点工程，即工业重大低碳技术示范工程、工业过程温室气体排放控制示范工程、高排放工业产品替代示范工程、工业碳捕集和利用及封存示范工程、低碳产业园区建设试点示范工程、低碳企业试点示范工程。六大保障措施，即建立健全工业应对气候变化管理体制、完善工业应对气候变化政策法规、建立工业温室气体排放监测体系、建立工业碳排放评价标准体系、建立健全促进工业低碳发展的市场机制、加强工业应对气候变化宣传培训和国际合作。

2012年2月，工业和信息化部制定和发布了《工业节能"十二五"规划》，提出了主要行业节能目标和主要产品单位能耗下降目标，前者即到2015年，钢铁、有色金属、石化、化工、建材、机械、轻工、纺织、电子信息等重点行业单位工业增加值能耗分别比2010年下降18%、18%、18%、20%、20%、22%、20%、20%、18%，后者即主要产品单位能耗持续下降，与国际先进水平差距逐步缩小，能源利用效率明显提升。这一规划还提出了重点行业节能途径与措施，要求在钢铁、有色金属、石化、化工、建材、机械、轻工、纺织、电子信息等行业，大力推进结构节能，按照循环经济理念，优化产业结构和空间布局，推进产业向上下游一体化、能源资源综合利用方向集中，严格控制高耗能行业过快增长，淘汰落后的工艺、装备和产品，发展节能型、高附加值的产品和装备；大力提升行业能源利用水平，继续加强重大节能技术创新和示范，加大先进适用节能技术推广力度，加快重大节能标准制定，确保实现"十二五"行业节能目标。此外，还要求组织实施工业锅炉窑炉节能改造、内燃机系统节能、电机系统节能改造、余热余压回收利用、热电联产、工业副产煤气回收利用、企业能源管控中心建设、两化融合促进节能减排、节能产业培育九大重点节能工程，提升企业能源利用效率，促进节能技术和节能管理水平再上新台阶。

2012年7月，工业和信息化部下发了《关于进一步加强工业节能工作的意见》，提出要进一步加强高耗能和产能过剩行业新建项目管理，从严把好企业技术改造项目审核和节能评估审查关；加大淘汰落后产能工作力度；加快建立和实施超能耗限额企业惩罚性电价政策；加强节能减排技术改造；强化重点用能企业节能管理；实施更加严格的能效标准；加强节能降耗监督检查；加快建设工业园区能源集中供应设施；积极支持工业企业余热余压发电上网。

（2）加快推进工业清洁生产。

清洁生产是从源头提高资源利用效率、减少或避免污染物产生的有效措施，是促进产业升级、推动工业发展方式转变的重要途径。2012年，国家更加重视加快推行清洁生产，不断提高清洁生产水平。2012年1月，国家印发了《工业清洁生产推行"十二五"规划》，提出"十二五"时期工业清洁生产推行的主要目标，即工业领域清洁生产推进机制进一步健全，技术支撑能力显著提高，清洁生产服务体系更加完善，重点行业、省级以上工业园区企业清洁生产水平大幅提升，清洁生产对科学利用资源、节能减排的促进作用更加突出，为全面建立清洁生产方式奠定坚实基础。这一规划还提出了工业清洁生产推行的三项主要任务，即开展工业产品生态设计、提高生产过程清洁生产技术水平、开展有毒有害原料（产品）替代；七大重点工程，即化学需氧量削减工程、二氧化硫削减工程、氨氮削减工程、氮氧化物削减工程、汞污染削减工程、铬污染削减工程、铅污染削减工程；四项保障措施，即加大财政资金支持力度、强化标准支撑引领作用、完善政策机制、加强基础能力建设。2012年2月，全国人大常委会表决通过关于修改清洁生产促进法的决定，新修改的《中华人民共和国清洁生产促进法》自2012年7月1日起施行。同时，工业和信息化部下发了《关于印发铬盐行业清洁生产实施计划的通知》。2012年11月，工业和信息化部印发了《关于加强工业清洁生产示范项目管理与监督工作的通知》和《关于推荐重点行业清洁生产示范企业的通知》，提出要进一步提高工业清洁生产示范项目质量和资金使用效益，加强示范项目的管理与监督工作，在重点行业培育一批清洁生产示范企业，引领行业提高资源利用效率，减少和避免污染物的产生，提高行业清洁生产水平。2012年12月，工业和信息化部印发了荧光灯、水泥、电镀、电石、ADC发泡剂、化学原料药（抗生素/维生素）六个行业的清洁生产技术推行方案。

（3）大力发展循环经济。

发展循环经济是我国经济社会发展的重大战略任务，是推进生态文明建设、实现可持续发展的重要途径和基本方式。2012年，国家继续将加快循环经济发展作为产业政策的重点。2012年3月，国家下发了《关于推进园区循环化改造的意见》，把循环化改造作为各类园区加快转变经济发展方式、调整经济结构的有效实现形式，以提高资源产出率为目标，按照"布局优化、产业成链、企业集群、物质循环、创新管理、集约发展"的要求，统筹规划园区空间布局，调整产业结构，优化资源配置，推进园区土地集约利用，大力推行清洁生产，推进企业间废物交换利用、能量梯级利用、废水循环利用，共享资源，共同使用基础设施，形成低消耗、低排放、高效率、能循环的现代产业体系，把园区改造成为"经济快速发展、资源高效利用、环境优美清洁、生态良性循环"的循环经济示范园区。到2015年，50%以上的国家级园区和30%以上的省级园区实施循环化改造。2012年4月，国家印发了《机电产品再制造技术及装备目录》，涵盖了12项再制造成形与加工技术、9项再制造拆解与清洗技术、5项再制造无损检测与寿命评估技术和32项典型机电产品再制造技术及装备。2012年6月，国家印发了《关于印发国家循环经济教育示范基地有关申报管理规定的通知》，决定组织开展国家循环经济教育示范基地建设工作，力争在全国建设一批技术先进、管理规范、循环经济特征明显、教育示范作用强的循环经济教育示范基地。2012年7月，国家发布了《循环经济发展专项资金管理暂行办法》，规范循环经济发展专项资金管理，提高财政资金使用效益。2012年8月，国家发布了《废物资源化科技工程"十二五"专项规划》，提出了"十二五"期间我国依靠科技创新推进废物资源化的总体思路、基本原则和发展目标，明确了"十二五"期间废有色金属、机电产品再制造、电子废弃物、废旧高分子材料等再生资源、工业固废、垃圾和污泥等废物资源化科技工程发展的优先领域和重点任务，提出了在废物资源化领域科技发展应取得的重大突破和预期重大标志性成果。2012年11月，国家下发了《关于印发资源综合利用"双百工程"示范基地和骨干企业名单（第一批）及有关事项的通知》，首批从矿产资源综合利用和产业废物综合利用两个重点领域确定了24个示范基地和26家骨干企业，到2015年，将形成大宗固体废物综合利用能力5.5亿吨/年，实现资源综合利用总产值3000亿元。同时，提出要研究支持首批"双百工程"建设的相关政策，建设一批资源综合利用示范项目，培育扶持一批资源综合利用技术研发中心，攻克一批关键共性技术，形成一批具有自主知识产权和核心竞争力的资源综合利用技术和产品，研究完善有利于资源综合利用的体制机制和政策体系，使资源综合利用成为示范基地转变经济发展方式的重要内容和骨干企业发展的内生动力。2012年12月，国务院讨论通过了《"十二五"循环经济发展规划》，明确了"十二五"时期我国发展循环经济的主要目标、重点任务和保障措施，要求在工业领域全面推行循环型生产方式，促进清洁生产、源头减量，实现能源梯级利用、水资源循环利用、废物交换利用、土地节约集约利用，构建循环型工业体系；提出开展循环经济"十百千"示范行动，实施十大工程，创建百座示范城市（县），培育千家示范企业和园区。

（4）推广节能技术与产品。

推广节能技术与产品，引导和推动生产与消费方式的转变是推进节能减排的重要内容。2012年，国家在推广节能技术与产品方面的产业政策重点主要包括以下两个方面。一是开展能效水平对标达标。2012年6月，工业和信息化部下发了《关于发布2011年度化工行业重点用能产品能效标杆指标及企业的通知》，公布了2011年度化工行业合成氨、甲醇、磷酸二铵、硫酸、电石、烧碱、聚氯乙烯、纯碱、黄磷、轮胎10个重点用能产品能效标杆指标及企业名单；2012年8月，工业和信息化部印发了《关于发布2011年度钢铁等行业重点用能产品（工序）能效标杆指标及企业的通知》。二是推广具体的节能技术和产品。2012年6月，工业和信息化部印发了《节能产品惠民工程高效节能家用热水器推广实施细则》；2012年7月，国家发布了《节能产品惠民工程推广信息监管实施方案》；2012年8月，工业和信息化部公示了《"能效之星"产品目录（2012）》，涉及5大类75个型号产品；2012年9月，国家下发了《节能产品惠民工程高效节能台式微型计算机推广实施细则》、《关于加强工业节能减排先进适用技术遴选评估与推广工作的通知》；2012年10月，工业和信息化部下发了《关于认真做好节能家电推广工作的通知》；2012年11月，工业和信息化部发布了《节能产品惠民工程高效节能配电变压器推广实施细则》、《节能产品惠民工程高效节能容积式空气压缩机推广实施细则》、《节能产品惠民工程高效节能通风机推广实施细则》、《节能产品惠民工程高效节能清水离心泵推广实施细则》以及多项节能产品惠民工程高效节能产品的推广目录；2012年1月和12月，国家分别公布了第四批和第五批《国家重点节能技术推广目录》。

（5）加快淘汰高耗能落后产品。

2012年4月，工业和信息化部发布了《高耗能落后机电设备（产品）淘汰目录（第二批）》，对不符合有关法律法规及标准规定，严重浪费资源、污染环境、不具备安全生产条件，需要淘汰的高耗能落后的机电设备（产品）进行了明确，共涉及12大类135项设备（产品），包括电动机1项、工业锅炉8项、电器61项、变压器1项、电焊机1项、机床34项、锻压设备20项、热处理设备2项、制冷设备1项、阀1项、泵2项、其他设备3项。

（6）加强节能减排管理工作。

2012年，国家进一步加强了节能减排的管理工作，重点包括以下两个方面。一是明确全年工作要点和重点。2012年3月，工业和信息化部印发了《2012年工业节能与综合利用工作要点》。二是加强节能减排的信息化建设。2012年1月和7月，工业和信息化部分别下发了《关于进一步加强工业节能减排信息监测系统建设工作的通知》和《关于开展工业能耗在线监测试点工作的通知》。

（7）完善财税和信贷政策。

2012年2月，国家印发了《绿色信贷指引》，提出银行业金融机构应当从战略高度推进绿色信贷，加大对绿色经济、低碳经济、循环经济的支持，防范环境和社会风险，提升自身的环境和社会表现，并以此优化信贷结构，提高服务水平，促进发展方式转变。2012年3月和5月，国家发布了两批《关于节约能源使用新能源车辆减免车船税的车型目录》，对节能车船和新能源车船实行车船税减免。2012年5月，国家出台了《废弃电器电子产品处理基金征收使用管理办法》，2012年10月，下发了《关于进一步明确废弃电器电子产品处理基金征收产品范围的通知》。

5.3 行业整合

行业整合是优化生产要素配置、转变产业发展方式的重要途径。2012年，推动企业兼并重组和推进产业地区转移成为国家行业整合政策的重点。

5.3.1 企业兼并重组

促进企业兼并重组是调整产业结构、转变发展方式、提高产业竞争力的重要措施，也是促进工业转型升级的重要内容。2012年，国家继续完善推动企业兼并重组的各项政策措施，力争企业兼并重组取得实质性进展。

（1）建立健全企业兼并重组工作组织协调机制。

2012年4月，工业和信息化部下发了《关于进一步加强企业兼并重组工作的通知》，要求各地根据实际，建立相应的组织协调机制，加强对企业兼并重组工作的领导，统筹协调本地区企业兼并重组工作。各地工业和信息化主管部门要发挥牵头作用，加强同发展改革、财政、人力资源社会保障、国土资源、商务、人民银行、国资、税务、工商、银监、证监等部门的协调配合，研究解决推进本地区企业兼并重组工作中的重大问题，推动本地区企业兼并重组工作有序开展、取得成效。2012年7月，企业兼并重组工作部际协调小组召开了第二次会议，研究解决企业兼并重组中的问题。

（2）推进重点行业企业兼并重组。

2012年，国家着手研究制定推进重点行业企业兼并重组的指导意见，并于2013年初由企业兼并重组部际协调小组12个部门联合下发了《关于加快推进重点行业企业兼并重组的指导意见》明确推进重点行业兼并重组的基本要求、主要目标、重点任务和政策措施。以汽车、钢铁、水泥、船舶、电解铝、稀土、电子信息、医药、农业产业化龙头企业等行业为重点，要求通过推进企业兼并重组，提高产业集中度，促进规模化、集约化经营，提高市场竞争力，培育一批具有国际竞争力的大型企业集团，推动产业结构优化升级；进一步推动企业转换经营机制，加强和改善内部管理，完善公司治理结构，建立现代企业制度；加快国有经济布局和结构的战略性调整，促进非公有制经济和中小企业发展，完善以公有制为主体、多种所有制经济共同发展的基本经济制度，见表5-2。

表5-2 重点行业企业兼并重组的目标

行 业	企业兼并重组目标
汽车行业	到2015年，前10家整车企业产业集中度达到90%，形成3~5家具有核心竞争力的大型汽车企业集团
钢铁行业	到2015年，前10家钢铁企业集团产业集中度达到60%左右，形成3~5家具有核心竞争力和较强国际影响力的企业集团，6~7家具有较强区域市场竞争力的企业集团
水泥行业	到2015年，前10家水泥企业产业集中度达到35%，形成3~4家熟料产能1亿吨以上，矿山、骨料、商品混凝土、水泥基材料制品等产业链完整，核心竞争力和国际影响力强的建材企业集团
船舶行业	到2015年，前10家造船企业造船完工量占全国总量的70%以上，进入世界造船前10强企业超过5家。形成5~6个具有国际影响力的海洋工程装备总承包商和一批专业化分包商，形成若干具有较强国际竞争力的品牌修船企业
电解铝行业	到2015年，形成若干家具有核心竞争力和国际影响力的电解铝企业集团，前10家企业的冶炼产量占全国的比例达到90%。培育3~5家具有较强国际竞争力的大型企业集团
稀土行业	支持大企业以资本为纽带，通过联合、兼并、重组等方式，大力推进资源整合，大幅度减少稀土开采和冶炼分离企业数量，提高产业集中度，基本形成以大型企业为主导的行业格局
电子信息行业	到2015年，形成5~8家销售收入过1000亿元的大型骨干企业，努力培育销售收入过5000亿元的大企业。以资本为纽带推进资源整合及产业融合，加快发展和形成一批掌握关键核心技术、创新能力突出、品牌知名度高、国际竞争力强的跨国大公司

续表

行　业	企业兼并重组目标
医药行业	到 2015 年，前 100 家企业的销售收入占全行业的 50%以上，基本药物主要品种销量前 20 家企业所占市场份额达到 80%，实现基本药物生产的规模化和集约化。培育形成一批具有国际竞争力和对行业发展有较强带动作用的大型企业集团
农业产业化龙头企业	支持农业产业化龙头企业通过兼并重组、收购、控股等方式，组建大型企业集团。培育壮大龙头企业，打造一批自主创新能力强、加工水平高、处于行业领先地位的大型龙头企业。引导龙头企业向优势产区集中，形成一批相互配套、功能互补、联系紧密的龙头企业集群，培育壮大区域主导产业，增强区域经济发展实力

（3）完善企业兼并重组的各项支持政策和条件。

在财税政策方面，2012 年 1 月，国家印发了《关于企业事业单位改制重组契税政策的通知》，明确企业事业单位改制重组免征或减半征收契税政策，主要涉及企业公司制改造、公司股权（股份）转让、公司合并、公司分立、企业出售、企业破产、事业单位改制等。在国有企业重组方面，2012 年 5 月，国家出台了《关于国有企业改制重组中积极引入民间投资的指导意见》，提出要积极引入民间投资参与国有企业改制重组，发展混合所有制经济，建立现代产权制度，进一步推动国有企业转换经营机制、转变发展方式。在信息平台建设方面，2012 年 7 月，企业兼并重组公共信息服务平台正式开通，涵盖工作动态、政策法规、深度观察、经验交流、重点行业、理论务实、境外并购、中介服务等栏目，主要提供政务公开、分析监测、经验交流、指导促进、知识共享、合作共赢等方面服务。在环境营造方面，《关于进一步加强企业兼并重组工作的通知》要求努力营造企业兼并重组的良好环境，认真清理废止各种不利于企业兼并重组的规定和做法，积极探索跨地区企业兼并重组地区间利益共享机制。

5.3.2　地区产业转移

推进产业转移是贯彻落实国家区域发展战略的重要内容，是全面、协调、可持续推进区域经济发展的重要手段，是发挥各地比较优势、实现特色发展和差异化发展的重要举措。2012 年，国家进一步完善和落实推动产业合理有序转移的相关政策，促进区域产业合理分工，优化工业空间布局。

（1）加强对产业转移的目录指导。

2012年7月，工业和信息化部发布了《产业转移指导目录》(2012年版)，其着眼点是解决产业转移过程中出现的产业承接地之间盲目竞争、产业无序流动和落后生产能力转移等问题，并着力强调对产业转移的引导性、体现区域产业发展的差异性、与现行政策取向的一致性，是引导产业有序转移的行动指南。目录的制定坚持了"四个结合"的原则，以达到引导性、差异性和一致性的要求。一是坚持国家区域发展战略与地方发展需求相结合。在工业发展导向上，既体现了全国主体功能区规划和区域发展战略提出的原则和方向，又吸纳了各地"十二五"规划确定的产业发展总体思路。二是坚持现有产业基础和比较优势相结合。其中各地优先承接发展的产业方向，既基于现有产业基础，又充分考虑了各地在矿产资源、交通区位、物流条件、技术人才、土地成本、环境容量、产业配套能力等方面的比较优势。三是坚持产业分工与区域合作相结合。既着力突出各地区产业特色，又强调产业链的配套衔接，推动区域间的产业分工与合作，形成产业集聚、优势互补、各具特色的发展格局。四是坚持政府引导与市场机制相结合。充分尊重企业的主体地位，让市场机制在资源配置中发挥基础性作用，通过加强政策引导，使具有比较优势的产业能够顺利承接和发展，不具备发展潜力的可以通过市场竞争调整和退出，落后产能无法转移和流动，形成健康、合理、有序的产业转移环境。

《产业转移指导目录》（2012年版）按照国家区域发展战略确定的四大板块，分别提出了工业发展的总体导向：东北地区着力推动传统优势产业的结构调整和升级；东部地区着力发展战略性新兴产业和先进制造业，积极承接国际高端产业转移；中部地区着力发挥承东启西的区位优势，加快承接国际和东部发达地区产业转移，壮大优势产业，建立现代产业体系；西部地区着力实施优势资源转化战略，重点承接东中部转出的相关产业，建设国家重要的战略资源接续地和产业集聚区。同时，按照东北地区、东部地区、中部地区和西部地区四大板块实施分类指导，目录既明确了转移的方向，还落实到了具体的承接载体。针对每一板块，首先，提出承接产业转移的载体，即区域内主要产业带或集聚区,同时指明了各区(带)的发展重点;其次,明确了产业转移的方向,按省(区、市)分别提出优先承接发展的产业目录。这是目录的核心内容,共涉及 15 个行业。行业顺序按照各省(区、市)优先承接和发展的需求排列,引导地区之间差异化发展。

(2) 举办区域性产业转移对接活动。

2012 年,工业和信息化部重点推进区域性产业转移对接平台的搭建,并使之常态化和制度化。2012 年 9 月,工业和信息化部和河南省人民政府共同主办了"2012 中国(郑州)产业转移系列对接活动"。本次对接活动,共集中签约项目 987 个,投资总额 5156 亿元,签约项目涉及装备制造、电子信息、食品、纺织服装、新材料等 14 个行业。同时,为加强产业互补合作、促进区域协调发展,河南、河北、山西、内蒙古、安徽、江西、湖北、湖南、陕西等地缘相近、发展相依的 9 省(区)在本次活动中联合发布了产业合作行动宣言,并共同倡议遵守四个"坚持":坚持市场导向,减少行政干预;坚持因地制宜,加强分类指导;坚持节能环保,严格产业准入;坚持开放合作,促进互利共赢。

(3) 加强防范落后产能转移。

2012 年 11 月,工业和信息化部就防范落后产能转移工作组织召开了专题研讨会,认真总结了近两年产业转移工作取得的成绩,分析了当前产业转移过程中出现的问题,围绕如何防止落后产能和低端工艺、装备、技术向中西部地区转移,进行了认真研究和讨论。会议提出,在防范落后产能转移工作中,要认真按照《国务院关于进一步加强淘汰落后产能工作的通知》(国发〔2010〕7 号)文件精神,深入贯彻落实《部分工业行业淘汰落后生产能力工艺装备和产品指导目录》(2010 年版)、《产业转移指导目录》(2012 年版),以及相关行业准入条件和其他产业政策的要求,把住项目入口,严防落后产能落地。

5.4 产业培育

产业培育是构建现代产业体系、实现经济社会可持续发展的必然要求。

2012年,国家将加快推进战略性新兴产业培育和发展置于产业政策的突出位置,从宏观引导、目录指导和激励支持等多个方面进一步完善了相关政策体系。

(1) 加强对培育和发展战略性新兴产业的规划与系统部署。

2012年7月,国务院印发了《"十二五"国家战略性新兴产业发展规划》,进一步明确"十二五"战略性新兴产业发展的具体目标、重点领域和主要任务。这一规划提出,战略性新兴产业规模年均增长率保持在20%以上,形成一批具有较强自主创新能力和技术引领作用的骨干企业,一批特色鲜明的产业链和产业集聚区。到2015年,战略性新兴产业增加值占国内生产总值比重达到8%左右,对产业结构升级、节能减排、提高人民健康水平、增加就业等的带动作用明显提高。到2020年,力争使战略性新兴产业成为国民经济和社会发展的重要推动力量,增加值占国内生产总值比重达到15%,部分产业和关键技术跻身国际先进水平,节能环保、新一代信息技术、生物、高端装备制造产业成为国民经济支柱产业,新能源、新材料、新能源汽车产业成为国民经济先导产业。

这一规划明确了节能环保产业、新一代信息技术产业、生物产业、高端装备制造产业、新能源产业、新材料产业、新能源汽车产业七大领域的重点发展方向,制定了产业发展路线图,提出了各领域发展的标志性目标、提升整体创新能力与拓展市场应用等创新发展重大行动计划、主要政策措施。同时,提出要开展推进20项重点工程,即重大节能技术与装备产业化工程、重大环保技术装备及产品产业化示范工程、重要资源循环利用工程、宽带中国工程、高性能集成电路工程、新型平板显示工程、物联网和云计算工程、信息惠民工程、蛋白类等生物药物和疫苗工程、高性能医学诊疗设备工程、生物育种工程、生物基材料工程、航空装备工程、空间基础设施工程、先进轨道交通装备及关键部件工程、海洋工程装备工程、智能制造装备工程、新能源集成应用工程、关键材料升级换代工程、新能源汽车工程。此外,这一规划还提出了加大财税金融政策扶持、完善技术创新和人才政策、营造良好的市场环境、加快推进重点领域和关键环节改革四项政策措施,见表5-3。

表 5-3 "十二五"时期各类战略性新兴产业的重点发展方向和主要任务

产业	重点发展方向和主要任务
节能环保产业	强化政策和标准的驱动作用,充分运用现代技术成果,突破能源高效与梯次利用、污染物防治与安全处置、资源回收与循环利用等关键核心技术,大力发展高效节能、先进环保和资源循环利用的新装备和产品;完善约束和激励机制,创新服务模式,优化能源管理、大力推行清洁生产和低碳技术、鼓励绿色消费,加快形成支柱产业,提高资源利用率,促进资源节约型和环境友好型社会建设
新一代信息技术产业	把握信息技术升级换代和产业融合发展机遇,加快建设宽带、融合、安全的下一代信息网络,突破超高速光纤与无线通信、物联网、云计算、数字虚拟、先进半导体和新型显示等新一代信息技术,推进信息技术创新、新兴应用拓展和网络建设的互动结合,创新产业组织模式,提高新型装备保障水平,培育新兴服务业态,增强国际竞争能力,带动我国信息产业实现由大到强的转变。"十二五"期间,新一代信息技术产业销售收入年均增长20%以上
生物产业	面向人民健康、农业发展、资源环境保护等重大需求,强化生物资源利用、转基因、生物合成、抗体工程、生物反应器等共性关键技术和工艺装备开发;加强生物安全研究和管理,建设国家基因资源信息库。着力提升生物医药研发能力,开发医药新产品,加快发展生物医学工程技术和产品,大力发展生物育种,推进生物制造规模化发展,加速构建具有国际先进水平的现代生物产业体系,加快海洋生物技术及产品的研发和产业化。"十二五"期间,产业规模年均增速达到 20%以上
高端装备制造产业	面向我国产业转型升级和战略性新兴产业发展的迫切需求,统筹经济建设和国防建设需要,大力发展现代航空装备、卫星及应用产业,提升先进轨道交通装备发展水平,加快发展海洋工程装备,做大做强智能制造装备,把高端装备制造业培育成为国民经济的支柱产业,促进制造业智能化、精密化、绿色化发展
新能源产业	加快发展技术成熟、市场竞争力强的核电、风电、太阳能光伏和热利用、页岩气、生物质发电、地热和地温能、沼气等新能源,积极推进技术基本成熟、开发潜力大的新型太阳能光伏和热发电、生物质气化、生物燃料、海洋能等可再生能源技术的产业化,实施新能源集成利用示范重大工程。到 2015 年,新能源占能源消费总量的比例提高到 4.5%,减少二氧化碳年排放量 4 亿吨以上
新材料产业	大力发展新型功能材料、先进结构材料和复合材料,开展纳米、超导、智能等共性基础材料研究和产业化,提高新材料工艺装备的保障能力;建设产学研结合紧密、具备较强自主创新能力和可持续发展能力的高性能、轻量化、绿色化的新材料产业创新体系和标准体系,发布国家新材料重点产品发展指导目录,建立新材料产业认定和统计体系,引导材料工业结构调整。到 2015 年,突破一批国家建设急需、引领未来发展的关键共性技术;到 2020 年,关键新材料自给率明显提高

续表

产业	重点发展方向和主要任务
新能源汽车产业	以纯电驱动为新能源汽车发展和汽车工业转型的主要战略取向，当前重点推进纯电动汽车和插电式混合动力汽车产业化，推进新能源汽车及零部件研究试验基地建设，研究开发新能源汽车专用平台，构建产业技术创新联盟，推进相关基础设施建设。重点突破高性能动力电池、电机、电控等关键零部件和材料核心技术，大幅度提高动力电池和电机安全性与可靠性，降低成本；加强电制动等电动功能部件的研发，提高车身结构和材料轻量化技术水平；推进燃料电池汽车的研究开发和示范应用；初步形成较为完善的产业化体系。建立完整的新能源汽车政策框架体系，强化财税、技术、管理、金融政策的引导和支持力度，促进新能源汽车产业快速发展

(2) 加强对培育和发展战略性新兴产业的目录指导与分类统计。

2012年，为贯彻落实《国务院关于加快培育和发展战略性新兴产业的决定》，更好地指导各部门、各地区开展培育发展战略性新兴产业工作，国家启动研究和编制《战略性新兴产业重点产品和服务指导目录》，并于2013年3月正式发布。目录涉及7个战略性新兴产业、24个重点发展方向下的125个子方向，共3100余项细分的产品和服务，细分的产品和服务中包括节能环保产业约740项，新一代信息技术产业约950项，生物产业约500项，高端装备制造产业约270项，新能源产业约300项，新材料产业约280项，新能源汽车产业约60项。与此同时，为了便于各地区、各部门开展战略性新兴产业发展情况统计监测和宏观管理，国家着手开展战略性新兴产业分类统计研究，并于2013年初发布了《战略性新兴产业分类（2012）（试行）》，建立了"战略性新兴产业分类表"。分类表共分为三层，第一层是《国务院关于加快培育和发展战略性新兴产业的决定》确定的战略性新兴产业七大产业；第二层和第三层是依据《"十二五"国家战略性新兴产业发展规划》以及《战略性新兴产业重点产品和服务指导目录》建立的行业和产品类别。

(3) 完善战略性新兴产业专项资金管理。

为了规范战略性新兴产业发展专项资金管理，提高财政资金使用效益，2012年底国家出台了《战略性新兴产业发展专项资金管理暂行办法》，提出了资金使用安排原则、支持范围、支持方式、申报审核与拨付、监督管理等规范性管理要求。其中，资金使用安排原则包括市场主导，政府推动；集中资金，扶持重点；区别对象，创新方式。资金支持范围包括：支持新兴产业创业投资计划、支持产学研协同创新、支持技术创新平台、支持区域集聚发展，以及国家根据《国务院关于加快培育和发展战略性新兴产业的决定》和《"十二五"国家战略性新兴产业发展规划》要求及行业或产业发展需要确定的其他战略性新兴产业重点工作。

（4）针对各类战略性新兴产业继续完善相关鼓励和支持政策。

2012年，国家继续针对节能环保产业、新一代信息技术产业、新能源产业、生物产业、高端装备制造产业、新材料产业和新能源汽车产业等领域出台了系列政策，鼓励这些领域的快速发展。相关政策，见表5-4。

表5-4 2012年出台的针对各类战略性新兴产业的鼓励和支持政策

产业	政策
节能环保产业	《国务院关于印发"十二五"节能环保产业发展规划的通知》 《关于请推荐当前国家鼓励发展的环保设备（产品）的通知》 《关于印发半导体照明应用节能评价技术要求的通知》(2012年版)
新一代信息技术产业	《关于印发下一代互联网"十二五"发展建设的意见的通知》 《关于促进电子商务健康快速发展有关工作的通知》 《关于组织开展国家电子商务示范城市电子商务试点专项的通知》 《关于开展"宽带中国战略"研究工作的通知》 《关于组织实施2012年下一代互联网技术研发、产业化和规模商用专项的通知》 《关于组织实施2012年国家下一代互联网信息安全专项有关事项的通知》 《关于组织实施2012年国家下一代互联网信息安全专项产品测试工作的通知》 《关于组织实施2012年高技术服务业研发及产业化专项的通知》 《关于印发〈国家规划布局内重点软件企业和集成电路设计企业认定管理试行办法〉的通知》 《物联网发展专项资金管理暂行办法》 《关于组织实施2012年物联网技术研发及产业化专项的通知》 《关于进一步扶持新型显示器件产业发展有关税收优惠政策的通知》 《关于进一步鼓励软件产业和集成电路产业发展企业所得税政策的通知》
新能源产业	《关于可再生能源电价补贴和配额交易方案（2010年10月~2011年4月）的通知》 《关于印发天然气发展"十二五"规划的通知》 《关于下达首批国家天然气分布式能源示范项目的通知》 《关于完善垃圾焚烧发电价格政策的通知》 《关于印发页岩气发展规划（2011~2015年）的通知》
生物产业	《关于组织实施生物育种能力建设与产业化专项的通知》

续表

产业	政策
高端装备制造产业	《关于印发〈重大技术装备自主创新指导目录〉的通知》 《关于印发〈"数控一代"装备创新工程行动计划〉的通知》 《装备工业行业标准制定管理实施细则》（2012年修订版）
新材料产业	《新材料产业"十二五"发展规划》 《关于加快应用高强钢筋的指导意见》
新能源汽车产业	《关于印发节能与新能源汽车产业发展规划（2012~2020年）的通知》 《关于组织开展新能源汽车产业技术创新工程的通知》 《关于组织申报2012年度新能源汽车产业技术创新工程项目的通知》 《关于对2012年度新能源汽车产业技术创新工程拟支持项目名单进行公示的通知》 《关于扩大混合动力城市公交客车示范推广范围有关工作的通知》 《关于不属于车船税征收范围的纯电动燃料电池乘用车车型目录(第一批)（第二批)》 《节约能源 使用新能源车辆减免车船税的车型目录（第二批）》 《关于节约能源 使用新能源车船车船税政策的通知》

5.5 中小微企业

为进一步促进中小企业特别是小型微型企业健康发展，营造全社会关注支持中小企业发展的良好氛围，2012年国家继续加大对中小微企业的扶持力度，出台了一系列相关的支持政策。

（1）加强对促进中小微企业健康发展的系统部署。

2012年4月，国务院印发了《关于进一步支持小型微型企业健康发展的意见》，提出要进一步加大对小型微型企业的财税支持力度、努力缓解小型微型企业融资困难、进一步推动小型微型企业创新发展和结构调整、加大支持小型微型企业开拓市场的力度、切实帮助小型微型企业提高经营管理水平、促进小型微型企业集聚发展、加强对小型微型企业的公共服务。2012年8月，国务院印发了《关于印发进一步支持小型微型企业健康发展重点工作部门分工方案的通知》，明确了各部门的相关职责和任务。

（2）开展中小企业服务年活动。

2012年，工业和信息化部印发了《关于印发中小企业服务年活动方案的通知》，决定在全国范围内开展中小企业服务年活动，提出要围绕"十二五"

工业转型升级规划和中小企业成长规划确定的目标,以落实国务院扶持小型微型企业健康发展政策措施,改善企业发展环境为核心,以"服务企业、助力成长"为主题,以中小企业服务年活动为载体,以完善政策法规体系、构建公共服务体系为支撑,以促进创新型、创业型、劳动密集型中小企业特别是小型微型企业发展为工作重点,进一步转变政府职能,依靠有关部委、依靠各地中小企业主管部门、依靠社会力量,集聚资源,为中小企业送政策、送服务、送温暖,全面提升中小企业自身素质和水平,营造全社会关注、服务中小企业的良好氛围,推动中小企业实现平稳健康发展。这一活动的工作目标是要充分发挥各方面的积极性和创造性,通过贯彻落实各项扶持政策和组织开展全方位的服务活动,初步形成全社会关注、服务中小企业特别是小型微型企业的良好氛围,力争实现工商登记中小企业户数增长8%,中小企业增加值增长8%以上。这一活动的主要内容包括政策咨询服务、投资融资服务、创业创新服务、转型升级服务、管理提升服务、舆论宣传服务。

(3) 加快中小企业公共服务平台建设。

国务院在《关于进一步支持小型微型企业健康发展的意见》中明确提出,到2015年,支持建立和完善4000个为小型微型企业服务的公共服务平台,重点培育认定500个国家中小企业公共服务示范平台,发挥示范带动作用。2012年5月,工业和信息化部出台了《国家中小企业公共服务示范平台认定的管理办法》,明确了中小企业公共服务示范平台的主要功能、认定条件、认定程序、认定管理。2012年11月,工业和信息化部公布第二批"国家中小企业公共服务示范平台"名单,北京市石景山区产业促进中心、天津市中小企业服务中心、河北省中小企业服务中心等208个平台被认定为"国家中小企业公共服务示范平台"。

(4) 继续完善支持中小微企业发展的财税政策。

在税收优惠方面,国务院在《关于进一步支持小型微型企业健康发展的意见》中明确提出,要提高增值税和营业税起征点;将小型微利企业减半征收企业所得税政策,延长到2015年底并扩大范围;将符合条件的国家中小企业公共服务示范平台中的技术类服务平台纳入现行科技开发用品进口税收优惠政策范围;自2011年11月1日至2014年10月31日,对金融机构与小型微型企业签订的借款合同免征印花税,将金融企业涉农贷款和中小企业贷款损失准备金税前扣除政策延长至2013年底,将符合条件的农村金融机构金融保险收入减按3%的税率征收营业税的政策延长至2015年底。加快推进营业税改征增值税试点,逐步解决服务业营业税重复征税问题。结合深化税收体制改革,完善结构性减税政策,研究进一步支持小型微型企业发展的税收制度。2012年,国家先后印发了《关于小型微利企业预缴企业所得税有关问题的公告》、《关于中小企业信用担保机构有关准备金企业所得税税前扣除政策的通知》、《关于国家认定企业技术中心和国家中小企业公共技术服务示范平台纳税情况核查有关问题的公告》,切实落实支持中小微企业发展的各项税收优惠政策。

在财政资金支持方面,国务院在《关于进一步支持小型微型企业健康发展的意见》中明确提出,要充分发挥现有中小企业专项资金的支持引导作用,2012年将资金总规模由128.7亿元扩大至141.7亿元,以后逐年增加。专项资金要体现政策导向,增强针对性、连续性和可操作性,突出资金使用重点,向小型微型企业和中西部地区倾斜。2012年5月,国家出台了《中小企业发展专项资金管理办法》,规范中小企业发展专项资金的管理;同时出台了《中小企业信用担保资金管理办法》,规范和加强中小企业信用担保资金管理。

在基金支持方面,国务院在《关于进一步支持小型微型企业健康发展的意见》中明确提出,要依法设立国家中小企业发展基金。基金的资金来源包括中央财政预算安排、基金收益、捐赠等。中央财政安排资金150亿元,分五年到位,2012年安排30亿元。基金主要用于引导地方、创业投资机构及其他社会资金支持处于初创期的小型微型企业等。鼓励向基金捐赠资金。对企事业单位、社会团体和个人等向基金捐赠资金的,企业在年度利润总额12%以内的部分,个人在申报个人所得税应纳税所得额30%以内的部分,准予在计算缴纳所得税税前扣除。

在政府采购支持方面,国务院在《关于进一步支持小型微型企业健康发展的意见》中明确提出,负有编制部门预算职责的各部门,应当安排不低于年度政府采购项目预算总额18%的份额专门面向小型微型企业采购。在政府采购评审中,对小型微型企业产品可视不同行业情况给予6%~10%的价格扣除。鼓励大中型企业与小型微型企业组成联合体共同参加政府采购,小型微型企业占联合体份额达到30%以上的,可给予联合体2%~3%的价格扣除。推进政府采购信用担保试点,鼓励为小型微型企业参与政府采购提供投标担保、履约担保和融资担保等服务。

在费用减免方面,国务院在《关于进一步支持小型微型企业健康发展的意见》中明确提出,要继续减免部分涉企收费并清理取消各种不合规收费。落实中央和省级财政、价格主管部门已公布取消的行政事业性收费。自2012年1月1日至2014年12月31日对小型微型企业免征部分管理类、登记类和证照类行政事业性收费。清理取消一批各省(区、市)设立的涉企行政事业性收费。规范涉及行政许可和强制准入的经营服务性收费。继续做好收费公路专项清理工作,降低企业物流成本。加大对向企业乱收费、乱罚款和各种摊派行为监督检查的力度,严格执行收费公示制度,加强社会和舆论监督,完善涉企收费维权机制。

(5) 继续完善支持中小微企业发展的金融政策。

国务院在《关于进一步支持小型微型企业健康发展的意见》中明确提出要缓解小微企业的融资困难,主要政策措施包括以下五个方面。

第一,落实支持小型微型企业发展的各项金融政策。银行业金融机构对小型微型企业贷款的增速不低于全部贷款平均增速,增量高于上年同期水平,对达到要求的小金融机构继续执行较低存款准备金率。商业银行应对符合国家产业政策和信贷政策的小型微型企业给予信贷支持。鼓励金融机构建立科学合理的小型微型企业贷款定价机制,在合法、合规和风险可控前提下,由商业银行自主确定贷款利率,对创新型和创业型小型微型企业可优先予以支持。建立小企业信贷奖励考核制度,落实已出台的小型微型企业金融服务的差异化监管政策,适当提高对小型微型企业贷款不良率的容忍度。进一步研究完善小企业贷款呆账核销有关规定,简化呆账核销程序,提高小型微型企业贷款呆账核销效率。优先支持符合条件的商业银行发行专项用于小型微型企业贷款的金融债。支持商业银行开发适合小型微型企业特点的各类金融产品和服务,积极发展商圈融资、供应链融资等融资方式。加强对小型微型企业贷款的统计监测。

第二,加快发展小金融机构。在加强监管和防范风险的前提下,适当放宽民间资本、外资、国际组织资金参股设立小金融机构的条件。适当放宽小额贷款公司单一投资者持股比例限制。支持和鼓励符合条件的银行业金融机构重点到中西部设立村镇银行。强化小金融机构主要为小型微型企业服务的市场定位,创新金融产品和服务方式,优化业务流程,提高服务效率。引导小金融机构增加服务网点,向县域和乡镇延伸。符合条件的小额贷款公司可根据有关规定改制为村镇银行。

第三,拓宽融资渠道。搭建方便快捷的融资平台,支持符合条件的小企业上市融资、发行债券。推进多层次债券市场建设,发挥债券市场对微观主体的资金支持作用。加快统一监管的场外交易市场建设步伐,为尚不符合上市条件的小型微型企业提供资本市场配置资源的服务。逐步扩大小型微型企业集合票据、集合债券、集合信托和短期融资券等发行规模。积极稳妥发展私募股权投资和创业投资等融资工具,完善创业投资扶持机制,支持初创型和创新型小型微型企业发展。支持小型微型企业采取知识产权质押、仓单质押、商铺经营权质押、商业信用保险保单质押、商业保理、典当等多种方式融资。鼓励为小型微型企业提供设备融资租赁服务。积极发展小型微型企业贷款保证保险和信用保险。加快小型微型企业融资服务体系建设。深入开展科技和金融结合试点,为创新型小型微型企业创造良好的投融资环境。

第四,加强对小型微型企业的信用担保服务。大力推进中小企业信用担保体系建设,继续执行对符合条件的信用担保机构免征营业税政策,加大中央财政资金的引导支持力度,鼓励担保机构提高小型微型企业担保业务规模,降低对小型微型企业的担保收费。引导外资设立面向小型微型企业的担保机构,加快推进利用外资设立担保公司试点工作。积极发展再担保机构,强化分散风险、增加信用功能。改善信用保险服务,定制符合小型微型企业需求的保险产品,扩大服务覆盖面。推动建立担保机构与银行业金融机构间的风险分担机制。加快推进企业信用体系建设,切实开展企业信用信息征集和信用等级评价工作。

第五,规范对小型微型企业的融资服务。除银团贷款外,禁止金融机构对小型微型企业贷款收取承诺费、资金管理费。开展商业银行服务收费检查。严格限制金融机构向小型微型企业收取财务顾问费、咨询费等费用,清理纠正金融服务不合理收费。有效遏制民间借贷高利贷化倾向以及大型企业变相转贷现象,依法打击非法集资、金融传销等违法活动。严格禁止金融从业人员参与民间借贷。研究制定防止大企业长期拖欠小型微型企业资金的政策措施。

6 发展趋势

2013年,中国工业发展国内外环境面临着新变化,机遇和挑战并存,工业经济增长将呈现出趋稳复苏的态势。面对新形势,需要加快推进工业转型升级步伐,调整产业结构,提升工业发展的质量效益。

6.1 面临形势

当前,国际金融危机影响依然在持续深化,世界经济仍面临诸多不确定性。世界各国都在积极寻找新的经济增长模式,新技术在工业领域应用速度明显加快,社会化制造方式不容忽视。

6.1.1 世界各国寻找新的经济增长步伐加快

面对国际金融危机的冲击,世界各国都在积极寻找新的经济增长模式。美国"再工业化"战略持续稳步推进,《制造业复兴计划》与《先进制造业国家战略计划》加快实施,科学技术优势加快向产业领域转化,生产组织方式不断向有利于美国资源和禀赋特征的方向发展,"科技—产业"一体化的优势更加明显。面对发达国家市场需求不振的现实,新兴经济体国家不得不在经济增速普遍放缓的条件下,积极探索转型升级的新模式。

6.1.2 新技术在工业领域应用速度明显加快

人工智能、机器人和数字制造等新技术在工业生产领域的应用明显加快。例如,美国在新材料、人工智能、纳米、生命科学等领域的技术优势正在逐步转化为在工业机器人、生物医药、航空航天、新材料、3D打印机等高端制造业的竞争优势。一些新兴产业也在加速涌现,并取得了良好的市场效果。例如，美国的"特斯拉"纯电动汽车公司，已经实现了市场盈利。新技术的应用将会改变未来的生产组织方式。伴随着大数据、智能制造和移动互联技术的广泛应用，生产组织方式也在积极酝酿变化。

6.1.3 社会化制造方式不容忽视

企业先制造后销售给消费者的传统方式，将会被消费者"我的产品、我制造"理念所替代，消费者参与价值形成过程的作用进一步彰显。在价值链上，消费者已不仅是一个购买者，而且还是价值的共同创造者和分享者。"制造"不再是由企业单独完成，"制造"的社会属性在逐步放大，并超越当下我们对于"社交媒体"的理解和应用。计算机模拟仿真技术、数字制造、3D打印和云计算技术的应用，使得"制造"与"消费者"距离被无限拉近。一个现在看来较为极端的例子，就是以个人和家庭为单位的"微制造"组织的大量出现，个性化制造得以实现。

6.1.4 新型城镇化将是拉动工业增长的主要动力

"十二五"期间，中国城镇化率将超过54%，城镇化进程带来的巨大消费潜力将会为工业增长注入强大动力。同时，新一届政府提出城镇化不是简单的城市人口比例增加和面积扩张，而是要在产业支撑、人居环境、社会保障、生活方式等方面实现由"乡"到"城"的转变。实际上这一转变，不仅意味着工业需求的增加，同时城镇化过程中产业支撑，还意味着农民就业带来的收入提升。进而形成收入和需求的双提升。

6.1.5 产能过剩矛盾依然突出

在世界经济和国内经济增速放缓的大背景下，中国产能过剩的矛盾日益突出。截至2012年底，我国钢铁、水泥、电解铝、平板玻璃、船舶产能利用率分别仅为72%、73.7%、71.9%、73.1%和75%，明显低于国际通常水平。尽管这些行业利润大幅下滑，但仍有一批在建、拟建项目，产能过剩呈现出加剧趋势。此外，在太阳能、风能等战略性新兴产业领域，也存在产能过剩或重复建设问题。

6.2 工业发展趋势

2013年，原材料工业产能过剩问题依然突出，优化增效成为行业发展主题。机械装备工业将面临增速放缓压力，提质成为行业升级的重点。消费品工业将稳步增长，转型速度将进一步加快。面对全产业链竞争，整合集成成为电子信息产业发展的新趋势。战略性新兴产业发展势头良好，稳步推进。

6.2.1 原材料工业优化增效

原材料工业仍较快增长，淘汰落后和节能减排积极推进，技术进步与结构调整步伐将进一步加快。钢铁产业产品产量增速将放缓，重点企业吨钢综合能耗和污染物排放将逐步减少，兼并重组步伐会有所加快，产能过剩矛盾依然严峻，提升行业经济效益水平将会是未来企业的主要挑战。有色金属工业冶炼产品产量增速将继续放缓，增加值保持平稳增长，新技术新产品开发将是未来行业发展重点。石油与化学工业技术进步将积极推进，产品结构调整进一步优化，化解氯碱、聚氯乙烯、甲醇、电石等行业产能过剩问题依然突出。建筑材料工业产品产值增速将稳步回落，水泥、平板玻璃等行业淘汰落后产能和兼并重组力度将进一步加大。

6.2.2 机械装备工业提质突破

关键基础零部件、基础工艺、基础材料、基础制造装备的研发和系统集成水平提升将是机械装备工业提质发展的重点。机床、汽车、船舶、发电设备等装备产品增速将放缓，智能制造装备、新能源汽车、海洋工程装备、轨道交通装备、民用航空航天、节能环保和安全生产装备等高端装备制造业增速将逐渐加快。智能制造装备发展工程、节能与新能源汽车、深海探采工程装备、支线飞机和通用飞机等重大技术装备创新发展和示范应用工程将稳步推进。

6.2.3 消费品工业转型提速

消费品工业将保持稳定增长,消费品制造向中西部转移趋势将更加明显,提升产品技术含量,研发知识型、智能型的中高附加值产品将是未来发展的重点。绿色制造和工业设计是轻工业发展的关键路径。为适应全球环境保护浪潮,轻工业企业必须发展相关的绿色材料、绿色能源和绿色设计等基础技术,生产出保护环境、提高资源效率的绿色产品,否则将被市场淘汰。以产品外观设计为主的工业设计受到越来越多的重视,外观更加新颖、界面更加友好,正在成为消费类电子产品的设计潮流。纺织工业转型升级的力度将继续加大,设备落后、技术含量低的企业将被加速淘汰,新型面料的研发以及传统纺织与可穿戴设备的结合正在成为新的市场热点。健康、营养、保健、休闲食品的市场需求仍将快速增长,食品质量和食品安全将决定生产企业能否持续成长,先进的加工及包装技术将对企业建立竞争优势起到关键作用。医药行业资源向大型龙头企业集中的趋势将更加明显,药品生产水平与国际接轨的步伐继续加快,原料药生产企业由出口中低端中间体向出口高端产品转变。

6.2.4 电子信息工业集成加快

电子信息产业的竞争已从单个产品或企业的竞争进入了全产业链竞争阶段,产业链整合集成趋势日渐明显。关键电子元器件、材料和设备的核心技术和工艺创新依然是基础电子工业突破的重点。传统终端和整机产品将逐渐被网络化、智能化、绿色化产品所替代,移动互联网、云计算、物联网等将成为电子信息产业新的增长点。传感技术、大数据技术、显示和反映技术,以及软件和集成计算技术将成为主要的发展方向。

6.2.5 战略性新兴产业稳步推进

战略性新兴产业政策细则进一步完善,各产业发展专项规划得到有效实施。在工业经济增速整体出线下滑的情况下,全国战略性新兴产业保持了稳定的高位增长态势,部分省市实现超常规发展,战略性新兴产业成为中国工业经济企稳回升的重要力量。智能制造装备、新材料、平板显示、云计算、物联网、蛋白类生物药和疫苗等关键技术缩短了与发达国家的差距,部分技术和工艺达到或超过世界领先水平。航空装备、海洋工程装备、先进轨道交通装备及关键部件、高性能医学诊疗设备等产业创新发展工程取得积极成效。新能源汽车、新能源、节能环保产品示范应用范围不断扩大,技术和工艺不断成熟,取得良好的社会效应和经济效应,市场化条件不断成熟。各地区新兴产业园区建设稳步推进,战略性新兴产业全国布局逐步清晰,各省市区特色新兴产业发展势头良好,同质化竞争现象有所好转。省部对接工作进展良好,各级政府对战略性新兴产业管理和引导更加成熟,产业政策科学性不断提高。

6.3 政策发展趋势

2013 年,国家将继续围绕加快转变经济发展方式,调整优化产业结构,提高产业整体素质,进一步完善以"转型升级"为中心的产业政策体系,产业政策更加注重拓展内需市场,更加注重构建现代产业发展新体系,更加注重发挥科技的战略支撑作用,更加注重以小微企业为重点优化企业发展环境,更加注重推动两化深度融合、军民融合,最终目的是要实现工业的持续健康发展。

6.3.1 着力提升发展质量和效益

以促进工业经济稳定增长为着眼点,产业政策更加注重提升产业的发展质量和效益,重点包括以下四个方面。

第一,大力加强企业技术改造。认真贯彻落实国务院关于促进企业技术改造的指导意见,出台更有效的财税、金融、土地、环保等配套政策,健全统计体系。组织实施好产业振兴和技术改造专项,重点支持技术创新成果转化应用、中西部地区特色优势产业和自主创新、两化融合、军民结合、安全生产等专项。加强对重点项目的跟踪协调、监督检查和投产验收,探索改进投资补助方式。

第二，以质量工程技术应用和品牌培育为重点，实施工业质量品牌能力提升专项行动，推进轻工、纺织等行业品牌建设和食品企业诚信建设，提升食品药品质量安全保障能力。继续实施节能产品惠民工程，大力推广高效工业用能设备、节能和新能源汽车，推动实施鼓励节水产品、家庭自给式太阳能产品消费的政策。

第三，大力培育信息消费。推动实施信息消费激励政策，健全网络信任体系，改善网络消费环境，积极发展移动互联网、IPTV、手机电视等新应用，引导智能手机、智能电视等终端消费，加快网络购物、网络支付、电子商务等信息服务发展，推进数字家庭产业基地建设。继续推动电信资费改革，规范服务价格行为，认真解决服务热点问题。

第四，推动落实鼓励引导民间投资"新36条"政策细则，鼓励金融机构和民间资本进入军民结合产业领域，组织实施民间资本进入移动通信转售业务、接入网业务试点，力争推出一批民间投资示范项目。

6.3.2 着力调整优化产业结构

以加快传统产业改造和新兴产业发展为核心，产业政策更加注重调整优化产业结构，重点包括以下五个方面。

第一，着力化解产能过剩矛盾。按照"尊重规律、分业施策、多管齐下、标本兼治"的原则，加强对钢铁、船舶、水泥、平板玻璃、电解铝等产能过剩行业发展趋势的预测，制定有针对性的工作方案和有效措施，消化一批产能、转移一批产能、整合一批产能、淘汰一批落后产能。加快推进产能过剩行业兼并重组，发布实施重点行业企业兼并重组指导意见，强化公共信息服务，健全协调机制，研究通过兼并重组压缩、整合过剩产能的政策措施。研究出台促进大企业做优做强的指导意见，指导企业加强和创新管理。严格执行环保、安全、能耗等市场准入标准，下决心淘汰一批落后产能，防止重复建设和落后产能盲目扩张，推动建立新建产能与淘汰产能等量减量置换机制，扩大关闭小企业中央财政补助资金使用范围。落实产业转移指导目录，开展产业政策符合性认定试点，研究引导过剩产能向境外转移的政策措施。加强重点行业市场准入管理。

第二，开展工业强基专项行动。启动实施工业强基工程，针对重大工程、重点装备需求，发布工业基础发展指导目录。整合工业转型升级、科技成果转化等资金渠道，加大对基础产业技术研发的支持，加强市场培育，搭建技术信息共享交流平台。深入推进新型工业化示范基地创建发展。

第三，加快发展战略性新兴产业。继续实施智能制造装备、新材料、平板显示、云计算、物联网、蛋白类生物药和疫苗等专项，启动航空装备、海洋工程装备、先进轨道交通装备及关键部件、高性能医学诊疗设备等产业创新发展工程。完善协调推进机制，加强与应用部门对接，打通重点产品应用环节，推动产业链上下游联动发展。制（修）定新能源汽车标准，完善新能源汽车准入规则。继续加强部省对接，强化投资引导。

第四，推动工业绿色转型。开展节能与绿色发展专项行动。强化工业节能降耗工作，加强节能减排重大技术示范推广，实施电机、内燃机能效提升计划，落实工业节水约束性目标，深化"两型"企业建设，大力推进节能环保产业发展。围绕循环经济、资源综合利用、清洁生产、再制造产品推广等重点领域，抓好试点示范、重大工程建设、政策措施完善等工作。

第五，加快发展信息技术服务业，培育研发设计、现代物流、电子商务、节能环保技术服务等生产性服务业。规范软件企业认定管理和软件产品登记备案制度，推进中国软件名城创建。以工业设计中心为扶持重点，促进工业设计产业加快发展。

6.3.3 着力加强创新能力建设

以全面提升产业核心竞争力为出发点，产业政策更加注重大力加强创新能力建设，重点包括以下四个方面。

第一，努力突破重点领域关键核心技术。抓好"核高基"、新一代宽带无线移动通信网、高档数控机床与基础制造装备、大型飞机等科技重大专项的组织实施，启动实施航空发动机和燃气轮机重大专项。围绕高端装备、信息网络、系统软件、移动智能终端与智能电视及其芯片等关键领域，开展产学研联合攻关，鼓励和支持企业牵头实施产业目标明确的国家重大科技项目。

第二，组织实施好国家重大科技成果转化项目，支持和促进重大科技成果工程化、产业化。推进百项技术创新推进计划确定的关键共性技术开发，加快新技术新产品新工艺研发应用。支持有实力的互联网企业、面向制造的服务企业加强技术集成和商业模式创新。

第三，扎实推进技术标准体系建设，制定完成石化化工、机械、轻纺等19个行业和工程建设、节能综合利用、安全生产三个综合性领域的技术标准体系。加快重要技术标准制修订，支持有实力的企业参与国际标准制定。加强知识产权保护，全面推进工业企业知识产权运用能力培育工程，指导试点企业建立知识产权管理制度。

第四，推动实行普惠的企业研发费用税前加计扣除政策。加强技术创新示范企业、企业技术中心、重点行业技术创新平台、产学研技术创新示范基地建设，支持行业骨干企业与科研院校特别是部属高校、研究单位合作开展技术研发、人才培养。

6.3.4 着力支持小微企业发展

以进一步优化发展环境为主要抓手，产业政策更加注重支持小微企业发展，重点包括以下四个方面。

第一，落实国务院关于进一步支持小型微型企业健康发展的意见。发挥国务院促进中小企业发展工作领导小组的作用，加强协调和督促，推动有关部门出台配套政策。协调落实年度专项资金预算规模和支持项目，推动尽快设立国家中小企业发展基金。探索建立企业减负长效机制，继续清理和规范涉企收费、摊派和罚款行为。开展扶助小微企业专项行动，狠抓政策落实，完善发展环境。

第二，切实缓解中小企业融资难。配合落实小微企业金融服务差异化监管政策，落实与有关银行的中小企业金融服务战略合作。指导地方建立中小企业上市育成体系，推动完善创业投融资政策。继续推进中小企业信用担保体系建设。

第三，贯彻落实关于大力支持小型微型企业创业兴业的实施意见，实施创办小企业计划，支持中小企业创业基地和创新服务平台建设，加大中小企业技术改造力度，重点支持创新型、创业型和劳动密集型小微企业，推进中小企业"专精特新"和产业集群发展。研究出台促进劳动密集型企业转型升级的指导意见。

第四,深入实施中小企业公共服务平台网络建设工程,继续发展一批国家中小企业公共服务示范平台,鼓励和引导服务机构为中小企业提供优质服务,面向中小企业开展软件即服务(SaaS)、平台即服务(PaaS)等业务。继续实施国家中小企业银河培训工程、中小企业经营管理领军人才培训计划和中小企业管理提升计划。

下 篇

聚焦：企业兼并重组

7 现状与特征

7.1 发展历程

中国企业兼并重组市场从 20 世纪 80 年代中期出现发展至今，历经了大致四个阶段：1984~1989 年以国企脱困为特征的企业兼并；1992~2005 年企业股份制改革带来的控制权之争；2006~2010 年企业兼并重组的全面推进；2011 年以来以结构调整和转型升级为目的的兼并重组。

7.1.1　1984~1989 年的中国企业并购成长模式——国企脱困

最早的企业并购是以 1984 年 7 月保定市锅炉厂兼并保定市风机厂为标志并拉开序幕的。从 1986 年下半年开始，北京、沈阳、重庆、郑州、南京、无锡、成都、深圳、洛阳等地也开始了企业兼并的探索。截至 1989 年，全国已有 27 个省、自治区、直辖市开展了企业并购活动。据有关方面的不完全统计，1984~1989 年，全国 25 个省、自治区、直辖市和 13 个计划单列市累计共有 6226 家企业并购了 6966 家企业，并购的存量资产 82.25 亿元，减少亏损企业 4095 家，减少亏损额 5.22 亿元。这一时期企业兼并大多是"一对一"的兼并，决定和运作过程相对简单。政府主导、消灭亏损企业，是当时企业并购的主要目的，还不能被看作完全的市场行为。

7.1.2　1992~2005 年——控制权之争

1992 年以来，随着社会主义市场经济体制的确立和国有企业建立现代企业制度方向的明确，我国企业并购又有了较快发展。1993 年 12 月 29 日第八届全国人民代表大会常务委员会第五次会议通过《中华人民共和国公司法》

(以下简称《公司法》),1998年12月29日,第九届全国人大常委会第六次会议通过了《中华人民共和国证券法》(以下简称《证券法》),2002年12月1日《上市公司收购管理办法》和《上市公司股东持股变动信息披露管理办法》正式实施,为我国企业并购奠定了法律基础。这一时期的并购主要围绕着三条主线展开。

第一条主线是国内非上市企业之间的并购。非上市企业并购以横向并购成长为主,体现出强弱型横向特征。

第二条主线是上市公司的收购。1990年11月和12月上海证券交易所和深圳证券交易所的建立,为我国上市公司进行并购创造了条件。1993年4月国务院发布了《股票发行与交易管理暂行条例》。1993年9月至10月间,深圳宝安公司在上海证券交易所通过购买股票方式,收购上海延中实业公司16.8%的上市流通股票,成为延中实业公司的控股股东,拉开了我国上市公司收购的序幕。

第三条主线是外商和港澳台商收购国有企业。1992年以来,外商和港澳台商以购买企业整体股权或企业部分股权形式,加大了收购国有企业的力度。在橡胶工业中的轮胎行业,在医药行业、啤酒行业、洗涤制品行业等许多行业,都大规模地发生了外商和港澳台商收购国有企业的事件。其中,尤以中国香港地区巨商黄鸿年的中策公司在1993年4月至8月间对中国196家国有企业进行的收购最具有代表性。2005年,中国最大的工程机械制造企业——徐州工程机械集团有限公司与国际投资机构凯雷签署协议,引发了对跨国公司收购国内重要行业"排头兵":企业的讨论。

外资并购领域:一是能源生产、基础材料工业领域的并购。二是机械制造领域的并购。三是具有巨大市场规模和长期增长潜力的食品、消费品生产领域。四是新技术服务和正在逐步兑现加入世界贸易组织承诺走向开放的商业、金融服务业领域。

7.1.3 2006~2010年——战略性并购全面推进

随着中国经济的快速发展、改革力度的加大和市场开放度的提高,企业兼并重组全面推进。这一时期,中国经济既有高增长低通胀的理想格局,亦有高增长高物价的过热场面，更因百年一遇的国际金融危机冲击而遭遇了经济急速下滑、通胀和通缩轮番登场的考验。2008年国际金融经济危机以前，"十一五"前两年半是紧缩政策的过程，在后两年半的时间是应对危机的过程。

这一时期，有关企业兼并的法律法规进一步完善，2005年10月全国人大常委会第十八次会议通过了《公司法》、《证券法》修订案，同年，股权分置改革的启动，推动了兼并重组的市场化的发展。2006年3月5日，温家宝总理在政府工作报告中指出，推进产业结构调整和优化升级是转变经济增长方式、提高经济增长质量的重要途径和迫切任务，要着力提升产业层次和技术水平，要推进部分产能过剩行业的调整，要推动企业并购、重组、联合，支持优势企业做强、做大，提高产业集中度。"十一五"规划中也明确提出"推动企业并购、重组、联合，支持优势企业做强做大，提高产业集中度"的要求，并购重组作为企业实现战略转型的重要手段。

中国经济进入重大转型期，企业转型和经济结构调整成为各个经济层面生死攸关的现实任务，兼并重组成为"十二五"期间调整优化产业结构的战略重要手段。2010年国务院发布了《关于促进企业兼并重组的意见》，要求各地区、各部门要把促进企业兼并重组作为贯彻落实科学发展观，保持经济平稳较快发展的重要任务，强调了要推动重点行业的兼并重组。2011年作为"十二五"开局之年，煤炭、有色、新材料、新能源高端装备制造、信息产业、节能环保、医疗企业、医药包装、生物医药、中药、家电、金融业等众多行业的"十二五"规划陆续发布，各产业规划都强调了对企业兼并重组的鼓励态度，为相关领域行业内的并购以及跨境并购整合提供了有利条件，也为相关企业进行并购融资提供了政策支持。

2012年9月，财政部宣布2013年中央国有资本经营预算编制重点将包括支持中央企业收购兼并能够实质控制、具有较好经济效益、国家急需的境外战略资源，以及拥有关键核心技术且对促进本企业技术创新具有推动作用的境外企业。编制重点还包括支持中央企业之间的战略性兼并重组，理顺多元投资主体公司股权关系，保持和增强中央企业对关系国家安全和国民经济命脉重要子企业的控制力，以及解决中央企业历史遗留问题等。该项政策有力促进了中央企业的兼并重组。

2012年3月28日,国资委发布《中央企业境外投资监督管理暂行办法》,文件中提出"中央企业原则上不得在境外从事非主业投资,有特殊原因确需投资的,应当经国资委核准",中央企业非主营业务境外投资受约束。2012年7月3日,国家发改委等13个部委发布《关于鼓励和引导民营企业积极开展境外投资的实施意见》,对我国民营企业出境并购提供支持,鼓励民营企业境外并购。

2012年2月,证监会取消了"持股50%以上股东自由增持、持股30%以上股东每年不超过2%的股份自由增持、第一大股东取得上市公司向其发行的新股、继承"等四项要约收购豁免事项的行政许可;2012年8月,证监会上报国务院申请取消上市公司回购股份行政许可。目前,约2/3的并购重组交易经上市公司信息披露后即可自主实施,无须审批;2012年10月,证监会宣布开始每周公示上市公司并购重组审核流程与审核进度,效仿IPO审核流程,推进并购审核全程公开透明;大股东的自由增持取消豁免、交易的及时审批及公示、审批流程简化,对提升中国并购市场交易效率及透明化影响深远。

2013年1月23日,工业和信息化部等12个相关部局委发布了《关于加快推进重点行业企业兼并重组的指导意见》,对汽车、钢铁、水泥、船舶、电解铝、稀土、电子信息、医药、农业产业化龙头企业九大行业兼并重组提出具体的指导意见,提高产业集中度和资源配置效率,增强国际竞争力,推动重点行业健康有序发展,加快经济结构调整和发展方式转变。

在结构调整的背景和产业政策的推动下,国内企业尤其是重点行业的交易活跃,仍然处于快速发展时期。

7.2 总体状况和主要特征

2006~2012年,企业兼并重组的总体状况和主要特征有以下几方面。

7.2.1 交易额持续增长,在2011年达到峰值,2012年有所回落

由于目前官方没有公开的资料,因此所有关于中国企业并购的情况都来

自民间研究，如清科研究中心、投中集团研究中心、全球并购研究中心等，这些研究机构搜集的资料不可能全面，只能反映一定的趋势。由于统计口径的差异，各机构发布的数据并不一致。根据清科发布的数据，2012 年中国并购市场共完成了 991 宗并购交易，其中披露金额的 883 宗并购共涉及并购总额 507.62 亿美元；与 2011 年的 1157 宗并购及 669.18 亿美元的交易总额性相比，2012 年案例数同比下降 14.3%，并购金额同比下降 24.1%，见图 7-1。

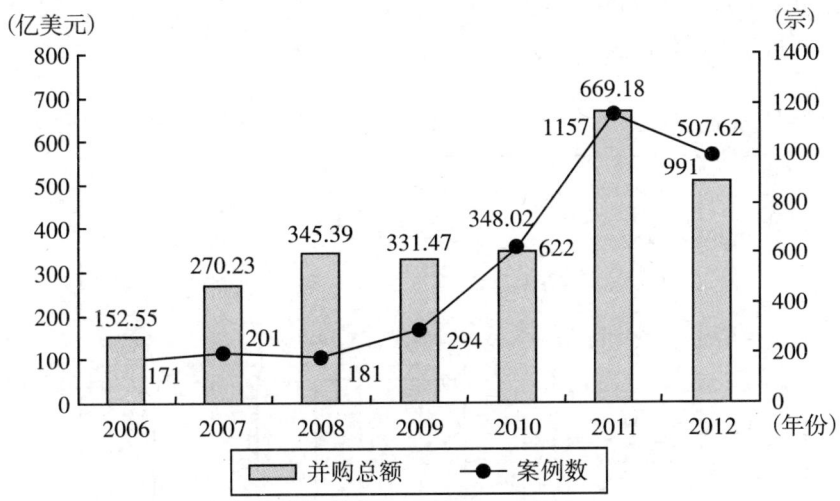

图 7-1　2006~2012 年中国并购市场发展

资料来源：清科数据库，www.zdbchina.com。

ChinaVenture 投中集团旗下金融数据产品 CVSource 显示，2007~2012 年中国并购市场宣布交易规模呈现平稳上升趋势，交易宣布规模由 2007 年的 1034.7 亿美元增至 2012 年的 3077.9 亿美元，累计增幅达 197%；平均单笔交易金额从 2007 年的 2699 万美元增至 2012 年至今的 1.05 亿美元，增幅达 288%。

2010 年，由于全球经济的复苏和中国经济的强劲发展，在国家并购重组相关扶持政策的刺激下，中国企业并购扩张的热情升温。全年各季度完成的并购数量，较 2009 年各季度均实现成倍增长，交易金额也不断攀升。行业整合成为并购交易快速增长的重要驱动因素。根据普华永道的数据，2010 年公布的中国并购交易数量达 4251 宗，已披露的交易金额超过 2000 亿美元，较2009年分别增长16%和27%。①

2011年,中国并购市场增长迅猛,并购活跃度和并购金额创下六年以来的历史新高。根据清科研究中心的数据,全年共完成1157宗并购交易,披露价格的985宗并购交易总金额达到669.18亿美元。与2010年完成的622宗案例相比,同比增长高达86.0%,并购金额同比增长92.3%。

2012年中国并购市场整体交易完成规模和交易案例数量增速自2011年以来继续放缓,交易完成规模和案例数分别降至127.45亿美元,环比下降17%,披露金额案例数为2098起,环比下降31%,见图7-2。

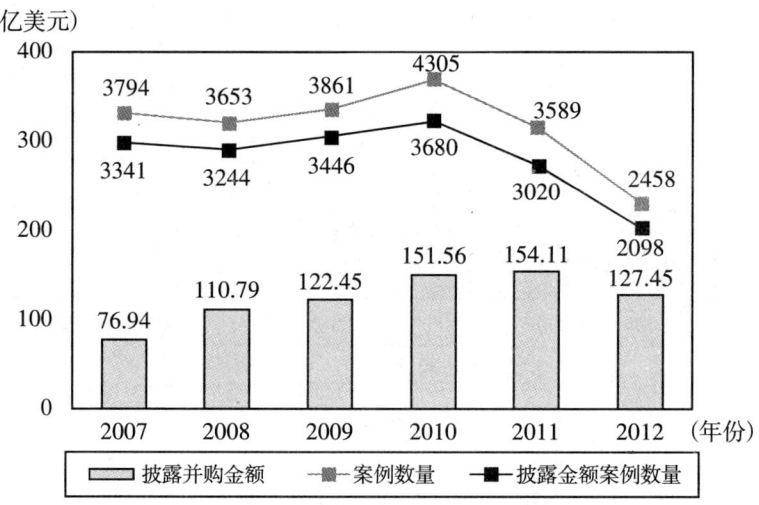

图7-2 2007~2012年中国并购市场完成交易趋势

资料来源:CVSource.www.ChinaVenture.cn,2013-01。

7.2.2 从行业分布看,不同时期的并购热点呈现出了一定的行业差异

2006~2008年,电信、媒体和科技行业并购活跃,2008年之后机械制造、能源及矿业、房地产成为热点。

2006年TMT(电信、媒体和科技)行业并购活跃。2006年TMT产业并购活动活跃,共发生79宗并购事件,其中有45宗事件披露了金额,披露总金额高达21.78亿美元。从金额来分析,TMT产业内并购事件的平均规模为

---

① 由于数据来源的统计口径不同,2006~2009年的并购数据与2010年的并购数据呈现出较大差异。

4841万美元。其中，尤为引人注目的是，3COM以8.82亿美元收购了华为与3COM的合资公司中华为所拥有的49.0%的股权。比较而言，医疗保健行业发生的并购事件不多，平均规模为6242万美元。而能源行业由于其行业特点，虽然只发生了12宗并购事件，但不论是并购总额还是平均规模都远远高于其他行业，见图7-3。

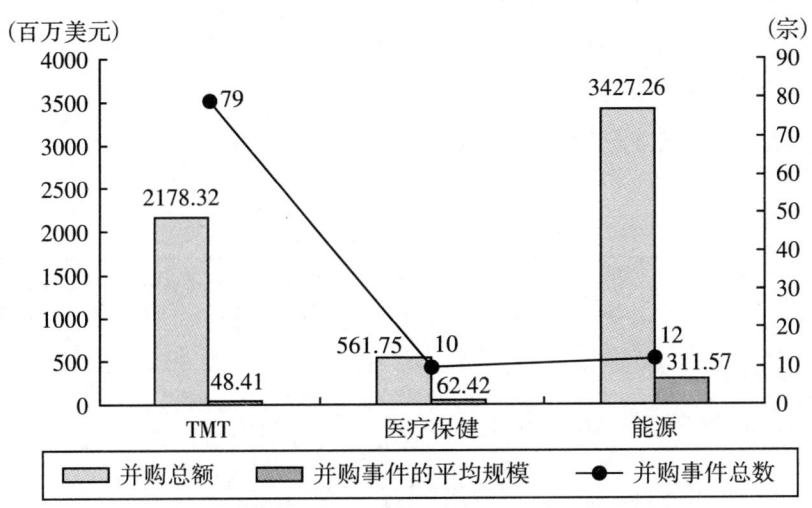

图7-3　2006年中国市场并购事件行业分布（按并购方）

资料来源：《清科—2006年中国并购市场年度研究报告》。

2007年全年TMT产业并购依旧最为活跃，共发生73起并购事件，金额达25.66亿美元。能源行业共发生25起并购事件，金额高达52.89亿美元。生物技术、健康行业共发生19起并购事件，金额为5亿美元。

2008年，TMT、能源行业并购金额继续攀升，生物技术、健康产业活跃态势依旧。TMT行业并购金额达202.32亿美元，其中TMT行业中互联网、软件、电信等领域成为并购事件最为活跃的细分领域。能源行业的并购金额则达到了78.17亿美元，一方面，是国内大型能源企业间的重组整合；另一方面，是国内企业收购国外诸如煤炭、石油等领域的资源。

2009年，制造业、房地产行业并购最为活跃。2010年，房地产、能源及矿产行业并购火热。在"调控组合拳"的重重打击之下，中国人民银行一年内六次上调存款准备金率，两次加息，货币政策步入紧缩通道。调控和货币政策增加了房地产企业的资金压力,资金实力薄弱的房地产公司将濒临破产的边缘,成为一些资本实力雄厚的房地产企业并购的对象。受此影响,2010年,房地产行业完成的并购交易数量为84起,占并购总量的13.5%;并购交易金额达到25.82亿美元,占并购总额的7.4%。2010年能源及矿产行业完成的并购交易数量为69起,占并购总量的11.1%;并购交易金额高达118.91亿美元,占并购总额的34.2%,见表7-1、图7-4。2010年中国并购市场完成的10大并购交易,资源性行业的并购事件占据5宗。其中,中国海洋石油有限公司以31.00亿美元收购阿根廷的Bridas Corporation的交易成为能源及矿产行业最大规模并购交易。

表7-1 2010年中国并购市场各行业完成交易规模

行业	案例数(宗)	比例(%)	案例数(宗)	并购总额(百万美元)	比例(%)	平均并购金额(百万美元)
房地产	84	13.5	75	2582.44	7.4	34.43
能源及矿产	69	11.1	63	11890.53	34.2	188.74
生物技术/医疗健康	62	10.0	56	1439.97	4.1	25.71
IT	39	6.3	21	388.14	1.1	18.48
互联网	39	6.3	11	320.58	0.9	29.14
建筑/工程	33	5.3	28	435.00	1.2	15.54
机械制造	29	4.7	27	937.79	2.7	34.73
金融	27	4.3	21	7682.35	22.1	365.83
化工原料及加工	26	4.2	25	675.42	1.9	27.02
电子及光电设备	25	4.0	23	303.93	0.9	13.21
连锁及零售	23	3.7	21	650.75	1.9	30.99
食品和饮料	22	3.5	15	1004.18	2.9	66.95
清洁技术	17	2.7	16	535.14	1.5	33.45
娱乐传媒	16	2.6	13	369.51	1.1	28.42
电信及增值业务	15	2.4	12	299.87	0.9	24.99
汽车	12	1.9	9	1996.24	5.7	221.80
物流	12	1.9	7	620.28	1.8	88.61
纺织及服装	8	1.3	6	36.89	0.1	6.15
农林牧渔	7	1.1	7	168.05	0.5	24.01
半导体	5	0.8	4	110.02	0.3	27.51
广播电视及数字电视	2	0.3	2	23.75	0.1	11.88

续表

行业	案例数(宗)	比例(%)	案例数(宗)	并购总额(百万美元)	比例(%)	平均并购金额(百万美元)
其他	35	5.6	30	1573.35	4.5	52.45
未披露	15	2.4	9	758.62	2.2	84.29
合计	622	100.0	501	34802.80	100.0	69.47

资料来源：清科研究中心，2011-01，www.zdbchina.com.

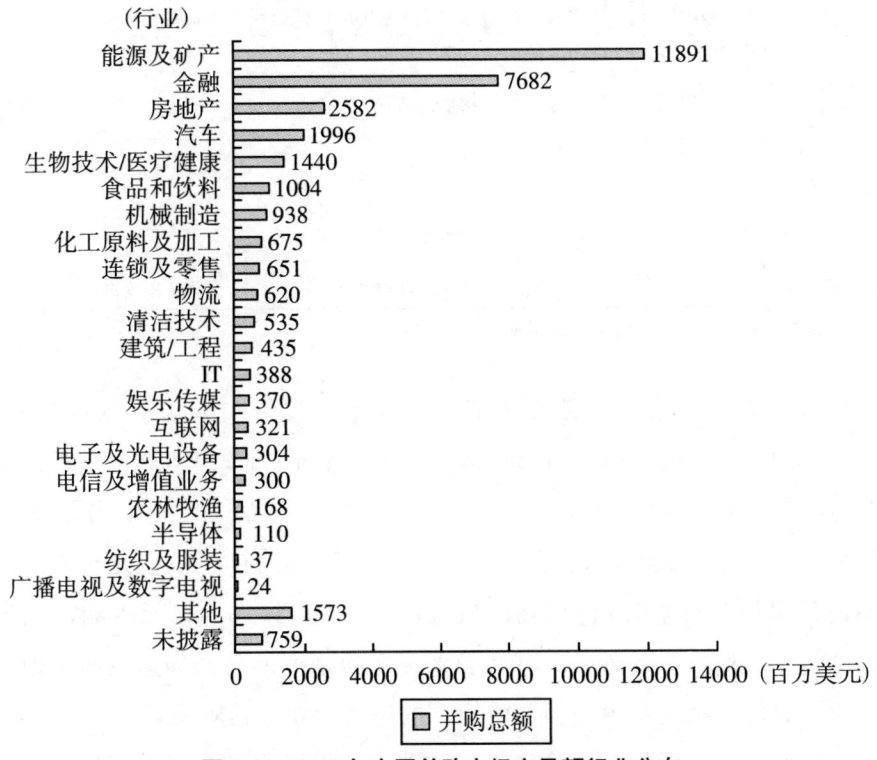

图 7-4　2010 年中国并购市场交易额行业分布

资料来源：清科研究中心，www.zdbchina.com.

2011 年，并购市场从行业分布看主要集中在能源及矿产、房地产和机械制造业，其中能源及矿产业的并购交易额占全部并购交易额的近 1/3，见图 7-4。在 2011 年十大并购交易案中，能源及矿产企业占了 5 例。其中，中国中化集团公司以 30.70 亿美元收购挪威国家石油公司的交易，成为 2011 年规模最大的并购交易，见表 7-2。

表 7-2 2011 年中国并购市场完成的十大并购交易

排名	并购方公司	行业	被并购方公司	行业	并购价格（百万美元）
1	中国中化集团公司	能源及矿产	挪威国家石油公司	能源及矿产	3070
2	海航集团有限公司	其他	GE SeaCo SRL	其他	2500
3	Chow Tai Fook Nominee Limited	其他	Ping An Insurance (Group) Company of China Ltd.	金融	2497
4	中国石油化工股份有限公司	能源及矿产	西方石油公司阿根廷子公司	能源及矿产	2450
5	中国石油化工集团公司	能源及矿产	加拿大 Daylight 能源公司	能源及矿产	2169
6	中国海洋石油有限公司	能源及矿产	OPTI Canada Inc.	能源及矿产	2100
7	中国蓝星（集团）股份有限公司	化工原料	挪威埃肯公司	清洁技术	2000
8	中国铌业投资控股有限公司	能源及矿产	巴西矿冶公司	能源及矿产	1950
9	万华实业集团有限公司	化工原料及加工	宝思德化学公司	化工原料及加工	1804
10	雀巢公司	食品和饮料	徐福记国际集团	食品和饮料	1615

资料来源：清科数据库，www.zdbchina.com。

房地产业在严厉的调控政策下，并购案例数量和金额也在不断上升。2011 年房地产并购 113 起，交易金额 54.49 亿美元。而 2010 年的房地产并购案是 84 例，并购金额 25.82 亿美元，2005~2009 年的五年间，并购案只有 132 例，交易金额 260.32 亿元。2011 年房企巨头万科以 31 亿元收购广州市番禺向信房地产有限公司全部股权；恒大地产出手 16.6 亿元收购深圳集团有限公司 71%股权。此外，一些主营业务非房地产的公司加速剥离房地产业务。华联股份、雅戈尔等公司已将旗下的房地产业务挂牌出售。

人民币升值、原材料价格上涨、劳动力成本以及经济放缓使制造业转型升级的压力加大，加快了企业并购重组的步伐。2011 年机械制造行业完成的并购交易数量 95 起，占并购总量的 8.2%；并购交易金额 27.49 亿美元，占并购总额的 4.1%，见表 7-3、图 7-5。2011 年上海汽车购买上汽集团和上汽工业有限公司持有的从事独立零部件业务、服务贸易业务、新能源汽车业务的 22 家公司股权，资产预估值为 285.6 亿元，成为当年汽车行业金额最大的上市公司并购案，也是汽车行业最大的一起重组案例。美的电器以 2.233 亿美元价格收购开利拉美空调业务 51%的股权，准备双方联合经营和拓展拉美地区空调业务打造美的海外制造实力。

表 7-3 2011 年中国并购市场各行业完成交易规模

行业	案例数(宗)	比例(%)	案例数(宗)	并购金额(百万美元)	比例(%)	平均并购金额(百万美元)
能源及矿产	153	13.20	143	21982.61	32.80	153.72
房地产	113	9.80	109	5449.39	8.10	49.99
机械制造	95	8.20	80	2748.65	4.10	34.36
生物技术/医疗健康	89	7.70	80	1548.19	2.30	19.35
建筑/工程	71	6.10	62	2282.22	3.40	36.81
化工原料及加工	70	6.10	64	4917.03	7.30	76.83
IT	56	4.80	41	1504.67	2.20	36.7
电子及光电设备	56	4.80	49	2015.57	3.00	41.13
电信及增值业务	42	3.60	38	651.94	1.00	17.16
汽车	42	3.60	38	1702.49	2.50	44.8
连锁及零售	39	3.40	31	2463.05	3.70	79.45
食品和饮料	38	3.30	32	2812.29	4.20	87.88
互联网	37	3.20	19	616.02	0.90	32.42
清洁技术	37	3.20	35	2461.55	3.70	70.33
金融	26	2.20	22	6675.20	10.00	303.42
娱乐传媒	24	2.10	18	316.79	0.50	17.6
农林牧渔	24	2.10	24	377.67	0.60	15.74
纺织及服装	15	1.30	14	301.43	0.50	21.53
物流	13	1.10	13	338.01	0.50	26
半导体	10	0.90	8	181.26	0.30	22.66
教育及培训	5	0.40	3	23.81	0.00	7.94
广播电视及数字电视	2	0.20	1	55.00	0.10	55
其他	55	4.80	46	3842.56	5.70	83.53
未披露	45	3.90	15	1650.86	2.50	110.06
合计	1157	100.00	985	66918.26	100.00	67.94

资料来源：清科数据库，www.ZDBCHINA.com。

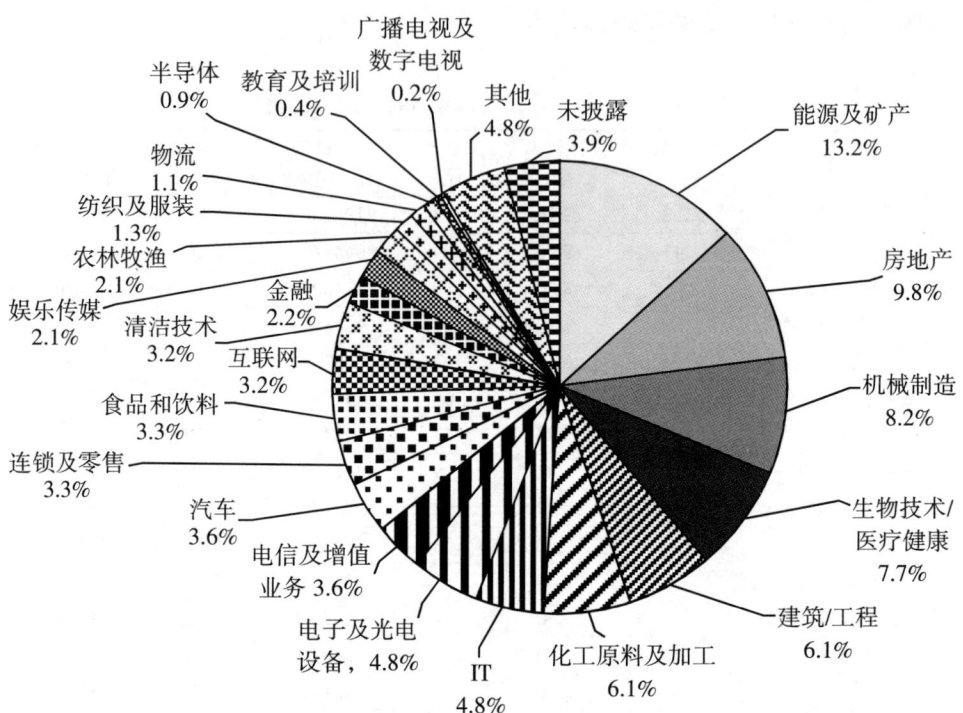

图 7-5 2011 年中国并购市场交易数量行业分布
资料来源：清科数据库，www.zdbchina.com。

2012 年，中国并购市场涉及了机械制造、能源及矿产、房地产、建筑/工程、食品和饮料、公用事业等 20 个一级行业，见表 7-4、图 7-6。其中，机械制造行业共完成并购交易 450 起，占并购案例总数量的 18%，活跃度排名第一，见图 7-6。机械制造、能源及矿产、金融、IT 这 4 个行业的并购交易额占据了中国并购市场交易额的 58.72%，见图 7-7。

表 7-4 2012 年中国并购市场各行业完成交易规模

行　业	案例数量（宗）	披露金额案例（宗）	并购金额（百万美元）	平均并购金额（百万美元）
能源及矿产	330	290	33525.74	115.61
互联网	59	37	14030.06	379.19
金融	207	177	13686.03	77.32
机械制造	450	391	13586.46	34.75
房地产	176	154	6718.30	43.63
化工原料及加工	134	123	6663.97	54.18
农林牧渔	75	63	6617.19	105.03

续表

行业	案例数量（宗）	披露金额案例（宗）	并购金额（百万美元）	平均并购金额（百万美元）
建筑/工程	116	100	6436.07	64.36
交通运输	90	81	4710.29	58.15
公用事业	75	60	4291.16	71.52
IT	183	160	4060.99	25.38
连锁及零售	93	67	3998.82	59.68
汽车	72	58	2649.68	45.68
生物技术/医疗健康	165	144	2564.54	17.81
娱乐传媒	36	27	1574.96	58.33
电信及增值业务	65	55	922.09	16.77
食品和饮料	47	37	659.06	17.81
旅游业	18	16	243.43	15.21
教育及培训	8	8	121.80	15.22
其他	59	50	384.76	7.70
总计	2458	2098	127445.40	60.75

资料来源：CVSource，www.ChinaVenture.com.cn.

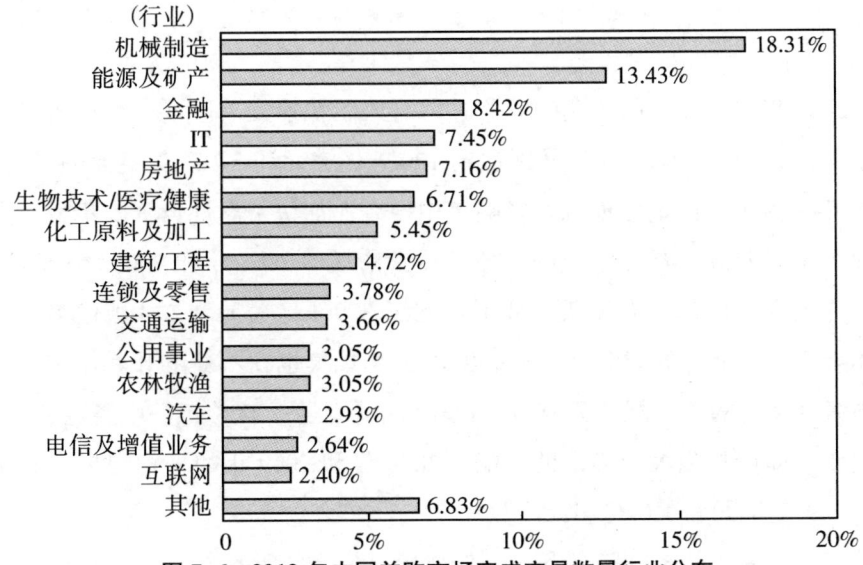

图7-6 2012年中国并购市场完成交易数量行业分布

资料来源：CVSource，www.ChinaVenture.com.cn.

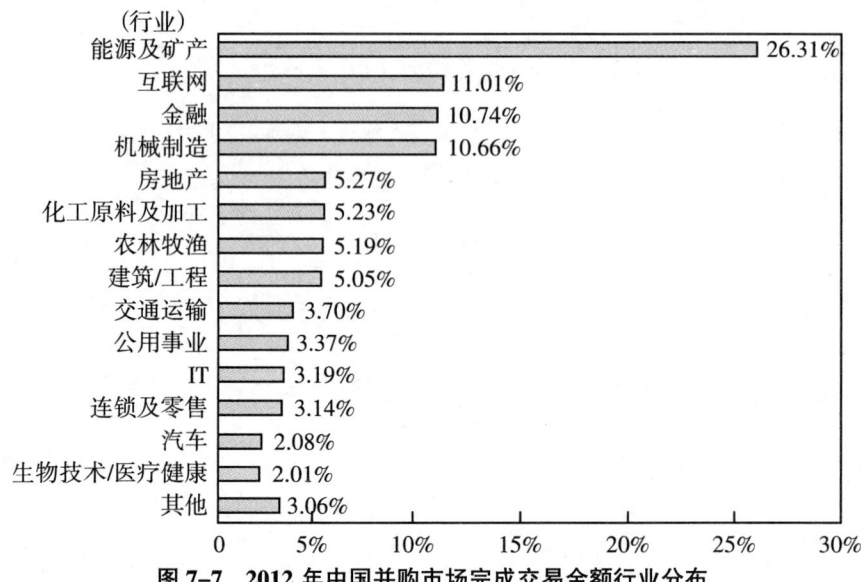

图 7-7 2012 年中国并购市场完成交易金额行业分布

资料来源：CVSource，www.ChinaVenture.com.cn.

7.2.3 旨在获取资源和技术的海外并购快速发展，在我国对外直接投资中的地位不断提高

2006 年之后，我国企业的海外并购进入了快速发展阶段，发展规模急速扩张。在 2006 年和 2008 年分别达到 120.9 亿美元和 379.4 亿美元的最高点。2008 年，由于美国金融危机的影响，中国企业加快了海外投资的步伐，尤其是加大了对能源、资源领域的投资。受此影响，2008 年和 2009 年中国企业海外并购金额出现巨大飞跃，分别达到了 379.4 亿美元和 214.9 亿美元。在总体规模不断上升的同时，海外并购的平均规模也在不断上升。在 2002 年，我国海外并购的平均规模只有 0.4 亿美元，但是在 2008 年，已经达到了 5.5 亿美元。即使扣除大额交易的影响，2008 年和 2009 年的平均规模也分别达到了 3.9 亿美元和 1.0 亿美元，见表 7-5。

表 7-5 2001~2009 年中国企业海外并购价值、数量与平均规模

年 份	并购价值（亿美元）	并购数量（宗）	平均规模（亿美元）
2001	0.7	19	0
2002	11.9	34	0.4
2003	15.9	31	0.5

续表

年 份	并购价值（亿美元）	并购数量（宗）	平均规模（亿美元）
2004	9.1	44	0.2
2005	36.5	45	0.8
2006	120.9	38	3.2
2007	−22.8	61	—
2008	379.4	69	5.5
2009	214.9	97	2.2

资料来源：联合国贸发会（下称 UNCTAD），WIR 数据库。

出于丰富能源储备、业务纵向整合和获得技术优势等战略考虑的外向型并购是我国海外并购的主流，绝大多数海外收购关注的还是自然资源、技术及牌照等基础资源。数据显示，自 2003 年开始，能源、矿业及公用事业三大行业的交易占海外并购总成交量的 29%，并购价值则为总值的 65%，2009 年以来，中国企业海外并购活动仍然持续集中在这三大行业。而按国家划分，北美企业是中国并购者的首选，2003 年至 2009 年第三季度末，其间约有 106 宗交易，占被公布的所有交易量的 24%。就交易价值而言，同期中国对北美的投资额总计达到 4322 亿美元，占境外并购投资总额的 28%。

除了总量不断上升、规模不断提高之外，我国企业海外并购在我国对外直接投资中的地位也不断提高。2006 年以来，海外并购占我国对外直接投资的比重一路上升，到 2008 年达到 67.9%。2009 年，占比有所回落，但仍然占到了 38.0% 的水平。需要说明的是，近几年来，我国海外并购单项上是逆差的，即海外并购金额大于国外企业在中国的并购金额，2009 年以来，商务部为扩内需、稳外需，有效应对金融危机，采取了多项措施鼓励和促进企业对外投资。在 2008 年和 2009 年，我国海外并购项目逆差分别为 326 亿美元和 106 亿美元。

2010 年全球经济回暖，在金融危机时期被压抑的并购意图得到了集中释放，而中国作为新兴经济体的主力，无论在海外并购市场还是外资并购市场都表现活跃。2006~2011 年以并购方式实际使用外资金额和增幅情况，见图 7-8。

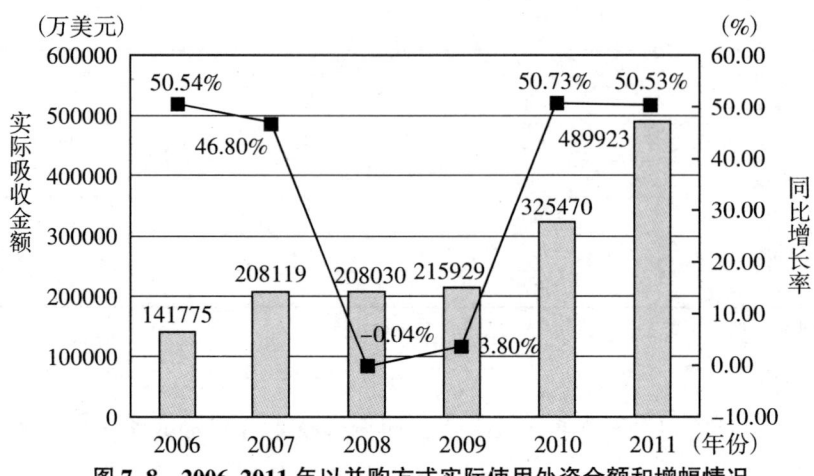

图 7-8　2006~2011 年以并购方式实际使用外资金额和增幅情况
资料来源：清科数据库，www.zdbchina.com.

从并购主体看，中央企业在海外并购中一直占据着主导地位。在 2007 年、2008 年和 2009 年，中央企业对外直接投资分别占到我国对外直接投资的 76.0%、85.3% 和 78.2%，中央企业在我国对外直接投资中所占的地位可见一斑。由于缺乏详尽的统计数据，我们只能从大额交易中来统计中央企业在海外并购中的地位，从 2005~2009 年的情况可以看出，除了 2008 年，中央企业占海外并购的比例较小之外，其他几年，仅仅是中央企业海外并购的大额交易，占中国企业海外并购的比例就已经达到 40% 以上。

2011 年，在海外并购中能源资源行业的海外并购交易仍占主导地位。中石化继 2009 年以 83 亿加元的价格收购阿达克斯石油公司（Addax Petroleum Corp）伊朗和西非的业务以及 2010 年以 71 亿美元的价格收购了西班牙雷普索尔石油公司（Repsol YPF SA）在巴西的业务后，2011 年以 35.4 亿美元与葡萄牙最大的石油公司 Galp 能源公司签署了股权认购协议，通过认购增发股份和债权的方式，获得 Galp 巴西公司 30% 的股权，成为 2011 年中国石油企业最大规模的海外项目收购，同时也是中石化史上第二大规模的海外收购案。中国蓝星（集团）以 20 亿美元收购挪威联合集团旗下子公 Elkem AS，中国铌业投资控股以 19.5 亿美元收购巴西矿冶公司股权。2011 年，中国企业出境并购完成规模 711.43 亿美元，其中能源及矿业出境并购规模为 499.62 亿美元，占比约 70%。2011 年共披露了 16 宗交易金额大于 10 亿美元的海外并购交易，其中包含了 14 宗资源和能源领域交易。在中国大陆前 10 大交易中，共有 5 笔交易是中国公司对海外石油资源的收购，另有其他 3 笔则与电力、矿产等相关，这其中多为中国大型国有企业向外的延伸。

随着中国公司持续引进国外先进的流程、技术、知识产权和品牌，消费品和工业品行业的海外并购交易迅速发展。根据普华永道数据显示，2011 年消费品和工业相关并购交易占海外并购数量的比重已从 2010 年的 22% 上涨至 35%。2011 年初，中国化工集团与以色列企业 Makhteshim Agan Industries 签署协议，以 24 亿美元收购其 60% 的股份，从而将其农作物保护技术在国内推广应用；2011 年 5 月，复星集团与希腊时尚品牌 Folli Follie 签订合作备忘录，以 8458.8 万欧元收购其 9.5% 股权。2011 年 10 月 18 日，海尔集团与日本松下电器旗下三洋电机达成协议，海尔斥资约 8.37 亿元收购三洋电机在日本、印度尼西亚等五国的 4 个生产基地、2 个研发中心，以及 6 个本土化营销渠道，还包括三洋电机的洗衣机品牌"AQUA"。海尔表示，将借助此次收购来拓展日本市场。

从中国海外并购活动区域分布看，巴西是跨境收购的最大目标市场，2011 年有 8 宗并购案例金额达 75 亿美元。并购量最大的是美国和加拿大，从 2010 年的 52 宗增加到 57 宗；同时欧洲开始成为中国企业海外并购的重要目的地之一，中国企业并购欧洲企业的数量剧增，从 25 宗增加到 44 宗，且目标企业主要分布于工业和消费品行业。

2012 年入境并购稳中有降，出境并购激增，境内外并购呈现结构性变化。在欧债危机此起彼伏、全球经济增长放缓的背景下，一方面，跨国公司并购风潮依然热度不减；另一方面，中国企业利用国际市场资产价格低估的机会，加大了海外并购的步伐。2012 年中国海外投资实现大幅增长，全年共宣布 329 起中国企业海外并购业务，其中披露金额的有 253 起，交易总额约为 665 亿美元，同比增加 244%。按照被收购方所在国家统计，加拿大、美国和澳大利亚是中国企业投资前三位的国家，分别为 211 亿美元、111 亿美元和 80 亿美元；投资的行业中，能源和电力仍然占据最大份额（56%），其次是材料（12%）和工业（9%）行业。

根据清科研究中心的研究数据，外资企业的入境并购案例数和金额并未有明显增加，2006~2012年入境并购的案例数在42~50宗之间，年均47宗，并购金额除去2007年和2011年2个较高的年份，也在30亿~40亿美元，较为平稳。并购的激增主要发生在国内企业之间的并购和国内企业的出境并购。2009~2012年出境并购的案例数是2006~2008年的2.7倍，并购金额则是2.4倍。出境并购数虽然只有国内并购数的1/8，但是其并购总金额已经与国内并购总金额相当，出境并购的平均规模达到国内并购的8倍左右，见表7-6。总体而言，中国企业境外并购与外资企业的入境并购呈现出"内冷外热"的结构性变化，见图7-9。

表7-6 2006~2012年中国企业并购情况

年份	总数		国内并购		出境并购		入境并购	
	件数	金额（百万美元）	件数	金额（百万美元）	件数	金额（百万美元）	件数	金额（百万美元）
2006	171	15236.30	101	6167.33	20	5895.35	50	3173.62
2007	201	27194.41	117	8354.32	35	12670.00	49	6170.09
2008	184	36842.71	109	23642.23	33	8684.68	42	4515.80
2009	294	33147.33	223	14454.55	38	16098.83	34	2593.96
2010	622	34802.80	521	19389.16	57	13195.09	44	2218.55
2011	1157	66918.25	981	31958.86	110	28098.92	66	6860.47
2012	991	50762.34	837	17279.02	112	29825.21	42	3658.11
2006~2008年平均	185	26373.79	109	12721.29	29	9083.34	47	4619.84
2009~2012年平均	766	46407.68	641	20770.40	79	21804.51	47	3832.77
倍数	4.1	1.8	5.9	1.6	2.7	2.4	1.0	0.8

资料来源：清科中心Zdatabase，www.zdbchina.com.

与前几年比较，民营企业海外并购是其中的亮点。在对外投资需求和政策的鼓励下，中国民企在海外并购中逐渐发挥越来越重要的作用。据不完全统计，2012年民营企业海外并购交易金额为255亿美元，相比前年94亿美元劲升171%。从政策层面上看，政府对民企海外并购继续推行鼓励政策，国家发改委、外交部、工业和信息化部、商务部、中国人民银行等13个部门联合发布了《关于鼓励和引导民营企业积极开展境外投资的实施意见》，积极鼓励民营企业"走出去"，引导民营企业有重点、有步骤地开展境外投资。此外，私募基金利用境外融资渠道支持民企并购正越来越普遍。相较于国企

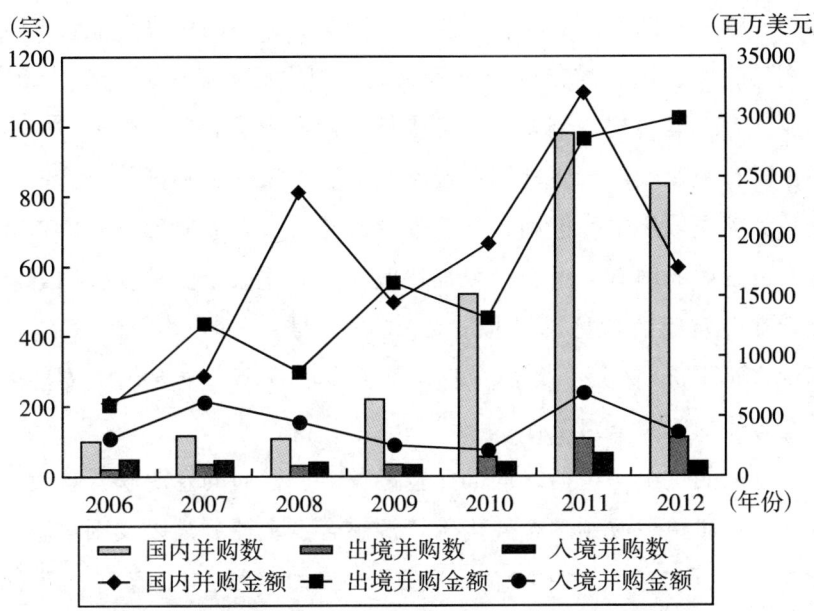

图 7-9　2006~2012 年中国企业境内外并购数与交易额

资料来源：清科中心 Zdatabase, www.zdbchina.com.

侧重能源能战略性行业不同，中国民营企业则更渴望利用欧美企业暂时的财务困境收购优质品牌和高端技术。民企海外并购还涉及行业包括消费品、金融和娱乐等。2012 年，比亚迪在荷兰设立欧洲总部；万达集团斥资 31 亿美元收购全球排名第二的美国院线 AMC 全部股权；华为宣布在英国投资近 20 亿美元开设研发中心。

7.2.4　国有企业重组活跃，中央企业重组取得一定进展

根据国有资产监督管理委员会确定的调整和重组思路，中央企业最终将保留 80~100 家，主要集中在资源、能源、冶金、汽车、重大装备、商贸等对国民经济和国家安全具有重要战略意义的行业。在企业自愿的基础上，国家支持和鼓励中央企业进一步进行联合重组，继续推进企业间非主业的同业重组，积极引导中央企业的并购活动。结构调整的目的是培育和发展 30~50 家具有国际竞争力的大公司大企业集团。

2010 年 12 月底，国资委成立了第三家国有资产经营公司——中国国新控股有限责任公司，作为国有资产经营与管理的企业化操作平台，接收资产

规模较小、资质较弱、经营状况不佳、利润排名靠后的中央企业资产或股权的无偿划转，配合国资委推进中央企业重组和优化布局结构工作。2011年，中央企业"十二五"规划纲要提出，围绕"做强做优、世界一流"的核心目标，深化国有企业改革，促进国有资本向关系国家安全和国民经济命脉的重要行业和关键领域集中。推动具备条件的国有大型企业实现整体上市，不具备整体上市条件的国有大型企业要加快股权多元化改革。根据《国务院关于促进企业兼并重组的意见》（国发〔2010〕27号），2011年中央国有资本经营预算中安排了80亿元中央企业兼并重组专项资金，主要用于支持中央企业为兼并主体的兼并重组工作。

国有企业的重组，包括纵向的产业链整合、横向的企业联合重组、企业强强联合、科研单位改制、企业内部资源整合、主辅分离以及困难企业的破产退出等。到2012年底，中央企业户数已从2003年的196家减少到113家，其中2012年减少了5家，2011年减少了3家，2010年减少了7家。军工、石油石化、电网电力、电信、煤炭、民航、航运7个重要行业和关键领域的国有资本目前已占全部中央企业的近80%。

2011年9月，八年前开始谋划的电网主业和辅业分离改革重组终于有了成果，由两大电网公司剥离的辅业与4家电力设计施工央企重组而成的中国电力建设集团有限公司（简称中国电建）和中国能源建设集团有限公司（简称中国能建）宣告成立。中国电建由中国水利水电建设集团公司、中国水电工程顾问集团公司，与国家电网公司、南方电网公司下属河北、吉林、上海等14个省级公司的电力设计、施工、修造辅业单位重组而成，中国能建由另两家央企中国葛洲坝集团公司、中国电力工程顾问集团公司，与国家电网公司、南方电网公司下属北京、天津、山西等15个省份公司的辅业单位重组而成。重组后两家电力建设集团形成了集规划设计、工程施工、设备制造、项目运营为一体的完整的电力建设产业链，两家新公司的总资产和营业收入均超过千亿元，中国电建2010年营业收入为1600亿元，资产总额1960亿元，在职职工数20.27万人；中国能建2010年营业收入为1100亿元，资产总额1200亿元，在职职工数16万人。这次改革涉及4家中央企业和2家电网公司所属29个省区市的134家辅业单位，涉及职工35.78万、离退休人员 26.12 万。

2011 年，共有 86 家中央企业集团总计 568 家中央企业通过上海产权市场实现了纵向或横向并购。其中，纵向并购交易宗数占比 35.29%，横向并购占比 41.18%。中央企业产权出让和受让合计成交 530 宗，合计成交金额 232.38 亿元。从行业收缩方面分析，受国家宏观调控政策和国资委主业考核影响，退出金额排名前三位的收购行业分别是房地产业、制造业和金融业。

2011 年，中央企业之间的项目转让共计成交 89 宗，占中央企业转让项目宗数的 22.31%；成交金额达 56.99 亿元，占中央企业转让项目金额的 33.28%，共涉及中央企业集团 28 家。中央企业重组的市场化运作，推动了市场资源在更大范围、更宽领域、更深层次的优化配置，实现中央企业处置资产的大幅增值。2011 年，中央企业在上海联合产权交易所的公开挂牌宗数同比增长 23.54%。

2012 年在国资委要求中央企业过"紧日子"、杜绝"拼规模"做强主业的背景下，中央企业着重于主业投资和价值链投资，以并购、参股方式延伸产业价值链的趋势渐显。

8 重点行业情况

8.1 汽车

8.1.1 总体情况

（1）产业发展。

汽车产业是国民经济重要的支柱产业，产业链长、关联度高、就业面广、消费拉动大，在国民经济和社会发展中发挥着重要作用。尽管进入 21 世纪以来，我国汽车产业一直高速发展，但在经历了汽车年销量从 200 万辆攀升至 1800 万辆的"井喷"后，目前中国汽车市场已步入了微增长时代。2012 年我国汽车工业产销低速增长，行业经济效益增速低于上年同期水平。根据中国汽车工业协会公布的数据，继 2011 年 2.5%的销售增长率后，2012 年的销售增长率为 4.3%，为 10 年来的低点，见图 8–1。

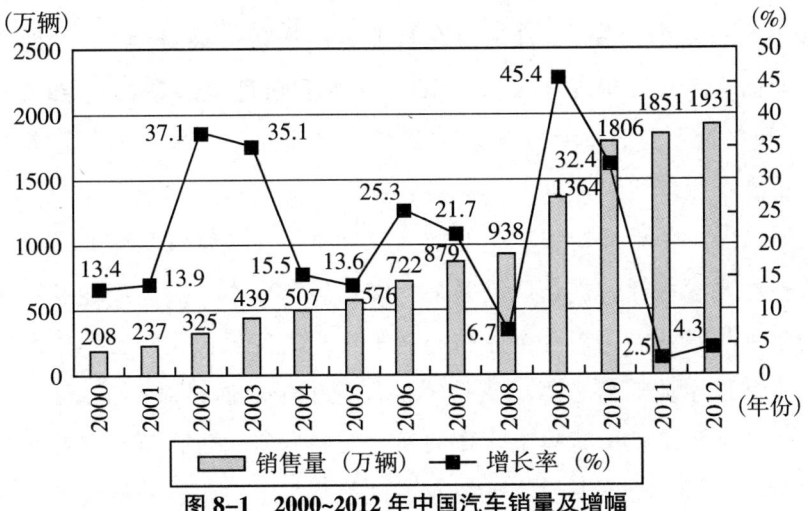

图 8–1 2000~2012 年中国汽车销量及增幅

(2) 政策导向。

为促进汽车行业的兼并重组，加快汽车行业的结构调整，推动汽车行业产业升级，近年来国家出台了一系列政策。2009年国务院发布的《汽车产业调整和振兴规划》，明确提出通过兼并重组，形成2~3家产销规模超过200万辆的大型汽车企业集团，4~5家产销规模超过100万辆的汽车企业集团，产销规模占市场份额90%以上的汽车企业集团数量由目前的14家减少到10家以内。鼓励上汽、一汽、东风和长安汽车集团进行全国性的兼并重组，鼓励北汽、广汽、奇瑞和中国重汽进行区域性的兼并重组。

2010年8月28日，国务院发布《关于促进企业兼并重组的指导意见》，提出以汽车、钢铁、水泥、机械制造、电解铝、稀土等行业为重点，推动优势企业实施强强联合、跨地区兼并重组、境外并购和投资合作，提高产业集中度，促进规模化、集约化经营，加快发展具有自主知识产权和知名品牌的骨干企业，培养一批具有国际竞争力的大型企业集团，推动产业结构优化升级。

2011年12月30日，国务院印发了《工业转型升级规划（2011~2015年）》（以下简称《规划》），再度提出了要提高汽车行业的产业集中度。《规划》给出了明确指标，提出汽车行业前10家企业的集中度要从2010年的82.2%增加到2015年的90%以上。

2012年7月24日，工业和信息化部发布了《工业和信息化部关于建立汽车行业退出机制的通知》，打破汽车行业生产资质"终身制"，一批"零产量"企业面临淘汰。2013年1月23日，工业和信息化部等12个部委发布的《关于加快推进重点行业企业兼并重组的指导意见》又将汽车业位列九大兼并重组重点行业首位，并再一次提出产业集中度目标。

政策导向，一是推动整车企业横向兼并重组。鼓励汽车企业通过兼并重组方式整合要素资源，优化产品系列，降低经营成本，提高产能利用率，大力推动自主品牌发展，培育企业核心竞争力，实现规模化、集约化发展。二是推动零部件企业兼并重组。支持零部件骨干企业通过兼并重组扩大规模，与整车生产企业建立长期战略合作关系，发展战略联盟，实现专业化分工和协作化生产。三是支持大型汽车企业通过兼并重组向服务领域延伸。完善汽车行业服务体系，以品牌营销为主体，大力发展研发、采购、现代物流、汽车金融、信息服务和商务服务，实现服务业与制造业融合发展。四是支持参与全球资源整合与经营。鼓励汽车企业"走出去"，把握时机开展跨国并购，在全球范围内优化资源配置，发展并完善全球生产和服务网络，提升国际化经营能力，增强国际竞争力。

在具体的政策措施上，各地研究出台促进企业兼并重组的具体措施，优先支持兼并重组企业开展技术改造，鼓励企业加强和创新管理，提升企业综合竞争力。此外，中央财政淘汰落后产能奖励资金支持，加大奖励力度。并要求各地取消自行出台的限制外地企业对本地区企业实施兼并重组的规定。

按照政策要求，汽车行业兼并重组的主要目标和重点任务是，到2015年，前10家整车企业产业集中度达到90%，形成3~5家具有核心竞争力的大型汽车企业集团。若以目前汽车行业前10家集中度86.7%看，到2015年90%的集中度应该问题不大，但关键是要提高企业技术水平和创新能力和企业的国际竞争力。

（3）并购状况。

在市场的发展和相关政策的推动下，汽车产业兼并重组取得了较大的进展。根据北京交通大学中国企业兼并研究中心 China Merger 数据库、中国汽车工业协会网的数据统计，2010年汽车行业兼并重组交易25宗，涉及的交易金额为115亿元；2011年汽车行业兼并重组交易57宗，涉及的交易金额为458亿元；2012年汽车行业兼并重组交易51宗，涉及的交易金额为190.9亿元，见表8-1。

表8-1 2010~2013年我国汽车行业兼并重组交易

年 份	2010年	2011年	2012年	2013年上半年
交易数（宗）	25	57	51	43
交易金额（亿元）	115	458	190.9	247.4

资料来源：北京交通大学中国企业兼并研究中心 China Merger 数据库，中国汽车工业协会网。

从交易类型看，2011年以来，旨在提高集中度的横向兼并重组有了较大提升。此外，着眼于集团内重组的内部整合也占有一定比重，见表8-2。

表 8-2　2010~2012 年汽车行业兼并重组交易类型

年　份	2010 年		2011 年		2012 年	
	宗数	占比（%）	宗数	占比（%）	宗数	占比（%）
横向兼并重组	8	32	21	35.6	20	39.2
纵向兼并重组	5	20	11	18.6	8	15.7
混合兼并重组	9	36	9	15.3	13	25.5
集团内部整合	3	12	18	30.5	10	19.6
交易总数	25	100	59	100	51	100

资料来源：北京交通大学中国企业兼并研究中心 China Merger 数据库。

从汽车销量排名前五大集团的市场份额看，2012 年市场集中度有所提高，达到了 71.7%，其中上汽、东风、北汽总体呈上升趋势，一汽和长安不太稳定。上汽集团继续蝉联销量第一，年销量超过 400 万辆，达到 446.14 万辆，上汽、东风、一汽均已成为销量超越 200 万辆的大型企业集团。前十位的企业集团销量合计为 1686.28 万辆，占汽车销售总量的 87.3%，比上年同期提高 0.7 个百分点。吉利、长城、江淮、比亚迪市场份额差距小，竞争相对激烈，广汽、奇瑞、比亚迪份额呈下降趋势，见图 8-2。

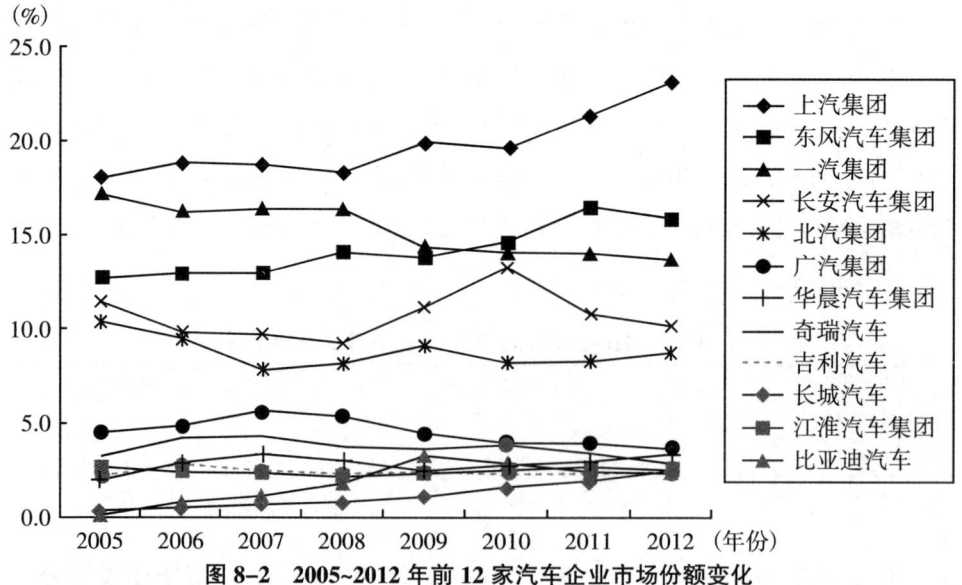

图 8-2　2005~2012 年前 12 家汽车企业市场份额变化

资料来源：中汽协。

8.1.2 主要问题

汽车行业兼并重组存在的主要问题是由于缺乏有效制约,地方产能盲目扩张,产业组织分散的局面未得到彻底改变。

(1) 汽车市场集中度变化不大,产业组织分散局面并未得到根本改善。

从产业集中度看,长期以来中国的汽车产业结构调整政策,并没有彻底改善产业组织分散局面。自 2008 年以来,我国汽车市场集中度并未发生根本变化,见表 8-3。

表 8-3 我国汽车市场集中度变化

年 份	2008 年	2009 年	2010 年	2011 年	2012 年
市场集中度 CR4 (%)	63.46	62.00	62.58	62.87	62.89
市场集中度 CR8 (%)	81.86	82.41	81.40	81.65	81.88

资料来源:中国汽车工业年鉴(2011)、国家统计局、汽车工业信息网。

工业和信息化部的数据显示,2012 年我国有各类车辆生产企业 1300 多家,其中汽车整车企业有 171 家、摩托车 120 家、专用车 900 多家、三轮汽车和低速货车 135 家。在这 1000 多家企业中,有一批企业多年来处于停产或半停产状态,产量极少甚至没有产量,生存十分困难。产业结构不合理、技术水平不高、自主开发能力薄弱等问题依然突出。结构调整是产业进一步发展的必然要求。

中国汽车工业发展至今已实现接近年 2000 万辆的生产规模,然而由于起步较晚,在不含"微面"的乘用车领域内 2012 年全国 2/3 的产量是由中外合资的企业所完成。2012 年,尽管有 3 家整车制造商年产量突破 100 万辆,但仍有 61 个乘用车企业平均每家企业产量仅 21 万辆。对比美国,2012 年美国本土轻型车生产 1012 万辆,包括纯电动车生产商在内,美国本土只有 16 家整车制造商。美国"三大"加日韩四强总计 7 家制造商在美国本土的生产占全国总产量的 92%,平均单一车企年产量超过 63 万辆。

加快产业整合力度,提高产业集中度,提升企业创新能力,加强自主品牌建设,实现汽车产业升级,仍然是汽车企业发展的当务之急。

(2) 地方政策盲目扩大汽车投资，助推汽车产业产能过剩。

我国汽车产业的结构调整现状是，一方面国家推进重点产业兼并重组，另一方面各地汽车产能却盲目扩张。近年来，国内汽车集团在战略重组中力求做大、做强，跨国汽车集团在中国战略扩张的布局不断推进，给新进入者带来了更多的机会及可能。目前，我国汽车产业正按照"市场拉动"和"政府推动"两条主线倾情演绎并购战，地方财政的大力支持无疑是更大的动因。由于汽车产业对地方经济及就业的拉动作用更大，地方财政多愿以财政补贴、廉价出让土地等方式吸引汽车及零部件企业驻扎，从而助推整车产能不断扩张。在各地方政府的推动下，国内汽车产业快速扩张加剧了产能过剩的风险。目前，我国已有 27 个省拥有整车生产能力，到 2015 年汽车产能将远远超过此前调查的 3124 万辆。究其原因，主要是应淘汰的"壳资源"再利用和鼓励汽车企业异地建厂政策成为助推器，汽车产业兼并重组缺乏全国统一的实施方案和有效制约。

(3) 政策落实尚未到位，资金支持力度不足。

自 2010 年国务院发布《关于促进企业兼并重组的指导意见》以来，有关部委在财政税收、金融信贷、职工安置、土地管理和加强服务管理等方面出台了一系列配套措施，但是有些政策并未落实到位，例如，税收优惠政策、所得税处理等。在财政部、国家税务总局《关于企业兼并重组业务企业所得税处理若干问题的通知》和《关于企业改制重组若干契税政策的通知》中并未体现对重点产业的优惠。同时，已出台的政策，特别是财税政策的适用范围未将汽车产业包括在内，例如，《淘汰落后产能中央财政奖励资金管理办法》的适用范围不包括汽车产业。

8.1.3 未来展望

随着汽车行业增速放缓，行业整合进程将会加快。2013 年东风集团收购福汽集团、一汽集团重组等已在进行中。未来零部件骨干企业也将通过兼并重组扩大规模，与整车生产企业建立长期战略合作关系，同时大型汽车制造企业也会继续通过兼并重组向服务领域延伸，上下游企业的纵向兼并，包括零部件、汽车服务企业的整合机会将会增加。此外，值得关注的是，汽车企业向非相关领域的并购扩张，部分汽车企业已经开始业务多元化，逐渐降低了汽车业务的资产配置权重。

鉴于汽车产业优化结构和战略重组的复杂性，推进兼并重组的目标任务仅靠积极引导是难以实现的。建议有关部委尽快研究出台《汽车产业企业兼并重组指导意见》，制定推动汽车企业兼并重组的战略措施、支持政策和实施方案，探索培育几家具有国际竞争能力的大型汽车企业集团的有效途径。同时，建议制定《建立汽车行业退出机制实施细则》，针对存在的问题深入调查研究，限制不具备条件的地方新上汽车项目，强化和完善对于无效产能的汽车及零部件企业的退出机制，创新和完善汽车生产企业和产品准入管理制度。

应充分发挥市场机制作用，推动优势企业强强联合、跨地区兼并重组、境外并购和投资合作，引导兼并重组企业管理创新，促进规模化、集约化经营，提高产业集中度。清理限制跨地区兼并重组的规定，理顺地区间利益分配关系，加快国有经济布局和结构的战略性调整，支持民营企业参与国有企业改革、改制和改组。鼓励通过壮大主业、资源整合、业务流程再造、资本运作等方式，加强技术创新、管理创新和商业模式创新，在研发设计、生产制造、品牌经营、专业服务、系统集成、产业链整合等方面形成核心竞争力，壮大一批具有竞争优势的大企业大集团。

8.2 钢铁

2012年，钢铁工业经历艰难困局，企业兼并重组动力明显增强，地方政府推动钢铁企业兼并重组力度加大，兼并重组步伐加快，企业重组的形式与内容也进一步丰富。

8.2.1 总体情况

"十一五"期间，我国钢铁企业联合重组取得了较大进展。优势企业集团跨地区重组加快，宝钢集团重组新疆八一钢铁、韶关钢铁、广州钢铁和宁波钢铁，鞍钢集团重组攀钢集团和天铁冷轧，武钢集团重组昆钢、柳钢和鄂钢，首钢集团重组水城钢铁、贵阳特钢、长治钢铁和通化钢铁。区域内钢铁企业联合重组形成一定规模，河北省唐钢、邯钢、宣钢、承钢、石钢和舞钢成立河北钢铁集团，山东省济钢、莱钢、日照钢铁合并成山东钢铁集团。

近年来，钢铁工业兼并重组步伐加速推进。2011年，马钢收购并控股长江钢铁；安钢用"渐进式股权融合"方式重组凤宝特钢、新普钢铁、亚新钢铁三大民营钢铁公司；太钢集团采用同样方式重组山西襄汾星原钢铁公司，沙钢集团推进跨地区跨行业联合重组，沙钢集团安阳永兴钢铁公司、安阳华城特钢公司、河南汇丰管业公司与河南利源煤焦集团共同组建河南沙钢联合钢铁集团；江苏兴鑫钢铁、镔鑫特钢、鸿泰钢铁、龙江钢铁和新三洲特钢五家民营钢铁公司重组为江苏沿海钢铁集团；河北邯郸峰峰矿区7家民营钢铁企业通过联合重组，成立河北宝信钢铁集团；鞍钢重组福建三钢方案获批。

2012年，太原钢铁集团有限公司与襄汾星原钢铁有限公司正式签署股权合作协议，正式启动与星原钢铁"渐进式"重组。工业和信息化部正式批复唐山渤海集团联合重组方案，要求加快实施丰南区钢铁企业的结构调整与淘汰落后工作，争取在2012年年底前基本完成联合重组工作。宝钢重组韶钢、湛江钢铁取得新进展，广东省国资委将广东省韶关钢铁集团有限公司51%的股权无偿划转给宝钢集团，宝钢集团广东韶关有限公司正式挂牌，宝钢股份以49.76亿元的总价收购广州市国资委持有的湛江钢铁71.8%股权。首钢并购重组通钢、迁钢方案又进一步，工业和信息化部批复同意吉林省工业和信息化厅上报的首钢和通钢兼并重组方案，首钢股份吸收合并迁钢方案获的北京市国资委批准，并获得股东大会通过。湖北省民营钢铁企业联合重组加速，湖北省经信委批准十堰市钢铁企业跨地区联合重组方案，湖北丹福钢铁（核心企业）、福堰钢铁、榕峰钢铁、宜昌福龙钢铁联合重组，成立湖北丹福钢铁集团。湖北省钢铁结构调整办同意荆州市钢铁工业结构调整初步方案，由荆州群力金属制品有限公司联合石首顺发钢铁有限公司，组建荆州钢铁集团。沙钢与丰立集团签订重组框架协议，围绕钢铁产业链拉开重组序幕。武汉钢铁集团与德国蒂森克虏伯公司在武汉签署协议，正式收购其旗下的激光拼焊集团，此次收购对于武钢发展钢材深加工业务、扩张在高端汽车零部件领域的市场份额将起到重要的促进作用，有利于武钢建立更加完整的产业链。山东省政府发布《山东省钢铁企业重组实施方案》，力图培育以大型钢铁企业集团为主体，中小型钢铁企业集团相配套的现代钢铁产业体系。

8.2.2 主要特点

区域性重组仍是当前钢铁行业兼并重组的重头戏。2012年，钢铁行业兼并重组事件多属于同一省内的区域性重组。例如，湖北丹福钢铁集团重组成立，参与重组的企业均为湖北省内的钢铁企业；工业和信息化部正式批复的唐山渤海钢铁集团联合重组方案，参与重组的企业均为唐山丰南地区的钢铁企业；山东省钢铁企业兼并重组实施方案，参与企业均为山东省内的钢铁企业。

民营钢铁企业联合重组活跃。2012年，钢铁行业兼并重组事件中主体多为民营钢铁企业。例如，湖北民营钢铁企业兼并重组步伐加快，丹福钢铁集团、立晋钢铁集团、荆州钢铁集团兼并重组均取得进展；以民营钢铁企业为主体的唐山渤海集团重组取得新的进展；沙钢与丰立集团两家大型民营企业签订重组框架协议；山东省钢铁企业兼并重组实施方案积极推动本省民营钢铁企业联合重组，并计划组建淄博、潍坊、莱芜、临沂、滨州5个区域性民营钢铁集团。

地方政府是推动兼并重组重要力量。2012年，钢铁行业主要兼并重组事件中，地方政府均扮演重要角色。在湖北民营钢铁企业的联合重组、唐山渤海集团的组建、山东省民营钢铁企业的联合重组等重组事件中，地方政府均深度参与其中，并成为推动这些企业联合重组的关键力量。沙钢与丰立集团的重组与合作，张家港市政府起着重要桥梁作用。

产业链重组初见端倪。2012年，部分企业的兼并重组开始围绕拓展上下游产业链展开。例如，沙钢集团与丰立集团的重组与合作，意在将产业链拓展到矿产资源开发、钢铁及煤炭贸易、废钢购销加工、物流配送等环节；武汉钢铁集团收购德国蒂森克虏伯公司旗下激光拼焊集团，其目的发展钢材深加工业务，拓展钢材服务供应环节，建立更加完整的产业链。

实质性重组持续推进。2012年，广东省国资委将广东韶钢集团51%的股权无偿划转给宝钢集团有限公司，宝钢股份收购湛江钢铁71.8%的股权，这意味着宝钢对于韶钢、湛钢的实质性重组取得进展；首钢与通钢兼并重组方案获得工业和信息化部通过，首钢股份完成对迁钢的吸收合并，意味着首钢对这两家企业的重组取得了实质性进展。

8.2.3 问题与挑战

实质性重组仍需大力推进。近年来，钢铁行业兼并重组虽已经取得较大进展，但较多重组仍处于"整而不合"的状态，重组企业仅是产能数量上的叠加，规模经济效益未能发挥。切实推进企业实质性重组，加快重组企业之间的资源整合，整体提升重组企业集团的综合竞争能力，仍将是今后兼并重组工作的重点。

跨地区、跨所有制兼并重组仍存在较多困难。现阶段，钢铁企业跨地区、跨所有制兼并重组成功案例较少。财税利益分成和增加值等统计数据的归属问题仍是制约跨地区重组的重要因素。跨所有制兼并重组则面临国有企业职工安置、国有企业资产定价、企业文化冲突等多方面的困难。

兼并重组的市场化程度仍有待提高。我国钢铁企业的并购活动中，政府行为较多，政府主导型重组占主导，市场驱动型并购事件较少，政府主导型重组往往导致企业资源、文化、管理上的整合困难，不利于企业发挥协同效应，不利于企业竞争力与企业价值的进一步提升。

8.3 水泥

2012年，水泥工业产能过剩问题更为突出，在市场、政策双重作用下，企业之间的并购重组行为十分活跃，并购重组的形式多样化，市场集中度显著提高。

8.3.1 总体情况

"十一五"水泥工业兼并重组取得较大进展。"十一五"期间并购重组事件逐渐增多，其中2006年并购重组事件31例，2007年35例，2008年49例，2009年35例，2010年55例。随着兼并重组步伐加快，水泥行业集中度大幅提高。2010年，有20家水泥生产企业生水泥熟料生产能力超千万吨，前20家企业水泥熟料产量占全国比重达到45%，比2009年提高6.18个百分点，比2005年提高32个百分点。从"十一五"期间兼并重组案例的区域分布来看，华东地区兼并重组数量远高于其他地区，其后依次是中南、华北、东北、西北和西南地区。2011年，水泥工业并购重组步伐放缓。

2012年，兼并重组步伐明显加快，水泥企业兼并重组有61个案例，整合产能1.5亿吨。截至2012年年底，前10家大型水泥集团水泥产量占全国31%，比上年提高了4.5个百分点，熟料产能已占全国的48.9%，比上年上升了1.5个百分点，熟料产能达1亿吨以上的企业有2家，分别为中国建材与冀东水泥。从6大区看，东北地区前10大水泥集团熟料产能占比提高了13个百分点，西南地区提高了10个百分点，华东地区略有提升，华北、西北、中南地区略有下降。

2012年，水泥行业具有一定影响与典型性的企业兼并重组事件有：①西南水泥大力推进区域重组。中国建材集团西南水泥有限公司自2011年12月成立至2013年1月的一年多时间里，先后与西南地区158家水泥企业签署了合作框架协议，合计熟料产能1.6亿吨，水泥产能2.3亿吨；与98家企业签署或即将签署正式联合重组协议，合计熟料产能1.1亿吨，水泥产能1.5亿吨。②南方水泥与福建水泥、潭州水泥重组。③海螺水泥加快并购重组步伐。先后收购四川南威公司100%股权，重组并控股安徽涡阳龙山水泥厂，收购哈密弘毅建材有限责任公司80%股权、广西凌云水泥80%股权，重组并控股江苏北固水泥，收购茂名市大地水泥有限公司。此外，海螺水泥通过参与青松建化定向增发，持有青松建化股票约61.35万股，占青松建化股份比例20.08%，成为青松建化第二大股东，并将在水泥主业的技术、管理、项目建设以及市场整合等方面给予青松建化支持。④冀东水泥并购陕西、河北企业。冀东水泥以1.73亿元价款收购吴堡冀东特种水泥有限公司51%的股权，以提高该公司在陕北地区特种水泥市场占有率；以1722万元收购唐山市鑫研建材有限公司80%的股权。

8.3.2 主要特点

并购主体以中央企业、国有企业为主。2012年，水泥行业并购的主体主要是以中国建材为代表的中央企业，以海螺水泥、冀东水泥为代表的大型地方国有企业集团。

并购类型仍以横向并购为主。2012年，我国水泥行业的并购仍多为横向并购，对于产业链上下游企业的垂直兼并极少，对于混凝土、集料、煤炭等上下游产业的并购业务涉及很少。

西南地区成为兼并重组的重点区域。2012年兼并重组案例中，40%的集中在西南地区，华东、西北、东北、中南、华南地区也分别占有20%、15%、10%、10%、3%，而华北区的收购仅占2%，西南地区成为并购重组发生频率最高的地区。兼并重组事件发生的频率主要跟地区市场成熟程度、市场集中度、中小企业数目等因素有关，见图8-3。

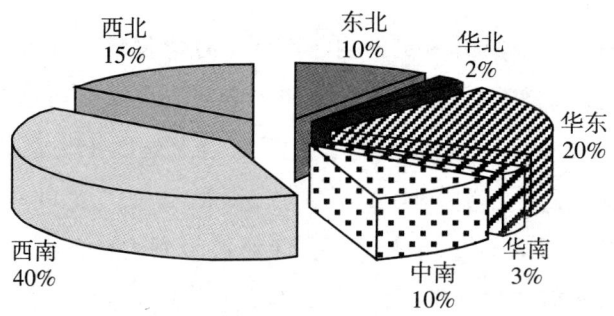

图8-3 2012年水泥工业兼并重组地区分布比例

注：华东：山东、江苏、安徽、浙江、福建、江西、上海；华南：广东、广西、海南；华中：湖北、湖南、河南；华北：北京、天津、河北、山西、内蒙古；西北：宁夏、新疆、青海、陕西、甘肃；西南：四川、云南、贵州、西藏、重庆；东北：辽宁、吉林、黑龙江。

资料来源：工业和信息化部、中国水泥协会。

龙头企业区域性并购仍是重头戏。2012年，中国建材集团西南水泥公司先后与西南地区158家水泥企业签署合作框架协议，与98家企业签署或有明确意向签署正式联合重组协议。海螺水泥收购安徽龙山水泥、江苏北固水泥、广西凌云通鸿水泥整合东部地区市场，收购四川南威水泥、两次增持青松建化加强中、西部地区的整合。

兼并重组形式多样化。2012年，大型水泥企业集团企业不再一味寻求100%股权收购目标企业，而是着眼于成为实际控制人，通过参股、合资等方式迅速介入。例如，中国建材集团南方水泥有限公司与福建水泥合资成立福建南方，双方各占50%股权；海螺水泥两次增资青松建化，持有青松建化20%股权。

8.3.3 问题与挑战

需加快兼并重组企业的内部整合。当前，大型水泥企业集团对中小企业进行并购重组时，往往重视对被并购中小企业的产能扩张，企业内部资源的整合则相对缓慢，大型企业集团应加快对被并购企业在财务、物流、销售渠道、品牌、技术能力方面的整合，提升被兼并企业核心能力。

兼并重组的外部环境仍需优化。兼并重组过程中，工商登记变更、权证更名以及生产许可证与排污许可证的重新申请，往往需经过层层审批，手续繁琐，影响工作进程。当前，交易税负过重与融资困难也是企业兼并重组中遇到的一个重要问题。

需积极推进大企业集团之间的联合重组。与国外水泥大集团之间的兼并重组不同，目前的兼并重组多是大企业针对小企业的兼并重组，大企业之间的兼并重组还没完全展开，不利于过剩产能的调整和资源的合理利用。

8.4 船舶

8.4.1 总体情况

近年来，船舶行业兼并重组工作推进速度较为缓慢。受国际市场不景气，国内市场过剩、人民币升值、融资困难等诸多不利因素影响，中国造船业处境不利，市场形势十分严峻。在此背景下，十分有必要通过兼并重组对船舶行业资源进行有效整合。然而，尽管国内船舶业界早已提出了在业内开展兼并重组活动的建议，但受多种因素影响，总体来看，船舶行业兼并重组尚处于起步阶段，兼并重组活动一直是"雷声大，雨点小"。

2010年，受经济下滑影响，船舶企业融资广开门路，资本运作成绩显著。除传统的船舶融资方式外，融资租赁、国内外融资上市等新的融资手段越来越被船舶企业所接受。比如"中船重工"在原有业务基础上通过资产购入，实现了造船业务整体上市目标。扬子江船业（控股）有限公司在台湾证券交易所发行 2.4 亿份存托凭证（TDR），并挂牌上市交易，募集资金 45.6 亿台币。亚星锚链、杭齿前进、太阳鸟等成功在国内上市，共募集资金 35 亿，中国熔盛重工集团控股有限公司成功在香港上市，募集资金 140 亿港元。

2011 年，中国造船业掀起了一股并购重组浪潮，一批企业抓住机遇，加快兼并重组，化解过剩产能，调整优化产品结构，促进企业转型升级，企业实力明显增强。比如，中国船舶为了对产品结构进行调整，其全资子公司上海外高桥造船有限公司将持有的上海江南长兴造船有限责任公司 51% 的股权转让给沪东中华造船（集团）有限公司。同时，外高桥造船收购江南造船（集团）有限责任公司所持有的上海江南长兴重工有限责任公司 36% 的股权。其外高桥造船转让长兴造船 51% 股权同时收购长兴重工 36% 股权，意味着公司散货船、油轮产能将去化，大型集装箱船、VLGC 等高技术高附加值船占比将提升。同时，一些不适应船舶市场发展的中小船舶企业已开始逐渐退出船舶市场。

2012 年，在船舶行业市场低迷的情况下，我国船舶行业上市公司披露了 2012 年并购交易数量为 11 宗，与 2011 年披露的 10 宗交易数量相比稍有增长；2012 年披露的交易金额为 48.02 亿元，与 2011 年披露的 225.14 亿元相比大幅下降。

8.4.2 主要特点

从并购交易的类型来看，中国船舶行业跨国并购相比国内并购规模更大。潍柴动力收购意大利法拉帝的收购金额为 3.74 亿欧元，中航国际收购芬兰 Deltamarin 公司的交易金额为 3.21 亿港元，山东开泰集团收购荷兰爱博特的金额为 1475 万美元，三起案例合计人民币为 33.85 亿元，是同期国内并购金额的 2.39 倍，反映了国内企业国际化进程加快，"走出去"步伐加大。

从并购交易的主体来看，大型公司仍是并购发起的主力。如中国船舶工业集团公司、重庆轮船（集团）有限公司、珠江太阳鸟游艇制造有限公司、中远航运股份有限公司都是行业内实力较强的公司。这也反映出经济环境下滑所导致的航运市场不景气，使我国中小船企经营困难，面临亏损，同时也为资金实力雄厚的公司创造了并购的机会。

从兼并重组的方式和目的来看，上市融资、产业整合是主要模式。在世界船市低迷的情况下，许多企业资金压力较大，融资积极性较强，以上市融资、融资租赁等为主的资本运作比较活跃；同时，由于行业结构性矛盾突出，产业集中度较低，产能过剩较严重，专业化分工不明显，企业对产品结构、业务结构进行整合的动机增强，化解产能过剩、调整企业产品结构、增强企业竞争力，是船舶企业兼并重组的主要目的。

从兼并重组的战略意图和实现方式来看，一是通过开展境外并购，提高创新能力和研发水平。通过"走出去"收购海外品牌企业、设计公司等方式，增强和提高企业的创新能力和研发水平。如潍柴集团收购欧洲最大的豪华游艇制造企业法拉帝；中交股份收购海工设计公司F&G。二是抓住机遇"强强联合"，增强企业整体实力。如扬子江船业全资收购了江苏中舟海洋工程有限公司，并收购了江苏鑫福船厂40%的股权；中集集团收购京鲁船业51%的股权；江南造船和长兴重工顺利整合，优化了资产结构和业务流程；熔盛重工收购安徽全柴集团、中国南车与广西玉柴强强"联姻"成立南车玉柴四川发动机股份有限公司等。

8.4.3 主要问题

当前虽然国家对船舶行业的兼并重组工作高度关注，但有实际进展的并不多，其关键问题还是企业缺乏自觉动力，相关政策缺乏可操作性。

首先，地方保护是开展船舶企业兼并重组活动的最大阻力。船舶工业与国民经济关联度大、涉及面广、带动性强，具有"综合工业之冠"的称号，属于技术、资金、劳动密集型产业，能够直接和间接为地方提供众多的就业机会，对地方经济贡献率高。在地方政府主导经济发展的前提下，国内不少沿海沿江城市将船舶工业作为重点发展产业甚至是当地的第一产业给予极大支持，希望通过当地船舶工业的发展，带动产值、税收和就业的增长。如果其区域内的船舶企业被兼并重组，势必会导致产权或所有权发生变化，进而影响当地政府的财政收入。比如，福建省为落实工业和信息化部、国家发展和改革委员会、财政部等12部委联合发布《关于加快推进重点行业企业兼并重组的意见》，提出对兼并重组企业单项补助金额最高可达1000万元，但这一措施仅限于总部和税收都在省内的信息产业骨干企业。这种出于发展本地经济目的而实施的促进兼并重组措施，因强化地方利益极易导致地方保护，极易产生相反的政策效果。

其次，大量中小船舶企业缺乏被兼并重组的价值，但又难以破产，浪费岸线及土地资源。我国船舶行业大多数中小企业创新能力不强，企业产能集中在技术含量较低的船舶产品上，固定资产规模普遍较小，企业缺乏被兼并的价值。目前，许多中小船舶企业账面价值大多已所剩无几，含金量较高的无非是其占用的岸线及土地资源，但这类资源属于国家所有，船企只有使用权。在实际操作层面，对这类仅有使用权的船企资产价值较难评估，从而导致资产处置面临困难。因此，"僵而不死，闭而不倒"是目前国内众多中小船企的生存现状，至于外界所称的"大规模关停并转潮"并未真正发生。

最后，产业政策在贯彻落实执行过程中出现偏差而出现了保护"低效"、"落后"现象。2008年国际金融危机后，中小企业融资难、经营难问题较为突出，出于稳定就业、发展经济等多种考虑，国家制定并出台了一系列中小企业扶持政策，船舶行业自然也因此受益。一些陷入困境但又无法挽救的中小船舶企业，因地方政府执行中小企业扶持政策时出现偏差而获得了银行贷款。这一做法虽然短期内稳定了就业，延缓了企业危机爆发时间，但在产能严重过剩、竞争异常激烈的情况下，此类企业最终结果也摆脱不了被淘汰的命运。对整个行业来讲，由于地方保护和相关政策执行上的偏差，很多落后的船舶企业得到保护，仍然在低效率运行，而很多优势船舶企业因为无法根据发展需要自由地开展兼并重组，难以做大做强，导致目前"小的死不了，大的活不好"现象。

8.5 电解铝

2012年，电解铝行业产能过剩问题突出，行业利润大幅下降，企业并购风险急剧加大，降低成本成为推动铝行业兼并重组的主要动力。

8.5.1 总体情况

"十一五"期间,电解铝行业兼并重组取得很大进展。"十一五"期间(尤其是"十一五"前三年)是电解铝行业并购重组的高峰时期,中国铝业集团公司凭借其在氧化铝资源上的优势,先后并购重组了连城铝业、兰州铝业、包头铝业、遵义铝业、山东华宇、抚顺铝业、焦作方法等一批电解铝企业;河南豫联集团属下中孚实业公司先后收购银湖铝电、林丰铝电,并与神火集团、伊川电力共同组建河南有色金属控股股份有限公司。而中电投集团于2008年重组了青铜峡铝业,一举成为国内第二大电解铝生产商。

进入"十二五"以来,电解铝行业兼并重组步伐明显放缓。2012年,中国电解铝企业亏损面达到93%,企业并购重组的风险显著加大,并购事件较少。根据中国企业兼并重组研究中心、北京产权交易所、上海产权交易所、重庆产权交易以及中铝网数据,2012年电解铝行业主要发生兼并重组事件仅有7宗,其中部分为上市公司与控股股东之间的关联交易与资产重组,具有重要影响的兼并重组事件主要有以下两件。

第一件是中国铝业并购宁夏发电集团。2012年8月11日,中国铝业收购中投信托所持有的宁夏发电的11.88%的股权;2012年8月13日,收购中银投资所持宁夏发电的23.42%的股权;2012年12月28日,通过竞买方式取得华电国际通过上海产权交易所挂牌出让的宁夏发电23.66%的股权;2012年12月31日,与宁夏发电及其股东签署了增资协议,将以20亿元的认购价全额认购该等新增注册资本。截至2013年1月23日,上述股权收购及增资已完成,中国铝业共持有宁夏发电70.82%的股权。中国铝业收购宁夏发电集团有助于降低铝产品成本,增强抵御市场风险的能力,并为其提供丰富的资源。

第二件是中国电力投资集团收购晋北铝业。2012年,中电投集团在获得国务院国资委正式批准后,完成对晋北铝业的收购。对晋北铝业的收购使中电投集团在"铝土矿—氧化铝—电解铝"产业链建设上更进一步。

8.5.2 主要特点

并购活动呈现向上游发展态势。电力成本占电解铝生产企业成本的40%左右。近年来,电价连续上调,大部分企业成本大幅度上升,在此情况下,企业试图通过纵向并购电力企业或自建电厂化解成本压力。2012年8月,中国铝业收购宁夏发电集团有限责任公司35.3%的股权并实现控股,试图提高能源自给率,降低电力成本,实现煤电铝一体化经营战略。

境外并购面临步履维艰。2012年,中国铝业试图邀约收购要约收购南戈壁不超过60%但不低于56%已发行及流通在外普通股,由于未能获得境外必要监管批准,被迫取消;中国铝业尝试收购永晖股份29.9%的股权,亦由于未能获得中国境内和境外相关政府部门批准,被迫放弃收购计划。

8.5.3 问题与挑战

横向并购重组难度大。2012年,电解铝生产企业93家,分属70家公司或集团,其中中央企业5家、地方国有企业11家,民营控股企业54家。电解铝生产企业之间横向兼并重组,势必要涉及跨地区、跨所有制的重组,各方面利益协调难度加大,必须有大的体制和机制创新。

产能过剩严重兼并重组风险加大。2012年,电解铝产能为2765万吨,产能利用率仅为72%,铝行业利润同比下降92.7%,行业企业亏损面达到93%,但仍有一批在建拟建项目,并购重组面临较大的市场风险。

跨国并购企业面临诸多风险。中国铝行业企业跨境并购资源企业时,面临政治风险、法律风险、财务风险、整合风险等诸多方面的风险,其中最主要的是政治风险、法律风险与财务风险。

8.6 稀土

2012年,工业和信息化部等部门积极贯彻落实《国务院关于促进稀土行业持续健康发展的若干意见》(国发〔2011〕12号)要求,强力推进兼并重组工作,稀土行业整合明显提速,产业集中度显著提高。整体而言,稀土行业整合呈现出兼并重组以地方国有企业为主、兼并重组对象集中在稀土矿采选环节、兼并重组范围局限在省内或市内等主要特点，同时也存在过于依赖行政手段、产业链整合严重滞后、跨区域整合举步维艰等突出问题。

8.6.1 总体情况

2011年5月国务院颁布的《关于促进稀土行业持续健康发展的若干意见》（以下简称《若干意见》）明确提出，要积极推进稀土行业兼并重组，支持大企业以资本为纽带，通过联合、兼并、重组等方式，大力推进资源整合，大幅度减少稀土开采和冶炼分离企业数量，提高产业集中度。2012年，在工业和信息化部等部门的坚强领导下，稀土行业整合速度明显加快。特别是包钢稀土整合内蒙古自治区境内稀土企业，江西、广东、湖南、福建等稀土资源富集省份成立以地方国有企业为载体的稀土整合平台等举措，为我国稀土行业实现全产业链健康发展打下了坚实基础。

包钢稀土整合内蒙古自治区12家稀土上游企业。2012年12月27日，包钢稀土与包头市金蒙稀土、玺骏稀土、新源稀土高新材料、红天宇稀土磁材、鑫业新材料、三隆稀有金属材料、圣友稀土、达茂稀土、飞达稀土、五原县润泽稀土、内蒙古航天金峡化工、内蒙古生一伦稀土材料12家稀土上游企业及其股东分别签署了《稀土上游企业整合重组框架协议》。协议约定，上述12家企业及其股东同意无偿向包钢稀土转让本企业51%的股权。重组完成后，包钢稀土整合了内蒙古自治区内全部稀土矿业权和稀土开采、选矿、冶炼企业。

江西省以强强联合的方式推进省内稀土行业整合。2012年7月，赣州稀土集团有限公司收购龙南县万宝稀土分离有限责任公司100%的股权，对其实现全资控股。2012年10月31日，赣州稀土集团有限公司与江西钨业集团有限公司签订重组协议，由前者并购后者下属的寻乌南方稀土有限责任公司、定南县南方稀土有限责任公司。整合后，赣州稀土集团控股龙南稀土、定南稀土、寻乌稀土、安远稀土、赣县稀土、信丰稀土、全南稀土、宁都稀土等稀土矿开采和精矿生产企业，由此基本实现了对赣州市境内稀土资源的集中整合，并且进一步提高了南方离子型稀土冶炼分离产能的集中度。

广东省组建稀土产业集团以整合省内稀土资源开发。2012年2月27日，广东省依托广晟资产经营有限公司成立了广东省稀土产业集团，控股省内7家稀土资源开采冶炼加工企业。在2012年5月23日广东省人民政府办公厅发布的《关于推进广东省稀土行业整合的意见》中明确提出，由广东省稀土产业集团完成对广东省内现有稀土采选、冶炼分离企业的整合。2012年7月7日，广东省稀土产业集团与韶关、河源、汕尾、茂名、肇庆、清远、揭阳7个稀土资源市签订《稀土产业发展合作框架协议》，向广东省内稀土资源集中经营的目标迈出了坚实步伐。

湖南省稀土产业链中下游企业联合组建稀土产业集团。2012年9月，湖南金鑫黄金集团、湖南经济技术投资担保公司、湖南发展集团、湖南先进储能材料工程研究中心和湖南稀土技术材料研究院5家地方国有单位（企业），与湖南科力远新能源股份有限公司、益阳鸿源稀土有限责任公司、湖南联晖投资管理有限公司3家民营企业共同出资组建湖南稀土产业集团。科力远是稀土材料的终端消费者，鸿源稀土是稀土氧化物、化合物和金属材料的制造商，湖南稀土技术材料研究院是稀土材料研发机构，因此湖南省稀土产业集团打通了除稀土矿开采冶炼以外的所有产业链环节。

福建省以下游龙头企业为平台整合上游资源型企业。根据2012年7月印发的《福建省加强稀土资源保护科学开发稀土资源行动方案（2012~2015）》，福建省冶金控股将其持有的厦门钨业33.6%的股权全部无偿划转给福建稀有稀土集团，由福建稀有稀土集团行使对厦门钨业的出资人职责，并集中资源支持厦门钨业整合福建省内稀土资源开发利用。厦门钨业是福建省冶金集团控股的专门从事钨钼等有色金属冶炼的企业，因此以其为载体与福建省稀土资源所在地龙岩市和三明市分别合资组建龙岩稀土开发公司和三明稀土开发公司，体现的是以产业链下游企业整合上游资源的思路。

8.6.2 主要特点与突出问题

第一，兼并重组的主体是地方国有企业，整合过程中过于依赖行政手段。在2012年我国稀土行业整合过程中，包钢集团、赣州稀土集团、江西钨业集团、广晟有色集团、湖南金鑫黄金集团、厦门钨业等地方国有企业发挥了主导作用。这主要是因为,《若干意见》提出,用1~2年时间,基本形成以大型企业为主导的稀土行业格局,南方离子型稀土行业排名前三位的企业集团产业集中度达到80%以上。但是,由于国家层面的稀土行业整合主体并不明确,特别是南方离子型稀土企业规模相对分散,于是稀土资源富集地政府都有很强的激励在短期内把辖区内稀土企业做大,以增强其在后续整合中的谈判能力。这就使得地方国有企业成为地方政府整合稀土行业的最重要抓手。虽然通过这种方式在较短时间内形成了数个区域性稀土龙头企业,但其竞争力并没有得到实质性提高,反而会更加惧怕竞争、排斥竞争,不断地寻求政府对其区域垄断地位的保护。

第二,兼并重组的对象主要是稀土资源,产业链整合严重滞后。从2012年稀土行业整合的内容看,除了内蒙古自治区、湖南省的稀土行业整合之外,其他省份的兼并重组焦点都集中在稀土矿开采环节。其中,对稀土资源采矿权的争夺尤为激烈,而在稀土高端应用环节的整合几乎都没有涉及。这主要是因为,作为兼并重组主体的地方国有企业的竞争力主要体现在稀土矿采选和冶炼环节,而在产业链下游的稀土氧化物、稀土金属、稀土材料的研发和生产领域,中央企业、外资企业更有优势。受政策限制,外资企业无法成为我国稀土行业整合主体。中央企业在整合稀土行业时,出于经济效益的考虑,很可能会实施"全国一盘棋"的产业链布局战略,这与地方政府要把资源优势转换为产业优势的思路有所冲突,最终使得产业链上下游企业难以融合。

第三,兼并重组的范围基本局限在省内或市内,跨区域整合举步维艰。2012年稀土行业兼并重组主要是稀土资源地政府利用其对稀土资源的直接控制,通过行政手段将其辖区内多家稀土企业合并为一家来实现的。这种方式显然很难复制推广到跨区域整合中去。这主要是因为,一方面,在现行财税体制下,跨区域经营的外来投资者向稀土资源地缴纳的资源税税率偏低,而跨区域经营的企业集团客观上又需要在企业内部统一调配各类资源,以便实现效益最大化,因此通常会以转移定价等方式把利润集中到企业总部所在地。这就会降低稀土资源开采地或稀土产品生产地分享的增值税和所得税收入。另一方面,稀土资源开采对生态环境的损害又只能由稀土资源所在地及其居民承担。收益与成本不匹配,最终使得我国稀土行业跨区域整合步履维艰。

8.7 电子信息

总体而言,2012年我国电子信息产业并购重组政策支持力度加大;并购交易大幅下降,平均交易规模较小;细分领域并购交易数量、交易规模分布不均;产业集中度有所提升,龙头企业国际竞争力明显增强。与此同时,行业并购重组体现出以下特征:跨国并购日益活跃且战略性增强;技术、标准竞争成为并购的主导力量;围绕移动互联网掀起一场并购热潮;并购重组支付方式、参与方和并购目标市场日趋多元化。但是,目前仍然存在一些问题和挑战,亟待提升产业链整合能力,培育产业新的增长点,以及确保收购价格更加合理。

8.7.1 总体情况

政府支持力度加大,政策目标日益明确。我国政府对电子信息产业并购重组的支持力度不断加大。2011年3月出台的国家"十二五"规划,首次将电子信息产业列为兼并重组的重点行业之一。2012年2月,工业和信息化部发布了《电子信息制造业"十二五"发展规划》,首次提出了行业兼并重组的目标:"显著增强骨干企业核心竞争力及自主品牌市场影响力,形成5~8家销售收入过千亿元的大型骨干企业,努力培育销售收入过5000亿元的大企业。"2012年4月发布的《软件和信息技术服务业"十二五"发展规划》也提出明确目标:"到2015年,培育10家以上年收入超过100亿元的软件企业,产生3~5个千亿级企业。"2013年1月22日,工业和信息化部等十二部委联合发布了《关于加快推进重点行业企业兼并重组的指导意见》,进一步明确了电子信息行业兼并重组的方向。

并购交易大幅下降,平均交易规模较小。受全球经济整体低迷影响,我国电子信息行业2012年的并购形势不容乐观。2012年电子信息行业并购重组交易96宗,比上年下降26.7%;并购重组交易金额203.69亿元,比上年下降27.7%。同时,与其他行业相比,平均交易规模较小。在2012年中国并购市场交易完成案例中,电子信息行业的交易数量占比达到7.45%,仅次于制造业、能源及矿业、金融行业,排在第4位。但是,电子信息行业的交易规模占比约为3%,仅排在第11位。

细分领域并购交易数量、交易规模分布不均。2012年,在电子信息产业的细分领域中,电子元器件、通信设备细分领域无论是并购交易次数还是并购交易规模都占比重较大,占并购交易总数的62.51%,占并购交易总金额的64.07%。电子计算机设备制造、电子设备和仪器领域的并购交易数量也相对活跃,合计占到并购交易总数的22.92%,但电子设备和仪器领域的并购交易规模普遍较小。相比而言,消费电子、其他电子信息设备制造等领域并购重组交易数量较少,规模也较小。

8.7.2 主要特点

跨国并购的战略性增强。与中国并购市场"内冷外热"的趋势相一致,在我国电子信息产业的并购重组活动中,瞄准海外市场的跨国并购日益活跃。2012年最具代表性的跨国并购包括,联想集团并购巴西最大消费电子产品制造商CCE,海尔集团收购新西兰最大家电制造商斐雪派克,康佳集团收购韩国专业环境家电企业熊津豪威,台湾鸿海集团收购日本液晶电视领导者夏普等。从这些案例可以看出,中国企业"走出去"实施跨国并购,已经从单纯的市场占领和规模扩张,转向有计划、有步骤的全球化战略布局,目标的选择也逐渐从发展中国家向发达国家转移。

技术、标准竞争成为主导。电子信息产业是典型的技术密集型产业。因此,掌握核心技术和标准制定权,成为企业不断提升核心竞争力的重要途径。当前,以获取技术、标准为目标的并购重组活动,正逐渐取代早期以市场为目标的并购重组,成为电子信息企业的主导方向。以浪潮集团为例,它先后收购了奇梦达中国研发中心以及存储器封装测试生产线,逐步建立起包括芯片设计、芯片制造和芯片应用在内的完整集成电路存储器产业链。在并购过程中,知识产权授权成为浪潮收购谈判的重要内容。通过并购获取的核心技术,为浪潮在云计算核心装备——服务器、存储、云端产品实现芯片级的研发、制造能力提供了强有力的支撑。

移动互联网掀起并购热潮。 当前，国际各大软硬件企业正在布局移动互联网，通过并购向移动互联网、应用软件和服务、智能终端三大方面转型。从我国电子信息产业情况来看，围绕移动互联网的全产业链，正在掀起一场并购热潮。2012年年初，由大唐电信集团提出、中国政府主导的TD-LTE正式成为4G国际标准。2012年4月，大唐电信收购联芯科技99.36%股权。这次并购最重要的意义在于，抢先布局方兴未艾的TD-LTE（4G）产业链。收购联芯科技，并与大唐电信的控股子公司大唐微电子业务有效整合后，将显著增强大唐电信集成电路芯片设计产业的能力，业务领域从原有的智能卡安全芯片及解决方案拓展到移动互联终端芯片及解决方案。

并购重组方式日趋多元化。 在资本市场的推动下，我国电子信息企业并购重组方式日趋多元化，主要表现为支付方式、参与方和并购目标市场的多元化。并购重组资金支付方式更加趋向于股权支付、杠杆支付等非现金支付交易方式。从投资参与方来看，在央企重组和国资整合之外，民营企业、VC/PE等参与者在并购市场上表现也逐渐活跃。在国家"走出去"战略的支持下，电子信息行业中的IC、通信设备等重点区域的企业开始积极并购或参股国外信息技术企业以提高国际竞争力。

8.7.3 主要问题

亟待提升产业链整合能力。 如今，电子信息产业的竞争已从单个产品或企业的竞争进入了全产业链竞争阶段，产业链整合及运营能力成为决定竞争成败的核心关键。然而，我国电子信息产业一直存在企业规模较小且分散、产业集中度不高、产业链各环节缺乏互动的问题。面对各跨国IT巨头日益频繁的兼并收购，以及由此在产业链各环节逐步确立的整体优势，我国电子信息产业的国际竞争压力会不断加剧，必须加快推进企业并购重组和产业链整合，提升产业集中度和产业链整体竞争力。

需要培育产业新的增长点。 我国电子信息产业目前缺乏强劲有力的新增长点。"十一五"以来，彩电、手机、计算机等整机产品的市场需求已趋稳定。同时，传统整机产品正面临着网络化、智能化、绿色化产品的挤占和替代。由于创新投入不足、资源配置分散、产业化进程缓慢等原因，符合技术发展趋势、贴近市场当前需求、具有强有力带动作用的产业新增长点迟迟不能形成，已成为阻碍产业持续快速发展的关键制约。从电子信息产业和相关技术的全球发展趋势来看，我国应着力于移动互联网、云计算、物联网等新兴领域，通过并购重组迅速切入，尽快培育产业新的增长点。

存在收购价格不合理现象。一般而言，与传统制造业相比，电子信息产业代表着更高的成长性和更大的盈利空间。尤其是那些具有核心技术、专利、市场和品牌优势的企业，收购价格往往高于一般企业。尽管如此，在我国电子信息产业中的几起并购事件，仍然因为溢价率过高而受到质疑。2013年1月10日，同方股份宣布以14.5亿元收购壹人壹本100%股权。同方股份对壹人壹本的预估值约为13.68亿元，与后者的资产账面净额2.42亿元相比，增值超过4倍。同方股份选择并购壹人壹本，主要目的在于快速切入平板市场，通过发挥双方的优势互补，在消费电子产品市场拓展更大的发展空间。然而，过高的估值，使双方在未来几年面临很大的风险。

8.8 医药

目前，我国基本药物总体上处于产能过剩的状态，生产较为分散，按批准文号算，化学药和生物制品平均每个品种的生产企业有100家左右，中成药平均每个品种的生产企业有60家左右。在"以市场换技术"的粗放经营方式下，整个行业"多、小、散、乱"问题突出，整体生产效率不高。医药行业的兼并重组已是大势所趋。

8.8.1 总体情况

"十一五"期间，医药行业兼并重组交易事件及交易额快速增长。据德勤华永会计师事务所统计，2005年国内完成医药并购交易仅14宗，2010年则完成了54宗；2005~2011年，国内医药并购交易金额年均复合增长率达到50%以上。据清科研究中心数据显示，2006~2010年，中国医药并购市场共完成92宗案例。其中，披露具体金额的并购案例共有78宗，并购总额为

22.63亿美元。

进入"十二五"以来,医药行业并购重组热度不减。2011年,药品生产企业4800多家,销售不足5000万元的占70%以上,医疗器械企业13000家,销售额1亿元以上的不足200家。行业集中度仍然有待提升。2011年6月《产业结构调整指导目录》(2011年版)发布后,医药行业收购兼并和联合重组日益活跃。据清科研究中心统计,2011年中国医药产业并购案例数达到89起,涉及并购金额15.48亿美元,案例数较上年有明显提升,但是并购金额的提升幅度相对较小。2012年,医药行业兼并重组依然活跃。根据中国企业兼并重组研究中心、北京产权交易所、上海产权交易所、重庆产权交易所的数据,2012年医药制造业发生兼并重组事件89宗,除国有资产无偿划拨和集团内吸收合并外,有披露的交易金额达到161.85亿元。涉及并购金额2亿元以上的案例近十单,包括中新药业收购宏仁堂药业、康恩贝制药并购伊泰药业,永泰投资并购联环集团,现代制药并购容生制药,华润三九并购顺峰药业、仁和药业收购江西药都樟树制药,以及沃森生物收购上海泽润等。根据并购交易是否跨企业(集团),将兼并重组分为跨集团整合和集团内部整合两类。2012年,两种类型的兼并重组分别发生55宗和34宗,交易金额分别为118.52亿元和43.33亿元。从产业整合的行业特点来看,化学药、中药和生物制药3个细分行业交易数量分别为29宗、11宗和12宗,交易金额分别为69.83亿元、14.83亿元和15.13亿元。

医药企业通过兼并重组,产业集中度不断提高。销售收入超过100亿元的医药工业企业从2005年的1家增加到2010年的10家,超过50亿元的企业由2005年的3家增加到2010年的17家,这些企业具备了较强的生产能力和经营管理能力,基本完成了从产业扩张到资本扩张的过渡。购并成为推动企业做大做强的重要方式,中生集团、上海医工院并入国药集团、上药集团、上实医药和中西药业合并重组,华润重组。医药批发企业集中度也有所提高。据清科研究中心统计,2010年,主营业务收入前100位的批发企业销售规模占同期全国市场规模的78%,比2009年提高近8个百分点。其中前三位达到1533亿元,占同期市场规模的26.7%,比2009年提高5.8个百分点。

8.8.2 主要特征

行业内产业链整合和大企业业务布局调整加速。中国生物技术集团公司、上海医药工业研究院并入中国医药集团，华润集团重组北京医药集团等项目顺利实施，一批企业通过并购重组迅速扩大规模，实现了产业链整合和业务布局调整，提升了市场竞争力，有力地推动了产业组织结构优化。

产业政策和行业规制对医药行业兼并重组起了很大的刺激作用。2012年初出台的《医药工业"十二五"规划》中，明确将推动企业兼并重组作为重要任务，目标就是提高产业集中度。力促到2015年，销售收入超过500亿元的企业达到5个以上，超100亿元的企业达到100个以上，前100位企业销售收入占全行业50%以上；"抗限令"升级是加速行业洗牌的另一政策促动因素。2012年8月1日，《抗菌药物临床应用管理办法》开始正式施行。这意味着，"限抗"将延续下去，并趋于常态化、精细化。事实上，国内抗菌药产品低水平重复过多，比如青霉素，集聚了华北制药、哈药股份、鲁抗医药、石家庄制药、华星制药五大生产商在争夺市场份额，而其他小型青霉素生产企业数量更是庞大。严格的限用风暴，除了令以抗生素为主业的企业盈利收紧、加紧结构调整，还将使企业遭遇市场的大浪淘沙。此外，流通环境管制、药品降价、零差率等政策的影响，也加速了行业"洗牌"的过程。

专栏8-1 国家对医药行业兼并重组的指导意见

2013年初，由工业和信息化部、财政部、国家发改委等12个部门联合发布的《关于加快推进重点行业企业兼并重组的指导意见》中指出，到2015年，医药行业前100家企业的销售收入占全行业的50%以上，基本药物主要品种销量前20家企业所占市场份额达到80%，实现基本药物生产的规模化和集约化。

质量标准提升对药企开展兼并重组形成倒逼之势。根据《国家药品安全"十二五"规划》，药品生产必须100%符合新版GMP要求，随着新版GMP

的推进，部分中小药企因无法完成认证改造而被兼并重组。为上市公司、龙头企业提供并购和扩张的机会，促进行业集中度提高。根据《国家药品安全规划（2011~2015年）》，到2015年，药品生产必须100%符合新版GMP要求。眼下留给药企的时间只有三年，由于企业实力不同，资金雄厚的公司加紧改造投入，而实力弱小的企业则以转让股权的方式寻求支援，医药产业分化日益加剧。国内多家产权交易所数据显示，2011年以来，中小药企股权转让行为逐渐增多，业绩成长压力和新版GMP改造压力，刺激更多药企寻求资金融通。清科研究中心最新数据显示，2011年1月至2012年7月，国内医药行业共出现超过90宗并购，其中，由A股药企发起的并购占比达80%。而新版的GMP认证改造，按照预估，也将淘汰500~1000家生产企业。按照预估，新版的GMP认证改造将淘汰500~1000家生产企业。

国有企业尤其是央企成为行业整合主导力量。2012年，在医药制造业交易金额前十大并购中，涉及国有企业的有7个，尤其是国有大型医药集团的兼并重组显得尤为活跃。仅华润医药集团就进行了三笔兼并重组；天津医药集团进行了多次划拨和转让，以整合业务板块，实现产业布局；国药集团、广药集团等也都进行了兼并重组，引起了市场的广泛关注。在医药流通领域，国有大企业也是行业重组的主角。中国医药集团、华润医药商业集团和上海医药集团三大巨头通过兼并重组已成功布局。例如，2012年，华润医药商业集团完成了对河南洛阳公司、三门峡公司、湖南双舟、广东中健等公司的投资并购，进一步完善了其医药流通网络布局，实现了从区域性公司向全国性公司的转变。

跨国医药巨头布局中国市场给中国企业并购重组造成压力。医药行业"国际竞争国内化"的格局已经形成。目前，全球十大药企均已在中国投资建厂或者设立研发中心，手段已从传统的处方药销售向战略性全产业链布局转变。国外企业在技术、药品创新方面占有明显优势。中国本土的医药企业如不进行规模化生产，组建大型药业企业，将难以匹敌跨国巨头的有力竞争。在这种情况下，并购重组成为国内医药企业快速发展的必然选择。实际上，纵观跨国医药巨头，如赛诺菲、葛兰素史克和罗氏公司，它们的发展壮大无一不伴随着收购兼并。医药企业只有做大，才能做强。在中国医药行业

"小、散、乱"的大环境下，投资并购、整合资源已成为企业发展壮大和行业健康发展的基本路径与有效手段。

需求放缓及成本上升，加速了低效药企的退出。国外药品需求增速放缓、生产成本上升等，共同促成了医药行业业绩的整体下滑，使部分药企陷入经营困境，成为被并购的标的。从外部环境上看，欧美日等传统市场的医药监管政策日趋严格，影响了我国原料药出口。2011年6月，欧盟颁布指令，规定所有输欧的人用药活性物质必须出具出口国监管部门的书面声明。一旦指令实施，中国对欧盟的原料药出口将遭遇"灭顶之灾"。据中国海关统计，2012年医药出口额476亿美元，同比增长6.9%，增速较上年下降3.7个百分点。其中，原料药出口增长乏力，部分出口企业出现亏损。2011年以来，能源、原材料价格持续上涨，人工成本逐年上升，加之成药价格下降，不断挤压药企的利润空间，加速了低效企业的退出和行业内部的兼并重组。

8.8.3 主要问题

生产分散，产业集中度不高。目前，全国5000多家医药工业企业中，大型企业仅占总数的11.7%，年销售额超过100亿元的企业不超过10家。国内医药行业在规模化方面与发达国家之间仍然存在巨大的差距。当前，我国医药工业百强集中度在40%左右，而日本1996年医药产业的前8位企业的市场集中度就已经达到了44%，2000年，美国医药产业销售前10名占据美国药品市场份额的61%。国内医药行业在规模化方面与发达国家之间仍然存在巨大的差距。整个行业"多、小、散、乱"问题突出，整体生产效率不高。

企业并购目的短视，重规模轻技术。我国医药企业并购，以实现上下游一体化和强弱兼并扩大生产规模为主，规模扩张依然是现阶段医药企业的首要目的。一些企业过分注重通过并购实现规模扩张，但忽视了对并购标的企业研发力量和技术基础的考察，从而造成了兼并双方在产业链整合过程中难以融合并形成互补或联动效应，继而导致并购绩效不良。而且，过分依赖并购扩张势必造成公司管理层精力分散以及财务紧张，对原本正常的业务开展如研发、销售等造成不良影响。由于企业业务领域涉猎过广，资金链一旦断裂，企业就变得举步维艰。真正基于技术融合和技术提升的产业链整合需要企业提高对产业技术的理解和认知能力。

市场化的并购环节缺失，系统整合成效不足。企业兼并是个系统工程，涉及对企业发展战略、资本运营、管理模式、人力资源、财务管理、企业文化等多领域的重新整合和重组。一次完整的并购，通常要经历明确动机、制定战略、实施考察、谈判签约、内部融合等复杂环节，耗时较长。但多数企业对并购方缺乏有效深入的了解，有的甚至陷入"财务陷阱"，拖累了企业固有业务。许多企业对重组以后的有效整合缺乏得力措施，导致企业"消化不良"，业务整合不力又加剧了文化冲突，目标企业反而成了并购企业的负担，这往往导致并购以失败告终。此外，我国众多医药国有企业，隶属中央或地方政府管理，在并购重组过程中，政府干预仍难以避免，导致一些不符合行业发展规律和企业发展要求的并购发生，企业之间重组之后难以产生"1+1>2"的协同效应，影响了企业和行业发展活力。

8.9 农业产业化

农业产业化是我国探索农业经营体制机制创新的有益实践，是我国从农业大国走向农业强国的必由之路。农业龙头企业是构建现代农业产业体系的重要主体，也是推进农业产业化经营的主力军。2012年，我国农业产业化进入调整、转型和提质的新阶段，数量扩张向质量提升转变。在国家政策的有力支持下，农业龙头企业发挥辐射带动作用，以点带面、逐步推开，全面提升农业产业化经营水平。在此过程中，农业龙头企业跨地兼并、重组、收购、控股等形式的市场整合行为日趋活跃，灵活多样的产业组织及合作形式进入创新实践，进一步增强企业活力，明显提高资源配置效率，有序推进产业链上下游协作。

8.9.1 总体情况

现阶段，培育壮大龙头企业是我国农业产业化的一项重要任务。一方面，国务院及有关部门顺应形势需要，对农业龙头企业发展加强政策引导。

2012年3月，国务院出台了《国务院关于支持农业产业化龙头企业发展的意见》（国发〔2012〕10号）。同时，为了积极贯彻落实国发〔2012〕10号文件，由农业部负责业务管理，中国农业发展集团有限公司、新希望集团、中粮集团等16家大型农业产业化企业共同发起成立了"中国农业产业化龙头企业协会"，该协会很快成为加强政府和企业、企业和企业、企业和其他组织之间沟通协作的纽带和桥梁。随后，工业和信息化部等12部委联合出台了《关于加快推进重点行业企业兼并重组的指导意见》（工业和信息化部联产业〔2013〕16号），这个文件明确将农业产业化龙头企业列入企业兼并重组的9大重点行业之中，并提出了农业产业化龙头企业要通过兼并重组、收购、控股等方式组建大型企业集团，进而打造一批自主创新能力强、加工水平高、处于行业领先地位的大型龙头企业，同时在引导龙头企业向优势产区集中的过程中，形成一批相互配套、功能互补、联系紧密的龙头企业集群。

另一方面，农业龙头企业把握市场机遇，顺势而为，推进市场整合。2012年，乳品、粮油、畜禽、果蔬（饮料）等行业龙头企业发挥资本、技术、市场等综合优势，通过股权收购、股权置换、直接并购、生产托管等方式实现较大规模兼并重组，形成一批地区优势明显、产业能力较强、综合效益较好的大型企业集团。同时，许多农业龙头企业通过上下游产业链延伸和衔接配套、优势品牌拓展、生产组织形式转换等方式，强化对种植基地、精深加工、物流配送、销售网络等产业链重点环节的整合。此外，也有一些资金实力较强的龙头企业实施"走出去"战略，通过在国外设立生产基地、并购国外同行业企业、收购国外农牧产品等方式，从中获得优质的原料或先进生产技术工艺或市场网络等。

总的来看，2012年，我国农业产业化龙头企业兼并重组进展顺利，企业兼并重组的数量和规模出现较快增长。据中国企业兼并重组研究中心监测数据显示，我国各项涉农的重要并购重组案例交易总额达54亿元。其中，涉农兼并重组交易金额在1亿元以上的案例达18宗；按被并购方统计，上市公司在农林牧渔、食品饮料等涉农重点行业并购数量分别为43家、57家，并购金额为37.6亿元、29.1亿元。

8.9.2 主要特点

我国农业产业化龙头企业兼并重组已取得阶段成效,有力推动农业现代化进程,并出现一些明显的特点。

农业产业化组织实力增强。随着农产品消费需求规模的扩大和升级,社会资本对现代农业的反应趋向积极,通过参股、控股、资产收购等多种方式直接或间接参与涉农企业兼并重组,从而促进农业产业化组织结构进一步优化和经营效益继续上升。2012年,我国农业产业化组织总数达到30.87万个,已被农业部认定的五批农业产业化国家重点龙头企业总数为1253家,占全国各类农业龙头企业1%左右。农业产业化组织销售收入和利润稳步增长,全国农业龙头企业实现销售收入6.88万亿元、净利润4667.83亿元,分别较上年增长19.93%、14.11%。

产业链上下游融合协作较好。许多农业龙头企业积极向绿色种植业、农产品精深加工、农产品物流、生物科技、生态旅游等产业链上下游或相关配套产业延伸、渗透,以提升产品附加值为目标,进一步促成了三次产业融合发展。特别是,有些处在产业链下游的农业龙头企业通过兼并重组方式向上游的种植业或种植基地延伸,例如,广东东莞市康达尔饲料有限公司收购惠州正顺康畜牧发展有限公司股权,进而实现产业链从单纯的饲料加工向畜牧养殖延伸;而浙江康恩贝制药股份有限公司收购云南希陶绿色药业股份有限公司的股份,进一步将企业业务领域扩大到天然植物药研发和生产。

龙头企业加快同行业整合。行业综合实力较强的龙头企业加大收购地方龙头企业、小微企业或自然人的企业股份或农业资产,利用行业重新整合扩大企业生产网络。例如,中垦农业资源开发股份有限公司收购了袁国保等16个自然人所持有的湖北种子集团52.045%股权,涉及交易金额1.5亿元,这也是继收购河南地神种业有限公司、广西格霖农业科技发展有限公司之后的又一次战略性收购。同样,湖南新五丰股份有限公司是一家从事猪饲料加工、生猪养殖及屠宰等全产业链发展的农业龙头企业,为了加快省内行业整合,收购了李焕炎和周银香持有的湖南长株生猪交易市场有限公司55%股权,涉及交易金额达3000万元。

海外并购活动继续活跃。随着全球市场格局的调整，我国农业龙头企业"走出去"步伐加快，积极捕捉国外市场机会，并购了一些拥有技术、品牌或市场优势的国外同行业企业，同时，通过租赁、收购等方式在巴西、俄罗斯、阿根廷等国家设立农业种植或养殖基地，以保障产业链下游的优质原料供应。例如，中化国际通过其控股的新加坡上市公司 GMG Global LTD 收购比利时 SIAT NV 35%股权，以获取其天然橡胶、油棕资源和土地储备，并购涉及的交易金额超过 16 亿元。

8.9.3 主要问题

我国农业产业化龙头企业兼并重组是一项涉及范围大、影响面广、关系民生的长期工程，虽然已取得一定的进展，但仍面临着一些问题和挑战。

跨地区兼并重组障碍多。受地方保护主义、市场分割等因素影响，地方农业龙头企业进行跨地区兼并重组依然面临着各种形式的障碍，从而增大了并购成本和风险。同时，产权交易市场发育不成熟，相关服务中介发展缓慢，地方政府人为干预严重，难以为农业龙头企业实施跨地区兼并重组提供良好的市场环境。

国家相关政策贯彻落实难。现有政策仍停留在宏观层面的原则性指导，缺少对农业产业化龙头企业兼并重组的指导意见或实施方案，因此，许多农业龙头企业贯彻落实政策的积极性不高，宁可新建产能，也不愿意通过兼并重组方式扩大产能。另外，相应的配套政策迟迟没有出台，致使许多农业龙头企业在推进兼并重组过程中面临一些困难，例如，企业融资难、农地租赁难、产权变更难。

9 模式与实践

近年来,我国企业充分利用国际国内市场广泛进行兼并收购和企业重组活动,掀起了一场声势浩大的兼并重组浪潮,出现了一些典型的兼并重组模式和实践,有力地推动了经济结构调整、产业转型升级,实现了企业业务、资产、负债、产权、组织、人员和文化等各个层面的整合,优化了资源配置,增强了企业实力和竞争力。

9.1 主要模式

兼并重组可以从宏观和微观两个层面进行诠释。从宏观层面看,兼并重组是产业结构优化和区域资源重新配置的一种现象或一个过程,是产业整合的重要手段;从微观层面看,兼并重组是企业基于价值链的竞争要求,通过收购、兼并、合并、合资、战略联盟等方式,实现企业价值链的资源和要素在时空秩序中重新配置和组合的过程。一般而言,所谓"兼并重组模式",主要是指企业兼并重组实践过程中反复出现的代表性、典型性行为或特征。由于划分依据、分类标准、研究对象等的差异,不管理论界还是实务界,目前国内对兼并重组模式的划分并未形成统一的认识,按照不同的分类标准,可以划分为不同的类型。

从微观企业层面来看,根据兼并重组涉及企业产品在价值链的环节,可以分为:横向兼并、纵向兼并和混合兼并;根据兼并重组运用市场化手段的程度,可以分为市场化兼并重组和非市场化兼并重组;根据兼并重组的途径和方式,可以分为整体并购、投资控股并购、股权有偿转让、资产置换并购、二级市场并购、股权无偿划转等;根据兼并重组收购的法律形式,可以分为协议收购、要约收购、公开市场收购;根据兼并重组的对象及具体内容，可以分为资产重组、债务重组、股权重组等；根据兼并重组利用资本市场及资金的差异，可以分为海外并购、国内并购、外资并购；根据兼并企业产权变动与规模变化的关系，可以分为扩张模式、收缩模式和内变模式。

从宏观产业层面来看，根据产业演化周期理论，任何产业重组整合都是必然的，对兼并重组模式的研究有利于更好地把握产业兼并重组的规律。根据兼并重组涉及产业上下游关系不同，可划分为横向并购型、纵向并购型、混合并购型；根据产业兼并重组推进的主体不同，可划分为政府主导型与市场主导型；根据兼并重组在不同时期对核心竞争力的追求，可划分为垄断导向型与知识创新导向型；根据兼并重组对市场结构进而对产业集中度的影响，可划分为兼并导向型与拆分辅助型。

借鉴前面微观企业层面和宏观产业层面兼并重组的模式划分，以当前兼并重组实践活动体现出来的基本特征为依据，综合上述因素，当前我国兼并重组的模式可以分为以下五种类型：政府主导资源整合型、政府主导结构调整型、政府主导产业促进型、市场主导规模扩张型、市场主导竞争力提升型。

9.1.1 政府主导资源整合型

政府主导资源整合型，主要是指政府通过行政、法律法规等非市场手段引导资源整合的企业兼并重组行为，主要是针对一些资源性行业。政府推动资源整合型兼并重组，主要是由于部分资源性行业生产方式落后、资源配置效率低下、监管措施不到位、安全生产难保障。这类企业兼并重组与整个行业资源利用现状有关，受政府对相关资源行业的战略意图影响较大。比较典型的有山西、内蒙古、陕西等省级政府推进对煤炭等资源性行业的兼并重组；内蒙古等省级政府对稀土等战略性资源企业的兼并重组。

9.1.2 政府主导结构调整型

政府主导结构调整型，主要是指政府通过行政、法律法规等非市场手段基于国有经济布局和经济结构调整而引导企业进行的兼并重组行为。政府推动这类企业兼并重组，主要是由于一些行业存在较为典型的产业布局不合理、市场集中度过低、产业产能过剩严重、市场无序竞争等问题，这些问题大多数是市场缺陷导致的结构性问题,且短期内难以单纯依靠市场力量自行解决,行业结构性矛盾突出。比较典型的有工业和信息化部、财政部、发改委等部门《关于加快推进重点行业企业兼并重组的指导意见》中对汽车、钢铁、水泥、船舶等行业的兼并重组。

9.1.3 政府主导产业促进型

政府主导产业促进型,主要是指为促进战略性或者新兴幼稚产业发展,政府通过行政、法律法规等非市场手段引导的企业兼并重组行为。政府推动这类企业兼并重组,主要是为实施赶超战略,推动战略性新兴产业或者幼稚产业快速发展,为增强本国产业竞争力而实施的产业促进政策措施。政府推进此类兼并重组在国外也较为常见,例如,为实现赶超战略,韩国、日本就对船舶、电子信息等行业采取过类似的产业促进政策,且已收到了良好的政策效果。当前我国比较典型的有工业和信息化部、财政部、发改委等部门《关于加快推进重点行业企业兼并重组的指导意见》中对电子信息、医药、农业产业化等行业的兼并重组。

9.1.4 市场主导规模扩张型

市场主导规模扩张型,主要是指在市场条件下,产业内企业为了实现规模经济和垄断利润,根据企业自身发展的需要,自主通过市场进行并购、剥离等行为,尽最大可能地实现规模扩张,以增强自身在产业内的垄断地位。产业演化中期,一般企业进行横向并购重组大多出于此目的。但产业演化后期,由于规模扩张容易导致垄断,而垄断企业的非竞争性会损害社会福利和生产效率,因此规模扩张导向的产业重组整合是发达国家规制的对象,其中尤以美国最为严格。在我国产业演化初中期阶段,较为典型的主要有中央企业出于行业资源整合而通过市场实施的横向兼并重组和整体上市行为。

9.1.5 市场主导竞争力提升型

市场主导竞争力提升型,主要是指在市场条件下,产业内企业为了取得竞争优势或是核心竞争力,根据企业自身发展的需要,自主通过市场进行并购、剥离等行为，从而推动的兼并重组行为。进入知识经济时代以来，单纯产业集中度的提高、企业规模的扩大已不是核心竞争力形成的决定性因素，取而代之的是提高技术创新的速度、生产效率以及持续的知识创新能力，因此产业内企业无论是兼并还是拆分均是围绕形成企业竞争力进行的。这种方式的兼并重组凸显了企业进行兼并重组的自主性和目的性，是市场发达国家的主导模式，优点是真正能够实现资源的合理配置，提高生产效率。在这种整合方式下，虽然强调的是市场的自发作用，但所有的兼并重组均是在政府规制条件下进行的，例如，必须符合反垄断法规等。

9.2 典型实践

近年来，兼并重组作为产业政策的重要手段和有效措施，在优化资源配置、化解产能过剩、促进产业转型升级和经济结构调整方面发挥了重要作用，出现了一些典型实践。例如，中央企业数由2003年4月国资委成立时的196家减少到目前的125家，基本上都是通过兼并重组整合得以实现的。因此，总结兼并重组典型实践的经验与不足，可以为继续推进企业兼并重组提供参考和借鉴。

9.2.1 山西省煤炭企业兼并重组：推进资源整合

2008年9月以来，山西省委、省政府着眼于"安全发展、转型发展、绿色发展"的战略高度，率先发起了全省煤炭资源整合。2008年9月，山西省出台了《关于加快推进煤矿企业兼并重组的实施意见》，全面启动了煤矿企业兼并重组和煤炭资源整合工作。2009年9月28日，国土资源部等12部委联合下发《关于进一步推进矿产资源开发整合工作的通知》等一系列文件，加快了山西省煤炭资源整合重组的步伐。经过近三年各方面的鼎力推动，山西省的煤矿兼并重组及煤炭资源整合的力度不断加大，目前已初见成效，并且在全国起到了示范作用，内蒙古、陕西等资源大省也都相继跟进。

山西省委、省政府大力推进实施煤矿企业兼并重组整合，其主要做法和措施是以先进生产力标准和现代企业制度理念对分散的煤炭企业进行规范整合，实施专业管理。依托省内外国有大型煤矿企业和地方民营骨干企业以及电力、冶金、化工等与煤相关联的企业，通过资本联合、扶优汰劣，兼顾各方利益，重组整合中小煤矿。坚持政府协调指导和市场作用发挥相结合；煤矿企业重组整合与煤炭开采秩序治理整顿相结合；上大、改中与关小和淘汰落后产能相结合；注重发挥省内外国有大企业作用与注重发挥民营骨干企业作用相结合。通过科学整合、合理布局、关小建大、扩大单井规模，实现机械化开采，提高煤矿安全保障能力，全面提升产业水平，实现由煤炭大省向煤炭强省的跨越。

山西省此次对煤炭行业进行兼并重组，以资源为基础，以资产为纽带，以股份制为主要形式，兼顾各方面的利益，发展混合所有制经济。对被兼并重组煤矿的资产，依法进行评估，由兼并重组双方协商确定转让价格或作价入股。对被兼并重组煤矿采矿权价款，在退还剩余资源量采矿权价款的同时，给予适当的经济补偿。具体而言，山西省此次兼并重组整合通过两种途径实现：一是直接转让。兼并主体并不完全是传统意义上的国有企业，而是根据现代企业制度建立起来的股权多元化的企业主体，国家和个人都是这些兼并主体企业的股东。二是参股入股。"民"并未退，只不过是转换了身份，由原来的老板变成了股东。

山西省大规模的煤炭企业兼并重组，主要以横向并购和纵向并购为主。具体而言，山西省煤炭企业并购实践具有如下特点：第一，山西省煤炭行业企业众多，生产较为分散，小煤矿在一些地方星罗棋布，生产技术水平低下，煤炭企业对小煤矿的并购需要实施技改、整合。因此，煤炭企业横向并购的主要目的是提高集中度，发挥规模经济优势，扩大生产规模，追求规模经济效益。第二，山西省煤炭企业纵向并购的目的主要是通过向其生产上下游阶段的经营主体活动延伸来建立紧密的纵向经济技术联系，从而增强企业的生存发展能力。纵向并购主要的模式：一是并购电力企业，变运煤为输电，突破煤炭运输"瓶颈"的限制，也可以节省成本支出；二是并购煤化工企业，延长产品线，解决传统煤炭企业业务单一的问题，提高公司业务的多样性；三是收购铁路，保证煤炭运输通畅，也可降低成本。

山西省这一轮产业调整强调了国有大型煤矿的主体地位和引导作用，主要以股权收购和资产收购两种方式进行,其中,股权收购又以股权转让和增资扩股较为多见。从2009年起山西省坚决关闭部分不符合规定的小煤矿,大力支持同煤集团、山西焦煤、潞安集团等大型煤炭集团为主体重组省内小煤矿,到2010年年底全省矿井数量由原来的2600多座压减到1053座,减幅比例达60%。企业主体由2200多家减少到130家,山西省出现了4个产能亿吨级的特大型煤炭集团。国有、民营、混合所有制企业办矿比例为2∶3∶5,一个以股份制为主、充满活力的多元办矿格局展现出来。

通过重组整合,山西省煤矿多、小、散、低的产业格局正在发生根本性转变,全省煤炭工业发生了质的变化,无序开采得到有效遏制,煤炭工作可持续发展能力明显增强。煤炭工业的规模化、机械化、信息化、现代化水平明显提高,山西省经济彻底转型,经济增长逐步科学化,进入了一个全新的发展阶段。此外,此次兼并重组实行属地注册公司,维持原有税费上缴渠道不变,并承担相应的社会责任,落实工业反哺农业、以煤补农方针,支持当地新农村建设和公益事业发展,努力做到地方既得利益不减少,以煤补农建设项目不停止,相关群众生活不下降。

山西省通过兼并重组首开煤炭行业资源整合之后,近几年全国许多地方也加强了煤炭资源的集中整合,比较典型的煤炭企业并购重组实践主要有:神华集团重组宁煤集团成立中国神华宁煤集团,中央企业与地方国企强强联合的"神宁模式";以做实做强为目的的晋北同煤大重组模式;冀中能源集团的强强联合模式;以市场为基础手段、纵横同步推进的阳煤模式;多业并举、做大做强的陕煤模式;跨省并购重组的沈煤模式;联合重组的川煤模式;同一行政区域内并购重组河南煤化工重组模式;打造跨行业新型能源化工集团的中国平煤神马重组模式;以"三扩张、两延伸"为特点的皖北煤电模式等。

9.2.2 钢铁行业兼并重组:推进经济结构调整

我国是世界第一产钢大国,从1996年起粗钢产量居全球第一。伴随着中国经济的高速发展,爆发式的增长使钢铁产能已连续十年保持年均20%以上的增幅,中国钢铁行业进入快速增长期。目前我国百万吨以上规模的钢铁企业数量占据了全球的半数以上，但是中国钢铁业的集中度很低，没有一家企业市场份额超过10%。2012年前10家钢铁企业集团占全国总产量的比重为45.94%。钢铁产业总体呈现出企业数量大、规模小的特点，且存在铁矿石成本居高不下，产品同质化程度严重，行业产能严重过剩，产业布局不合理等一系列问题。

为调整钢铁行业结构布局，解决钢铁行业无序发展等问题，2005年国家发展和改革委员会颁布的《钢铁产业发展政策》和2009年3月国家颁布的《钢铁产业调整和振兴规划》都明确提出要促进我国钢铁企业的并购重组，提高整个钢铁产业的集中度和竞争力。《国民经济和社会发展第十二个五年规划纲要》、《国务院关于促进企业兼并重组的意见》、《工业转型升级规划（2011~2015年）》、《促进中部地区原材料工业结构调整和优化升级方案》、《关于加快推进重点行业企业兼并重组的指导意见》也提出，要积极推进钢铁企业兼并重组。

在产业政策、市场和地方政府的多重推动下，2005年以来，我国钢铁产业先后发生了数十起成功的重大并购重组事件，已基本形成了以宝钢、武钢、鞍钢3个行业龙头和河北钢铁、山东钢铁、马钢、华菱、沙钢5个区域优势企业集团为中心的重组格局，行业经济结构进一步优化，竞争秩序进一步好转。具体而言，我国钢铁行业兼并重组的模式主要包括以下几种。

（1）中央企业跨区域对地方企业进行兼并重组。

为在全国范围内形成合理的钢铁行业结构布局，中央企业跨区域对地方企业进行兼并重组较为常见，此种模式是钢铁行业经济结构调整的主要方式。较为典型的案例是中央企业宝钢集团跨区域整合地方钢铁企业。作为中国钢铁企业龙头老大，宝钢近几年频频出手，先后跨区域并购了八一钢铁和宁波钢铁。从结果和成效看，宝钢的跨区域并购模式、"行政加市场"的手段得到了业界的广泛认可。以八一钢铁为例，2007年，经国务院国资委批准，八一钢铁集团48.46%的国有股权无偿划转由宝钢集团持有，宝钢集团成为八一钢铁的实际控制人。八一钢铁正式进入宝钢集团后，引入了宝钢的先进技术和管理理念。同时，宝钢向新八钢注入30亿元资金，支持其改造生产线、提高管理水平、调整产业结构，增强产品竞争力；八一钢铁则发挥其区位优势，将宝钢的销售布局扩大到中西部，并有效地辐射到西亚地区。

（2）地方政府推进兼并重组整合区域内钢铁企业。

地方政府对区域内钢铁企业进行兼并重组整合，是钢铁行业经济结构调整的另一种方式。山东省重组济钢和莱钢，成立山东钢铁集团；河北省重组唐钢、承钢、宣钢、邯钢成立河北钢铁集团，就是主要采取行政主导、资产捏合的方式。这种整合式的区域内并购重组由于企业经营模式、资产状况、工资收入、管理层人员安置等因素的影响，存在一定的阻力，兼并重组整合难度较大。例如，山东钢铁集团有限公司 2008 年 3 月就已成立，历经四年时间，其下属的济南钢铁才以换股形式合并莱钢股份，山东钢铁股份有限公司才正式亮相资本市场。通过这种方式，山东省内有效压缩了钢铁行业规模，通过建立钢铁精品基地，加速钢铁企业转型升级，提高了核心竞争力。

（3）战略联盟式联合重组。

钢铁企业之间进行战略联盟式联合重组，也是钢铁企业经济结构调整转型的另一种方式。2005 年鞍本钢铁集团成立，就是战略联盟式联合重组的典型形式。鞍钢集团和本钢集团只是名义上的联合，实质未发生股权转换。双方依靠辽宁省较为丰富的资源，共享市场，优势互补，并针对自身的特点制定了较为独立的发展规划。鞍本联姻，可以增加规模效应，对辽宁省整体钢铁业的发展具有推动作用。但这种非产权型的联合，大多采用比较松散的方式，仅仅是一种战略上的合作。

（4）民营企业的自发并购重组。

《钢铁工业"十二五"发展规划》提出，要大幅减少钢铁企业数量，全国形成 6~7 家具有较强市场竞争力的企业集团。因此，占据中国钢铁行业半壁江山的民营钢铁企业只能通过并购重组才可以生存。2008 年年末，唐山 39 家民营钢企共同出资，成立了长城钢铁集团和唐山渤海钢铁集团。2 家钢铁企业在 2012 年通过搬迁改造，减量置换等手段，最终整合成一个布局合理、技术先进、产能 1000 万吨以上的钢铁集团。民营企业的兼并重组，对中国钢铁产业结构的提升起到了很大的作用。

不难看出，钢铁行业兼并重组的模式，对于调整行业经济结构布局、优化资源配置、增强竞争力具有重要作用。从国际、国内钢铁业的重组经验以及目前国内钢铁行业兼并重组的推进实践来看，要实现到2015年前10家钢铁企业集团产业集中度达到60%左右的目标，下一步钢铁行业还需继续通过区域性市场整合、战略性联盟、上下游产业链重组、专业化与向纵深服务转型、重新分工与全球网络化等模式，继续加大钢铁行业经济结构调整力度，提升行业国际竞争力。

9.2.3 山东省农业企业兼并重组：促进农业产业化发展

农业产业化是现代农业的发展方向。农业产业化龙头企业集成利用资本、技术、人才等生产要素，带动农户发展专业化、标准化、规模化、集约化生产，是推进农业产业化经营的关键。由于历史和环境的原因，我国的农业企业大多是由农业大户发展起来的，普遍面临着规模偏小、与农户联结松散、资金短缺、科技含量低、缺乏有力的政策支持等困境。截至目前，我国农业龙头企业有11万家，其中国家认定的农业产业化国家重点龙头企业为1253家。我国农业龙头企业数量虽然众多，但有影响力的大品牌却不多见。

山东省是我国农业产业化的发源地，20世纪90年代初就提出了农业产业化的政策导向。山东省历届省委、省政府都高度重视农业产业化发展，2002年以来先后三次召开专题会议，三次出台政策性文件，特别是2008年省委、省政府出台《关于进一步深化产业化经营加快发展现代农业的意见》，启动实施了"515工程"，提出用五年时间投入政府和信贷资金100亿元，扶持壮大500家龙头企业，有力地促进了农业产业化发展。

目前，山东省农业产业化经营已进入新的发展阶段。经过20多年的发展，山东省已经形成了蔬菜、花生油等多个农业支柱产业，农业产业化龙头企业已成为农业现代化最具活力的骨干力量。到目前，全省各类农业产业化组织发展到2万多个，规模以上农业龙头企业达到8120家，销售收入达到1.2万亿元，销售收入过亿元的企业达到2170家。截至2011年年底，山东省内被列入农业产业化国家重点龙头企业的数量已近50家，全省有一半以上的农户参加了各种不同形式的公司化组织。各类产业化组织，特别是龙头企业已经成为保障农产品有效供给和质量安全的重要主体、解决农产品"卖难"和带领农民就业增收的"领头羊"、推进农业体制机制创新和建设社会主义新农村的重要力量。

近年来，国家对农业产业化龙头企业非常重视，国务院发布《关于支持农业产业化龙头企业发展的意见》、《关于支持农业产业化龙头企业发展重点工作部门分工的通知》，以此为契机，山东省政府出台了《关于贯彻国发〔2012〕10号文件进一步扶持龙头企业发展深化农业产业化经营的意见》，制订了未来五年农业产业化的发展政策。政策提出，支持龙头企业通过兼并、重组、收购、控股等方式，推动跨区域、跨行业、跨所有制的资源整合，组建大型企业集团，支持龙头企业建设原料基地、节能减排、培育品牌，使龙头企业发挥辐射带动作用。不难看出，推进农业企业兼并重组，是山东省促进农业产业化发展的重要政策手段。

山东省提出，当前和今后一个时期，深化农业产业化经营的目标任务是，围绕构建现代农业产业体系，扶持壮大一批行业领军企业，大力发展一批支撑各大产业发展的骨干企业，着力培育一批连龙头、接基地、与农民结合紧密的中小企业及各类产业化组织，探索建设一批引领区域经济发展的农产品加工物流园区（农业产业化示范基地），构建适应现代农业发展的产业化经营新格局，努力在农业生产经营体制机制创新方面取得新突破，在组织化、规模化、标准化、集约化水平上有新提高，为再创山东农业农村发展新优势作出新贡献。

为促进农业产业发展，兼并重组作为产业政策的重要手段，在进一步扶持龙头企业发展，深化农业产业化经营中发挥着重要作用。山东省提出，在巩固"515工程"发展成果的基础上，启动实施农业产业化"五十百千万工程"（用五年时间，在十大优势主导产业中培育100家在国内具有行业领先地位的国家级龙头企业，扶持1000家骨干型省级龙头企业，发展10000家以"一村一品"和农民专业合作社为代表的各类农业产业化组织），形成"百龙领千强、千强带万家、万家连农户"的产业化经营大链条；龙头企业总产值突破1.6万亿元，过亿元的企业达到3000家，过100亿元的超过20家；企业科技创新能力明显增强，农产品精深加工水平大幅提升；农业生产经营的组织化、规模化程度显著提高，龙头企业带动基地面积达到6000万亩以上；利益联接机制更加完善，农户参与产业化经营的比例达到85%以上。

为促进农业产业化发展，山东省政府重点要求做好以下工作。

一是扶持壮大龙头企业。引导企业由注重规模膨胀向量的扩张与质的提升并重转变。鼓励企业进一步完善法人治理结构，开展股份制改造，实行现代企业管理制度，推动企业转型升级；支持中小企业和合作组织提高合作规模和规范化程度，完善产业链条和利益分配机制。强化基地建设，着力增强企业的辐射带动能力；强化科技服务，着力增强企业科技创新能力；强化市场服务，着力增强企业的品牌创建和市场竞争能力；强化金融服务，着力增强企业融资能力和抗风险能力。

二是促进企业集群发展。以国家级、省级农业产业化示范基地建设为抓手，探索推进龙头企业集群集聚发展的模式和路子。重点做好发展环境的优化和科研、融资、市场、信息四大平台建设，努力在企业孵化、产品技术研发、品牌培育上取得新突破。推进优势产品向优势企业集中，优势企业向优势区域集中，在各大优势产品主产区逐步建立起集群集聚优势明显的农产品加工物流园区，辐射带动区域经济发展。

三是夯实产业化经营基础。紧紧围绕全省十大产业振兴计划，在粮油、果菜、畜禽、水产、林木花卉等各大产业主产区，大力发展"一村一品"，着力培育产业化组织，提升产业发展的组织化、规模化、标准化和集约化水平。支持产地批发市场、农民专业合作社和收储、运销、初加工企业的发展，着力提高产业化组织发展的规范化水平和抗风险能力；以国家级、省级"一村一品"示范村镇建设为抓手，支持高效特色产品基地建设，为龙头企业发展提供原料保障。

四是推进经营机制创新。探索适应现代农业发展的产业化发展模式和运行机制，根据行业、地区和发展阶段的实际情况，积极开展体制机制创新试点，构建产业链条更加完善、分配机制更加合理、发展活力更加强劲的农业产业化经营机制。总结推广"龙头企业+合作社+基地+农户"等多种经营模式，大力发展订单农业，推行产销直挂，增强产业链条的稳定性和紧密性，提高农户参与农业产业化经营的收益率和积极性。引导龙头企业通过村企共建、村企联建等多种方式参与新农村建设，支持鼓励龙头企业开展社会化服务，不断增强产业化经营的自我发展能力。

为确保促进农业产业化发展政策落地,山东省各地还制定了系列保障措施。例如,青岛市政府提出,一要加大财政扶持力度。市本级财政每年安排不低于 5000 万元,作为支持农业产业化龙头企业发展资金,主要用于支持市级以上龙头企业。建立与农业产业化发展相适应的财政扶持资金增长机制,鼓励龙头企业开展农产品深加工、新建扩建出口农产品基地,将中小型龙头企业纳入中小企业发展专项资金重点支持范围。二要扩大金融支持。农业发展银行、进出口银行等政策性金融机构在信贷结构调整基础上,采取授信等多种形式,加大对龙头企业固定资产投资、农产品收购的支持力度。鼓励农业银行等商业性金融机构根据龙头企业生产经营的特点合理确定贷款期限、利率和偿还方式,扩大有效担保物范围,积极创新金融产品和服务方式,有效满足龙头企业的资金需求。

9.2.4 汽车产业兼并重组:市场竞争下的规模扩张

进入新世纪以来,伴随着我国汽车市场突飞猛进的发展,汽车企业并购重组也日益活跃。从 2002 年一汽集团并购天汽夏利、2007 年上汽集团并购南汽集团、2010 年吉利收购沃尔沃轿车到 2012 年潍柴动力收购德国凯奥。我国汽车企业并购重组数量越来越多,并购规模也越来越大。

从并购的上下游关系看,并购模式分为横向并购、纵向并购和混合并购。横向并购指同行业间并购,即两个生产或销售相似产品企业的并购行为。纵向并购是指处于生产经营同一产品不同生产阶段,在工艺上具有投入产出关系或生产过程与经营环节相互衔接的企业间并购。混合并购指既非竞争对手又非潜在客户或供应商的企业间并购。综合分析近年来我国汽车行业在资本市场上的并购案例情况,见表 9-1。

表 9-1 汽车行业从行业关系划分的并购模式

项 目	横向并购	纵向并购	混合并购	总 数
案例数量(件)	28	6	11	45
所占比例(%)	62.2	13.3	24.5	100.0

资料来源:中国汽车技术研究中心。

我国汽车企业并购大部分属于横向并购,占并购案例总数 60% 以上。例如，2009年中航工业集团将昌河汽车、哈飞汽车、东安动力、昌河铃木、东安三菱的股权划拨至中国长安汽车集团。昌河汽车等企业与长安汽车同处于整车生产领域，属于横向并购。

从横向并购的具体内容看，我国汽车企业横向并购并非纯粹的同类产品企业之间，而是包括了较大比例的相似产品企业并购。如一汽集团通过收购天汽夏利进入了经济型轿车市场、上汽集团通过收购南汽进入了商用车市场、广汽通过收购长丰和吉奥分别进入了SUV市场和微型车市场、江淮汽车收购安凯客车进入了高档客车市场、江铃收购太原重汽进入了重型载货车市场等。这些汽车企业通过并购活动进入了不曾涉足的其他汽车细分市场，并购目的是扩大产品线，而不是提升某细分市场实力。在28个横向并购里，有12个案例属于上述情况，其余16个案例属于纯粹横向并购，如中国重汽收购上海汇众、吉利收购沃尔沃、京西重工收购德尔福底盘和汽车悬架业务等。

纵向并购案例并不多，说明我国汽车企业上下游整合的并购活动较少。比较典型案例有6个，如潍柴动力通过收购湘火炬拥有了陕西重汽的控股权，潍柴动力收购了亚星客车、上汽集团收购上柴股份、吉利收购澳大利亚的DSI自动变速箱公司、比亚迪收购宁波中纬等。

混合并购案例也不多，大多发生在21世纪初，一些非汽车企业通过并购汽车企业获得汽车生产资质，如比亚迪收购西安秦川汽车厂和美的三湘客车、众泰控股集团收购江南汽车厂、吉利收购德阳汽车厂、力帆收购重庆专用车厂和一些家电企业如春兰集团、科龙集团、奥克斯集团等企业收购汽车企业的活动，近年来混合并购的案例已经很少。

分析不同时期我国汽车企业并购模式的发展趋势，可以发现：2008年以前我国汽车企业典型并购重组案例共计23个，而2009至今新增并购重组活动22件，表明在兼并重组产业政策促进下，我国汽车产业并购重组步伐在加快。同时，2009年之后，横向并购活动进展迅速，成为近三年来并购重组活动的主力，表明我国汽车行业在市场条件下开展的兼并重组，主要是以规模扩张型为主，见表9-2。纵向并购活动也有所增多，说明一些企业意识到产业链整合的重要性。混合并购逐渐消失，表明汽车产业进入壁垒越来越高,其他行业企业很难通过并购进入汽车领域,汽车企业也没有发生并购其他行业企业的情况。

表9-2 汽车行业按并购时期划分的并购模式

类　型	2008年以前	2009年至今	合　计
横向并购（件）	10	18	28
纵向并购（件）	2	4	6
混合并购（件）	11	0	11
合　计	23	22	45

资料来源：中国汽车技术研究中心。

值得注意的是,判断企业兼并重组市场化程度的高低,可以从兼并重组的支付手段大致判断。从并购的支付手段来看,一般分为现金收购、换股收购、资产置换收购、承债式收购以及它们之间的各种组合。在我国,对于市场化程度较低的国有企业兼并重组,因为国有经济的特殊性质,还存在资产无偿划拨的形式。我国汽车企业兼并重组具体的支付形式,见表9-3。

表9-3 汽车企业并购支付方式分类统计

	现金支付	股份支付	无偿划拨	综合方法	合计
案例数量（件）	26	3	3	4	36
所占比例（%）	72.22	8.33	8.33	11.12	100.00

资料来源：中国汽车技术研究中心。

可以看出,在36个典型并购案例中,现金支付的案例达高达26个,如一汽集团收购天汽夏利、江铃集团收购太原重汽、江淮收购安凯客车等。同时,我国企业收购外资汽车企业时,也往往采用现金支付模式,例如,上汽收购双龙、南汽收购罗孚部分资产、北汽收购萨博等。

采用股份支付或者换股的典型并购活动有3个,分别为中航工业集团将昌河汽车和哈飞汽车等资产划拨至长安汽车集团,兵装集团将中国长安汽车集团23%的股权划拨中航工业；安徽星马汽车集团换股吸收合并华菱汽车；中国重汽换股合并成都王牌汽车。

资产无偿划拨的并购案例主要有3个,例如,柳州汽车工业控股集团将柳州五菱汽车无偿划拨给上汽集团,成立了上汽五菱汽车有限公司；潍柴控股集团通过无偿划拨得到了亚星客车有限公司；北汽通过无偿划拨得到了宝龙轻汽。

另外，4个案例综合使用了两种及以上的支付方式，例如，上汽收购南汽中，上汽集团以20.95亿元和上海汽车3.2亿股作为支付对价。潍柴动力收购湘火炬案例中，使用了"送股+换股吸收合并+现金选择权"的综合方式等。这种"换股吸收合并+现金选择权"的模式也出现在广汽收购长丰的案例中。

通过汽车企业兼并重组模式的支付手段可以看出，目前我国汽车企业并购以现金支付为主，伴随着资本市场的发展，通过股份支付或者更具灵活性的组合支付形式正在日益增多。无偿划拨、承担债务和资产置换的支付形式在我国汽车企业并购中出现频率很低。这也说明，作为资金密集型和技术密集型行业，我国汽车产业并购重组活动市场化程度较高，大多数汽车企业基于市场判断和自身战略发展通过资本市场兼并重组采取的规模扩张行为。

9.2.5 医药行业兼并重组：推动企业竞争力提升

在我国医药行业"小、散、乱"的大环境下，作为典型的高科技行业，投资并购、整合资源已成为医药企业发展壮大的基本路径与有效手段。虽然医药行业在最近几年快速发展，但医药企业却普遍缺乏创新力和竞争力，行业集中度也严重偏低。一般来说，兼并重组的结果直接表现为规模的扩大或某些领域资源优势的强化或两者兼具。从增强企业竞争力推进兼并重组的途径来看，我国医药行业并购重组具有以下几种模式。

（1）规模扩张型。

这种模式是产品相同或相近、具有竞争关系的同业兼并与企业并购重组，特点是通过实现生产的规模效应以降低成本、减少费用支出、提高利润率水平，增强同业竞争中的抗风险能力。也就是我们通常所说的横向并购。医药企业绝大多数未达到规模效应，当企业的经营活动水平达不到实现规模经济的潜在要求时，同行业间的并购往往可以借助被并购企业的原有基础，成为并购企业迅速扩大生产、降低成本、提高收益率的首选。近年来发生的规模扩张型并购重组有三九集团的系列并购重组行动、哈医药收购哈尔滨制药二厂、华北制药兼并太原制药厂、新华制药与鲁抗集团的合并等。

(2) 产品互补型。

产品互补型并购重组是以拓宽产品链、延展产品生命线为目的的重组。其主要特点是增加企业的主导产品或储备产品，从而达到降低产品集中度风险的目的，并通过统配资源提高生产效率。这种类型的并购重组的主要代表为江中制药控股东风药业。由于中药材的地域性特色很强，产品集中的现象突出，这类并购重组在中药企业中发生得比较多。

(3) 营销协调型。

营销协调型并购重组的特点是实现药品生产与营销的统筹规划，达到提高流通效率与营销网络的低成本扩张的双重目的。由于我国制药企业大部分以生产仿制药为主，而仿制药市场的获利途径之一就是薄利多销，目前国内的药品市场依旧是群雄逐鹿局面，市场份额非常分散，因而对于市场份额的争夺格外激烈，并购同类制药企业以扩大市场份额就成了很多制药企业的并购战略首选，我国医药企业的并购类型大部分可以划归抢占市场份额为目的的范畴。这种类型的并购重组中有代表性的主要有太极集团与桐君阁、金陵药业与南京医药、上海医药兼并上海四药，以及紫光药业、浙江医药、百科药业的联盟。随着药品分类管理及流通领域的不断规范，这一领域的并购重组行为越来越多。

(4) 技术协调型。

技术协调型并购重组以提高科研开发能力为主要目的。多表现为有资金与资产实力的大中型企业兼并、联合、并购重组具有实力的医药研究所，并购重组代表有星湖科技与上海博德基因合资组建基因芯片开发公司等。我国医药企业90%以上的产品是仿制药品，自主创新研发药品所占比例相当小。通过以获取知识产权为目的的并购是我国医药企业迅速占领制高点、快速培养竞争力的不错选择。我国医药企业以拥有知识产权为目的并购类型多见于对中药企业的并购，例如，2004年东盛集团对云药集团的收购等。此类并购在国外医药企业中较为多见，例如，葛兰素史克公司16.5亿美元收购Reliant药业公司、阿斯利康2.10亿美元收购KuDOS制药公司等。

9.3 重要启示

通过上述煤炭、钢铁、汽车、农业产业化、医药等行业推进兼并重组的主要模式及其典型实践,可以得到推进兼并重组的一些重要启示。

9.3.1 必须充分发挥政府的引导和推动作用

政府的支持和科学推动至关重要。当前,我国仍处于转轨经济时期,市场的资源配置功能尚不健全,市场机制发挥作用的相关配套政策措施尚不完善,企业兼并重组面临一些制度性、政策性障碍,在强调发挥市场作用的同时,政府的支持和科学推动是企业兼并重组得以顺利进行的必要条件。

一是科学定位政府推动兼并重组的行为边界。我国在产业重组整合的初期,有过为卸包袱、实现国有企业解困为目的的政府主导型企业整合,出现了大量乱象:为获取资源要素而钻法律制度不健全空子、通过并购侵吞国有资产;政府主导兼并重组,企业"以强帮弱",导致好企业拖垮;单纯为扩大企业规模强行将几个企业进行组合并购。上述乱象导致我国产业整合层次低,企业整合目标模糊,产业整合成功率低下。造成这种现象的主要原因是在兼并重组过程中政府对自身定位不准。以此为鉴,政府必须重新定位,明确自身在产业体系中所能发挥的功能。

在兼并重组的过程中,必须明确政府有关部门只能发挥监管和引导的职能和作用,要更多地通过完善相关政策和措施鼓励与引导企业进行兼并重组,引导企业健康可持续发展;不能越位,更不能为了追求所谓的政绩,不顾市场的实际和规律,利用行政的力量强制要求企业兼并重组。对于那些违反规定的地方主管部门,应该有相关的条款进行约束,必要时应该对相关责任人进行问责。这既是避免政策执行时走样、误伤民营企业,也是防止国企贪大喜功、盲目追求规模而不注重效率、造成重大决策失误的重要防护网。

二是必须结合当前我国产业的具体情况,制定合理的产业政策指导兼并重组工作。发挥政府产业政策在并购重组过程中的引导作用,坚持先进生产力标准和现代企业制度理念推进兼并重组整合,引导和推动资本要素和生产资源从衰退性行业、传统产业或过度竞争行业退出，转向高附加值、高新技术和成长性行业等重点领域，坚持用具体明确的政策来指导、推进和保证兼并重组整合，以较快速度达到扶持新兴产业和重点产业的目标，带动产业结构升级和产业组织的优化，促进国民经济的增长。

三是政策制定要遵循产业演化规律，要充分考虑每个行业的特点和规律，准确评价产业当前所处的阶段，适合企业快速增长的要求，形成合理的产业组织形态，既要反对过度竞争也要反对垄断。切忌为了做大而做大，过多地依靠行政的力量采取"一刀切"或"拉郎配"的方式强推。同时，时机选择也是相关政策出台需要考虑的重要因素。

四是形成有利于产业兼并重组良好的外部环境，破除兼并重组面临的制度性、政策性障碍，完善企业兼并重组的制度基础和配套政策措施。由于金融体制不完善，信息缺少透明度，金融监管不到位，尚需加强市场经济基本制度方面的建设，尤其是加强金融体制、信息披露机制、监督管理机制建设，完善产权市场、资本市场，使企业主体通过市场经济规则能够主动作为，使市场机制真正有效发挥资源配置作用。

五是统筹兼顾各方利益，协调好被兼并方、整合主体、地方政府和当地群众的利益关系。在政策推行中，政府应加强政策可行性论证，积极组织听证会听取各方意见，把听证会制度纳入政府决策工作中，使得利害关系人能够表达自己的意见。政府在广泛听取各相关人的意见之后，通过民主沟通方式，用协调、疏导、说服等方法，让各方达成共识，形成最终的政策方案。根据此制定出来的政策，在行使过程中不仅风险少，而且能使大家与政府保持一致，保证政策贯彻执行到底。

六是明确责任，形成工作合力。政府在推进兼并重组工作中应该高度重视，明确责任，制定规划，形成合力。通过成立领导小组，制定工作规划，全方位深入调研，组织召开座谈会等形式，协调解决工作中出现的矛盾和问题。坚持政府作为组织领导的主体，坚持企业作为推进实施的主体，调动两个方面的积极性。相关部门应各司其职、密切配合，通过打破常规、联合办公，集中受理审批等形式，创新政府管理手段，提高办事效率，加快工作进度，取得整合实效。纪检监察部门严明纪律要求，加强监督检查，在兼并重组全过程中高度重视反腐倡廉建设。

9.3.2　必须充分发挥市场在资源配置中的决定性作用

兼并重组，是基于资源重新配置的企业边界调整。充分发挥市场在配置资源上的决定性作用，是做好兼并重组的基本前提。必须按照市场经济规则，坚持市场化运作手段，以企业为主体，在平等协商的基础上，充分尊重企业的意愿依法合规进行，发挥市场机制在资源配置中的决定性作用。

第一，要充分尊重企业在兼并重组过程中的市场主体地位。在推进兼并重组过程中，必须注意兼并重组市场主体的选择。只有产权清晰、权责明确、政企分开、管理规范，符合现代企业制度的合格主体，才能通过兼并重组实现优化资源配置、提升企业竞争力的目的。不管是政府引导推动，还是企业根据市场环境和自身战略自主选择，这类企业才是兼并重组的真正市场主体。在此前提下，必须尊重企业主体的自主选择。是否参与兼并重组、如何介入兼并重组、介入兼并重组的程度如何，应交给市场主体企业自己去决定。这是兼并重组整合顺利健康进行的前提条件和基础保证，也是兼并重组工作能够规范化、程序化、科学化推进的必要条件。

第二，兼并重组模式创新是手段，优化资源配置才是目的。在企业开展兼并重组活动时，具体模式是丰富多彩的，"横向合并、强强联合"，"纵向合并、产业链整合"，"产研重组、创新驱动"，"资产剥离、专注主业"，"市场扩张、海外并购"，"资产托管、轻装上阵"，都是目前兼并重组的常规手段。兼并重组的具体操作模式可以千变万化，而且随着资本市场的完善，金融工具的创新，兼并重组的模式和手段还会不断地创新。这些新的模式相互组合、交叉运用，会衍生出更多的新模式。然而，不管形式如何变化，兼并重组的目的和宗旨是不变的，那就是通过兼并重组，实现优化资源配置的目的。通过资源的重新优化、整合，提高企业竞争力，从而实现企业价值最大化。

第三，充分发挥中介机构的作用，确保兼并重组依法有序展开。兼并重组是一项系统性强、复杂度高的工作，专业性极强，作为兼并主体的企业，一般不可能具备独自开展此工作所需的各项能力。只有依靠相关的中介机构，兼并重组工作才能顺利、成功完成。中介机构是在企业并购过程中为并购双方提供融资、咨询、信息等服务并收取一定费用的第三方当事人。从国内外的通常做法来看，中介机构主要包括商业银行、投资银行等金融机构和会计师事务所、律师事务所和兼并事务所等非金融机构。充分发挥中介组织的专业化作用，加强市场信息、战略咨询、法律顾问、财务顾问、资产评估、产权交易、融资中介、独立审计和企业管理等咨询服务，推动企业兼并重组中介服务加快专业化、规范化发展，使得兼并重组工作有序规范开展。

第四，完善公司治理结构和信息披露制度，防范兼并重组风险。企业的法人治理结构是否完善和健全、信息披露制度能否严格履行，是兼并重组顺利开展的充分保证。鼓励兼并重组企业进行公司制、股份制改革，建立健全规范的法人治理结构，防范企业在并购重组过程及之后发生违法违规行为。指导企业在兼并重组中列示风险清单，对兼并重组过程中可能存在的法律风险、财务风险、市场风险、融合风险和政策风险，采取有效的风险识别、风险控制和风险应对措施，防范兼并重组风险为企业带来不利影响。

10 兼并重组环境

10.1 总体判断

10.1.1 全球并购市场难有太大起色，新兴市场或成最大亮点

2008年全球金融危机以来，国际经济形势复杂多变，欧美发达经济体投资和需求持续疲软，股市不振，加之能源、资产等重点产业板块价值重估，给全球并购业带来巨大商机。

从国内看，我国政府推行经济结构战略性调整，倒逼国内企业加快淘汰落后过剩产能，为并购行业的快速发展创造有利条件。中国持续推进贸易便利化、加快实施自由贸易区战略等努力，客观上也增加了国内企业低成本收购兼并海外优质资产的机会。在国家鼓励和政策支持"走出去"环境下，拥有雄厚资金储备的实力企业，有机会通过并购和投资的方式，加快融入国际市场舞台。

在国际上，2012年美国并购市场出现一定幅度的下滑，2013年美国并购市场的整体情况仍维持现状，而欧洲并购市场也难离历史低点。在欧洲、美国等地并购活动低迷之时，新兴市场并购的增长无疑会增加其全球所占比重。中国作为"金砖四国"新兴经济体之一，在金融危机后期发展势头强劲，整体实力迅速提升，成为近几年全球并购市场最大的亮点。

10.1.2 国内宏观经济走出低谷，并购市场有望再次突破

据清科研究中心统计，2012年度中国并购市场的热度仍处于历史高位，

与 2011 年比较并购交易数量和金额有所下滑但差距不大。① 从 2013 年上半年表现来看，中国国内企业并购市场异常火爆，有望再次出现突破并创造新的纪录。

随着中国并购市场的持续井喷，中国并购市场依然存在多方面利好因素。从政策方面看，国家继续推动"调结构"目标，落实重点行业的产业规划，实现产业整合、转移和升级，为并购市场注入基本动力。国家层面外资并购、重大资产重组等新并购政策的出台，规范和引导中国并购市场发展和成熟。

从企业角度看，中国国内企业日渐成熟和强大，各行业龙头企业实力雄厚，融资渠道多样化，以企业战略为导向，主导行业并购和整合。在行业整合中，一些热点如房地产、消费品、医疗健康、机械制造等行业的并购活动十分活跃。

10.1.3 海外并购势头依然强劲，但须警惕政治风险

2001 年国家"走出去"战略正式启动，中国企业迎来海外并购的新时代。2002 年 1 月，中海油收购西班牙瑞普索公司在印尼油田的部分权益，成为印尼最大的海上石油生产公司，揭开了入世后大型国企海外并购潮的序幕。2003 年，京东方先后收购韩国 TFT-LCD 业务和冠捷科技股份，TCL 与法国汤姆逊完成合并重组。2004 年，联想集团收购 IBM 个人电脑业务；TCL 并购阿尔卡特；上海电气收购日本秋山。2012 年，中海油收购加拿大 Nexen、大连万达收购美国 AMC 影院公司等。据 Dealogic 数据显示，2011 年中国企业海外并购交易金额为 614 亿美元，是 2005 年并购交易金额 96 亿美元的 6 倍。②

2013 年，一方面，国际经济缓慢复苏，欧债危机持续深化，资产价格将有所回涨但幅度有限，继续为中国企业的海外并购创造良好的外部环境；另一方面，中国经济在经历了短期的谷底后增长动力充足，货币政策也较为宽

---

① 清科研究中心. 展望 2013：经济回暖推高并购市场，海外势头强劲依旧 [R]. 2012-12-20.
② Dealogic [EB/OL]. http://www.dealogic.com/en/index.htm.

松，持续的贸易顺差，巨额的外汇储备，内部环境也十分优越；在内外部环境俱优的情况下，中国企业将加速走出去的步伐，海外并购有望再创新高。

未来在中国企业海外并购中，能源、矿产行业依旧会成为主要的热点领域，海外高新技术、清洁技术企业和知名品牌也将成为并购的重要潜在目标。不过，由于目前收购标的大多涉及能源矿产等大宗商品，在收购过程中极易引起东道国政府和当地民众的焦虑和反对，政治障碍始终是一道难以逾越的门槛。

10.1.4 VC/PE 投资项目大量累积，并购退出广受关注

一直以来，中国市场活跃的各类股权投资基金（VC/PE）主要集中在创业型投资、成长型投资领域，其投资退出途径几乎集中在公司 IPO。自 2012 年第四季度以来，国内 A 股 IPO 停滞，海外上市窗口持续关闭，IPO 退出渠道逐步收窄，VC/PE 机构遭遇前所未有的退出压力。在 IPO 退出渠道有限的情形下，并购退出作为私募股权投资最主要的退出方式，自然成为中国 VC/PE 市场的发展重点。并购退出的增加，不仅会提升其在退出方式中所占的比例，而且会显著增加中国并购市场的规模和活跃度。

根据普华永道 2012 年中国地区企业并购回顾中的分析，2012 年，私募基金非 IPO 退出的数量（70 宗）和比例（42%）均居过去三年以来的最高。[①] 这种趋势一直持续到了 2013 年第一季度，根据 CVSource 统计显示，2013 年第一季度创投共实现 40 笔并购退出，总计获得账面退出回报 26.4 亿美元，平均账面回报率为 1.67 倍。相比去年同期 25 笔退出及 2.3 亿美元的账面退出回报。[②] 从数据来分析来看，在当前 IPO 退出受阻的形势下，并购退出已成为创投和私募基金主要选择的退出方式。

---

① 普华永道. 2012 年中国企业并购回顾与 2013 年前瞻 [R]. 2013-01-30.
② CVSource 投资数据库 [EB/OL]. http: //www.cvsource.com.cn/.

10.2 法律

10.2.1 《公司法》和《证券法》

1993年12月颁布的《公司法》在第七章对并购进行了相关规定,同时,对股份有限责任公司和国有独资公司的产权转让与企业合并也作了相关规定。2005年,《公司法》从五个方面进行了修改:公司设立门槛降低、出资形式多样化;放弃了对公司转投资比例的限制;突出公司自治在公司治理中的作用;允许一人有限公司成立;强化了控股股东、实际控制人及其高管的责任。这些修改间接地有利提高并购效率,降低成本,同时对并购各方利益的保护也更加公平。

1998年12月30日颁布的《证券法》在第四章针对上市公司收购的方式、信息披露、收购双方权责关系等方面作出一系列改进,在一定程度上扫清了上市公司收购过程中存在的部分人为障碍。同时,《证券法》还首次以立法的形式对国有股、法人股的流通权作出明确规定。2005年,证券法主要从下列方面进行了修改:为混业经营预留政策空间;允许开发新的证券交易品种;为国企买卖股票留出法律空间;不再限制券商融资融券;取消禁止银行资金入市规定;建立证券发行上市保荐制度;增加公司高管人员的责任规定;建立发行申请的预披露制度;建立投资者保护基金制度;对公开发行行为作出界定;为建立多层次资本市场留下空间;增加监管机构的执法手段。

证券法对上市公司收购规定的直接修改主要体现在三个方面。一是丰富了并购主体的收购方式。协议转让、要约收购和二级市场竞价收购,都可以成为并购主体的收购方式,为并购主体提供了更大的选择空间。二是包容更加多元化的收购动机。修改后的证券法使得谋求公司控制权、实现产业整合以削弱或打败竞争对手以及追求股价上涨等,都可以成为收购方收购行为的出发点。三是适度限制反收购行为,便利并购行为的发生。除直接针对上市公司收购的修改外,其他变化也大多有利于并购的产生和提高并购的效率。

10.2.2 《上市公司收购管理办法》和《上市公司重大资产重组管理办法》

与修订的《证券法》相呼应,《上市公司收购管理办法》在 2006 年、2012 年进行修改,最主要的变化在于:首先,将强制性全面要约收购制度调整为强制性要约机制,收购人可以自行选择向公司所有股东发出收购其全部股份的全面要约,也可以通过部分要约方式谋取公司控制权;其次,转变监管方式,基于重要性原则,根据持股比例的不同,采取不同的监管方式,发挥财务顾问对收购人事前把关、事后持续督导的作用。由此,证监会对上市公司收购活动的监管机制也发生了两个重大变化:一是证监会直接监管下的全面要约收购,转变为财务顾问把关下的部分要约收购;二是从完全依靠证监会的事前监管转变为证监会适当的事前监管与重点强化事后监管相结合。①

同样,《上市公司重大资产重组管理办法》(以下简称《办法》)也在 2008 年和 2011 年修改,《办法》强化了中介机构督导上市公司重大资产重组职责,借鉴发行过程中的保荐人制度,在重大资产重组过程中引入了财务顾问管理制度。《办法》体现了规范和支持上市公司重大资产重组创新的精神,对重组决策、批准程序等进行了明确规定,对实践中发行股份购买资产、以股份作为支付手段等予以认可,并设立上市公司并购重组审核委员会。《上市公司重大资产重组管理办法》与《上市公司收购管理管理办法》作为我国上市公司并购重组法规体系中的两大核心,相关规定对非上市公司的并购重组有重要的指向作用。

2006 年,财政部陆续颁布了 38 项会计准则和解释、应用指南,以提高会计信息的决策有用性为本,增加我国上市公司的会计透明度,对我国企业尤其是上市企业的企业价值评价、财务报告数据、资产处置等方面产生重大影响,进而影响到我国企业并购的动机、事后资产处置和财务处理。更为重要的是,新会计准则与国际全面持续趋同,A 股公司与境外上市公司之间的业绩与估值水平更具有可比性,这种可比性的提高将极大地降低中国投资人了解境外上市公司以及境外投资人了解中国上市公司的成本,对外国投资人

---

① 马骁. 上市公司并购重组监管制度解析 [M]. 北京:法律出版社,2009.

进入中国 A 股市场以及境外战略投资者购并中国企业积极性的提高产生长远的影响。

10.2.3 产权转让法规

虽然我国产权转让方面存在众多现实障碍，不过在国有企业产权法规上依然取得不少进展，见表 10-1。

表 10-1 国有产权转让

时间	政策	内容
2003 年 12 月 31 日	《企业国有产权转让管理暂行办法》	企业国有产权转让要在产权交易机构中公开进行；企业国有产权转让的方式为拍卖、招投标、协议转让等；交易价格低于评估结果的 90%需报审批
2005 年 4 月 11 日	《企业国有产权向管理层转让暂行规定》	一是明确大型国有及国有控股企业的国有产权暂不向管理层转让。二是对于中小型国有及国有控股企业的国有产权向管理层转让，严格限制管理层资金来源，包括不得向包括标的企业在内的国有及国有控股企业融资，不得以这些企业的国有产权或资产为管理层融资提供保证、抵押、质押、贴现等，不得采取信托、委托等方式间接受让企业国有产权
2009 年 2 月 16 日	《企业国有产权无偿划转工作指引》	该工作指引为《企业国有产权无偿划转管理暂行办法》的配套性文件。对国有产权的无偿划转工作做出更具针对性和可操作性的指导。市场即将进入全流通，对国有产权的减持、转让、划拨将有严格科学的规范，促进国有资产、股权有序流动，进一步加快央企的战略调整重组的步伐
2009 年 6 月 15 日	《企业国有产权交易操作规则》	企业国有产权转让首次信息公告时的挂牌价，不得低于经备案或者核准的转让标的资产评估结果。交易规则的统一，已经由征求意见稿中仅限于京、津、沪、渝四大产权交易所规则初步"车同轨"的设置，扩大到各省国资监管部门的 64 家产权交易机构
2011 年 9 月 28 日	《金融企业非上市国有产权交易规则》	规范金融企业非上市国有产权交易行为，促进国有金融资产有序流转
2010 年 1 月 26 日	《关于中央企业国有产权协议转让有关事项的通知》	是对 2006 年《关于企业国有产权转让有关事项的通知》中协议转让方式的补充
2011 年 9 月 7 日	《关于中央企业国有产权置换有关事项的通知》	重点对中央企业内部包括国有单位之间、国有单位与实际控制企业之间的产权置换事项进行了规范，同时对央企之间、央企与地方之间以及涉及上市公司的国有产权置换事项做出了原则规定，覆盖了中央企业国有产权置换的各种类型

首先，是经营性非金融企业产权法规的不断细化。2003年12月，国务院国资委与财政部联合印发的《企业国有产权转让管理暂行办法》，规定国有产权流动必须进场交易。2005年8月，国资委印发了《企业国有资产评估管理暂行办法》，对国有企业的资产评估做出规定。在此基础上，2007年7月，国务院国资委、中国证监会联合发布《国有股东转让所持上市公司股份管理暂行办法》，规定国有股东转让上市公司股份的价格应根据证券市场上市公司股票的交易价格确定。其中规定：国有股东协议转让上市公司股份的价格应当以上市公司股份转让信息公告日前30个交易日的每日加权平均价格算术平均值为基础确定；确需折价的，其最低价格不得低于该算术平均值的90%。2009年6月，国务院国资委发布了《企业国有产权交易操作规则》。

其次，是金融性企业国有资产的法律也在逐步完善。从2006年起，财政部陆续出台了《金融类企业国有资产产权登记管理暂行办法》、《金融企业国有资产评估监督管理暂行办法》、《金融企业国有资产转让管理办法》等一系列规章制度，为维护金融企业国有股东权益，促进国有资产有序流转打下了坚实基础。2011年，财政部印发《关于金融企业国有资产评估监督管理有关问题的通知》，对实际操作中存在的经济行为和评估备案权限划分不清晰等问题进行了明确；制定了《金融企业非上市国有产权交易规则》，规范统一了全国金融企业非上市国有产权交易规则，确保进场交易的公开透明。

最后，是行政事业单位资产转让。2006年7月，财政部相继颁布的《行政单位国有资产管理暂行办法》和《事业单位国有资产管理暂行办法》施行，作为两个领域开启改革之旅。此外，值得一提的是技术产权的发展。技术产权交易法规散落于相关法律规范和政策，大多以政策性文件出现，缺乏透明度，立法分散。相关法律规定有《中华人民共和国科学技术进步法》、《中华人民共和国促进科技成果转化法》、《关于促进科技成果转化的若干规定》、《国务院关于实施〈国家中长期科学和技术发展规划纲要〉的若干配套政策》和科技部《关于加快发展技术市场的意见》等。

10.2.4 外资并购与经济安全法规

从境外投资者投资立法来看，改革开放早期出于招商引资的需要，我国政府对外商并购持开放宽松态度，制定了相当多的政策鼓励外资投资，主要有《中华人民共和国外资企业法》、《外国企业或者个人在中国境内设立合伙企业管理办法》及其他相关法律、法规、规章、行业专项规定等，见表10-2。2010年4月国务院公布了《关于进一步做好利用外资工作的若干意见》，其中提出股利外商投资鼓励外资以参股、并购等方式参与国内企业改组改造和兼并重组，鼓励外资投向高端制造业、高新技术产业、现代服务业、新能源和节能环保产业。

进入21世纪，对外资并购的管理更多出于保护我国经济安全的政策需要：一是通过制定《指导外商投资方向规定》、《外商投资产业指导名录》引导和限定可以并购的领域。2011年11月，国务院批准新修订的《外商投资产业指导目录》，外商在投资时要受到有关投资领域的限制，直接影响是使得外商在选择并购目标企业时要受到诸多限制，付出更多的时间成本。二是从经济安全的角度，2011年8月，商务部颁布了《商务部实施外国投资者并购境外企业安全审查制度的规定》，强调了对关系国家安全的重要行业的审查，首次将协议控制（VIE）纳入法律的监管范围。这项规定的出台，使得我国对外资境内并购的管理正式走入法律层面。

表10-2　外资并购法规

时间	法律法规	内容
2001年11月	外经贸部和证监会《关于上市公司涉及外商投资有关问题的若干意见》	允许外商投资股份有限公司发行A股或B股和允许外资非投资公司如产业资本、商业资本通过受让非流通股的形式收购国内上市公司股权
2002年4月	新修订的《指导外商投资方向规定》及《外商投资产业指导目录》正式实施	根据新修订的内容，中国基本实现全方位对外开放，许多以往限制外资进入的领域开始解禁
2002年10月	证监会发布《上市公司收购管理办法》	其中对上市公司的收购主体不再加以限制，外资将获准收购包括国内A股上市公司和非上市公司的国有股和法人股
2003年1月2日	《外国投资者并购境内企业暂行规定》	对外资并购的形式、外资并购的原则、审查机构、审查门槛、并购程序作了较为全面的规定
2003年4月18日和5月28日	《关于外国投资者出资比例低于25%的外商投资企业税务处理问题的通知》、《关于外国投资者并购境内企业股权有关税收问题的通知》	涉外资并购的税收处理

续表

时间	法律法规	内容
2004年1月21日	《关于上市公司国有股向外国投资者及外商投资企业转让申报程序有关问题的通知》	解决包括并购在内的外资对上市公司国有股投资的审批操作程序问题
2009年6月22日	商务部关于外国投资者并购境内企业的规定	对2006年《关于外国投资者并购境内企业的规定》进行修改,实现了与《反垄断法》(2008年)的对接
2011年2月3日	国务院办公厅《关于建立外国投资者并购境内企业安全审查制度的通知》	并购安全审查的范围为:外国投资者并购境内军工及军工配套企业,重点、敏感军事设施周边企业,以及关系国防安全的其他单位;外国投资者并购境内关系国家安全的重要农产品、重要能源和资源、重要基础设施、重要运输服务、关键技术、重大装备制造等企业,且实际控制权可能被外国投资者取得
2011年8月25日	商务部《实施外国投资者并购境内企业安全审查制度的规定》	落实了外国投资并购境内企业安全审查制度,细化了外国投资者并购境内安全审查操作流程

10.2.5 反垄断法与破产法

2006年8月,商务部等六部委颁布《关于外国投资者并购境内企业的规定》(以下简称《规定》),专章规定反垄断审查,第一次从反垄断的角度进行审查审视企业并购行为。然而,仅有的四个条款过于简单,无法有效规制企业并购这种复杂的经济行为。《规定》只涉及外资并购境内企业和内资境外并购,也遭到了对内外资差别待遇的批评。

2007年8月,我国颁布了里程碑式的《反垄断法》,标志着我国企业并购反垄断审查制度的初步形成。这部法律按照市场经济规律建立了企业并购的反垄断审查制度,不再区分内资和外资。基于该法第31条"国家安全审查"条款,我国建立起了规制企业并购活动的完整的法律框架,主要由反垄断审查的规定构成,辅以其他相关法规。对外资并购除同等适用反垄断审查之外,还适用特殊的外商投资企业法、审批登记规则,外资准入类法律(如《指导外商投资方向规定》、《外商投资产业指导目录》和加入WTO时的市场准入类承诺)和国家安全审查的规定。最为典型的是可口可乐并购汇源案例,成为我国反垄断法自2008年8月1日实施以来首个未获通过的案例。

2006年8月,修订12年之久的《中华人民共和国企业破产法》高票通过,重组并购市场又一次迎来制度利好。首先,新企业破产法带给企业通过债权来进行重组并购空间。一是新企业破产法将适用范围从国有企业,扩大为中国境内包括金融机构的所有法人企业,这将为金融机构破产处理、民营企业不良债权处理提供法律依据,也为企业并购重组市场打开了无限空间。二是新企业破产法将跨境破产纳入其中。新法规定,企业破产程序对债务人在中华人民共和国领域外的财产发生效力;与此同时,对于外国法院的破产裁决,在互惠、有司法协助或国际公约的条件下,中国法院也裁定承认和执行。其次,新企业破产法为中国企业通过债权来进行重组并购带来了淘汰再生机制,具体表现在三个环节和方面:第一,如果企业陷入债务危机,陷入破产的边缘,债权人可以通过债转股的形式持有该企业的股份,来对企业进行重组并购。第二,新破产法确立了企业的重整制度。重整是拯救企业的一个制度,它以拯救企业为根本目标;在破产法的篇章设计上,企业的重整也是列于企业和解和破产清算程序之前的。第三,即使企业进入破产清算程序之时,破产人的一部分优良资产也可能引起包括金融机构在内的债权人或者第三方的兴趣,参与重组并购。

10.3 政策

10.3.1 产业整合迎政策利好,重点行业重组政策纷出

2009年,外有全球性金融危机的持续发酵,内有多个行业产能过剩的内在推动,我国政府果断出台了十大产业振兴规划。这些产业调整与振兴规划全都涉及了并购重组的相关内容,其中汽车、钢铁、有色和轻工业提出了具体的并购重组目标,特别是汽车和钢铁还提出了具体重点企业甚至重组对象,见表10-3。十大产业调整加上2010年发布推进煤矿企业兼并重组,在国内掀起了一波又一波的行业兼并重组,例如,山西省的煤矿业、河北省的钢铁业、内蒙古和江西赣州的稀土产业等。

10 兼并重组环境

表 10-3　2009 年十大产业振兴规划都提出并购重组目标和任务

产业	发布时间	并购重组目标任务
汽车产业	2009 年 3 月 23 日	形成 2~3 家产销规模超过 200 万辆的大型企业集团，4~5 家产销规模超过 100 万辆的企业集团，产销规模占市场份额 90% 以上的企业集团数量由目前的 14 家减少到 10 家以内。鼓励一汽、东风、上汽、长安等在全国范围内兼并重组。支持北汽、广汽、奇瑞、重汽等区域性兼并重组。支持零部件骨干企业通过兼并重组扩大规模
钢铁产业	2009 年 3 月 13 日	国内排名前 5 位企业的产能占全国产能的比例达到 45% 以上，沿海沿江钢铁企业产能占全国产能的比例达到 40% 以上。力争到 2011 年，全国形成宝钢集团、鞍本集团、武钢集团等几个产能在 5000 万吨以上、具有较强国际竞争力的特大型企业；形成若干个产能在 1000 万~3000 万吨级的大型企业 发挥宝钢、鞍本、武钢等大型企业集团的带动作用，推动鞍本集团、广东钢铁集团、广西钢铁集团、河北钢铁集团和山东钢铁集团完成集团内产供销、人财物统一管理的实质性重组；推进鞍本与攀钢、东北特钢、宝钢与包钢、宁波钢铁等跨地区的重组，推进天津钢管与天铁、天钢、天津冶金公司，太钢与省内钢铁企业等区域内的重组
电子信息	2009 年 4 月 15 日	在集成电路、软件、通信、新型显示器件等重点领域，鼓励优势企业整合国内资源，支持企业"走出去"兼并或参股信息技术企业；鼓励金融机构对电子信息企业重组给予支持
物流产业	2009 年 4 月 24 日	加大对物流企业兼并重组的政策支持力度，鼓励物流企业通过参股、控股、兼并、联合、合资、合作等多种形式进行资产重组，培育一批服务水平高、国际竞争力强的大型现代物流企业
纺织工业	2009 年 4 月 24 日	鼓励纺织服装行业优势骨干企业对困难企业进行兼并重组；在流动资金、债务核定、人员安置等方面给予支持；对实施兼并重组企业符合条件的技术改造项目给予优先支持
装备制造	2009 年 5 月 12 日	重点支持装备制造骨干企业跨行业、跨地区、跨所有制重组，逐步形成具有工程总承包、系统集成、国际贸易和融资能力的大型企业集团。制定鼓励境内企业跨地区、跨行业、跨所有制重组的政策措施
有色金属	2009 年 5 月 12 日	形成 3~5 个具有较强实力的综合性企业集团，到 2011 年，国内排名前十位的铜、铝、铅、锌企业的产量占全国总产量的比重分别提高到 90%、70%、60%、60%；鼓励有实力的铜、铝、铅、锌等企业以多种方式进行重组，实现规模化、集团化；支持大型骨干企业跨地区兼并重组、区域内重组和集团之间的重组；支持铝企业与煤炭、电力企业进行跨行业的重组；鼓励再生金属企业间重组
轻工业	2009 年 5 月 18 日	企业重组取得进展，再形成 10 个年销售收入 150 亿元以上的大型轻工企业集团。支持优势品牌企业跨地区兼并重组、技术改造和创新能力建设，推动产业整合，提高产业集中度，增强品牌企业实力。认真落实有关兼并重组的政策，在流动资金、债务核定、职工安置等方面给予支持；对于实施兼并重组企业的技术创新、技术改造给予优先支持
石油化工	2009 年 5 月 18 日	支持骨干磷肥企业通过兼并重组，提高集中度。支持钾肥龙头企业开展产业整合，促进钾矿资源合理利用。鼓励优势农药企业实施跨地区整合，努力实现原药、制剂生产上下游一体化。支持有实力的企业开展兼并重组，扩大产业规模，做强高端石化产业
船舶工业	2009 年 6 月 9 日	支持大型船舶企业集团及其他骨干船舶企业实施兼并重组。支持骨干船舶企业兼并重组其他船舶企业

2010年9月,国务院出台《国务院关于促进企业兼并重组的意见》,明确企业兼并重组推进工作锁定六大行业,以汽车、钢铁、水泥、机械制造、电解铝、稀土等行业为重点,推动优势企业实施强强联合、跨地区兼并重组,推动产业结构优化升级。2012年,国家各部委陆续公布了多个行业"十二五"规划,从其内容来看,对行业内和上下游的兼并重组持鼓励态度,支持龙头企业做大做强,见表10-4。

表10-4 行业规划支持并购重组

公布日期	规划	支持兼并重组的内容
2012年12月29日	《生物产业发展规划》	积极引导生物环保企业实施跨地区、跨行业的联合与兼并,培育集生物制剂新产品开发、生产和应用于一体的大型企业
2012年12月2日	《服务业发展"十二五"规划》	鼓励商贸企业兼并重组,支持发展具有国际竞争力的大型商贸流通企业;鼓励文化企业企业跨地域、跨行业、跨所有制经营和重组
2012年9月17日	《金融业发展和改革"十二五"规划》	支持期货公司通过兼并重组、增资扩股等方式,进一步壮大规模和实力
2012年9月1日	《国内贸易发展"十二五"规划》	支持内外贸企业之间的兼并重组和合作,重点培育一批具有产业链整合能力、内外贸结合的大型流通企业集团
2012年8月22日	《节能减排"十二五"规划》	合理引导企业兼并重组,提高产业集中度,培育具有自主创新能力和核心竞争力的企业
2012年7月6日	《葡萄酒行业"十二五"规划》	鼓励企业兼并重组,整合产业链,要培育2家销售收入100亿元以上的大企业集团
2012年1月19日	《医药工业"十二五"规划》	鼓励优势企业实施兼并重组,支持研发和生产、制造和流通、原料药和制剂、中药材和中成药企业之间的上下游整合,完善产业链、提高资源配置效率
2012年1月19日	《制糖行业"十二五"发展规划》	未来五年制糖业要提高产业集中度,鼓励和支持食糖主产省区的骨干制糖企业实施强强联合、跨地区兼并重组

2012年12月19日,国务院常务会议研究确定促进光伏产业健康发展的政策措施,包括鼓励企业兼并重组,完善相关扶持政策等。2013年1月22日,由工业和信息化部、发改委、国资委等部委着力推进的九大行业并购重组开始启动,九大行业包括钢铁、水泥、汽车、机械制造、电子信息、造船、稀土、电解铝和农业等。

10.3.2 证监会持续推动,上市公司并购重组政策频出

上市公司并购在整个中国并购市场中起到举足轻重的作用。2011年5

月,为贯彻落实国务院2010年8月发布《关于促进企业兼并重组的意见》,中国证监会确定了推进资本市场并购重组的十项工作安排,包括市场非常敏感的推动整体上市、防止内幕交易、完善停复牌制度和信息披露制度等。其他措施,例如,拓宽并购重组融资渠道、并购重组实行"分道制"审核、研究支持建立并购基金等制度安排也在加速推动落实。

2012年,证监会继续出台了多项相关政策措施鼓励上市公司并购重组。2012年2月,证监会取消了"持股50%以上股东自由增持、持股30%以上股东每年不超过2%的股份自由增持、第一大股东取得上市公司向其发行的新股、继承"四项要约收购豁免事项的行政许可;2012年8月,证监会上报国务院申请取消上市公司回购股份行政许可;2012年10月,证监会开始每周公示上市公司并购重组审核流程与审核进度,效仿IPO审核流程,推进并购审核全程公开透明。

这些制度安排将直接推动上市公司并购重组的活跃,有利于上市公司拓宽兼并重组融资渠道,减少并购重组审核环节,提高并购重组的市场效率,为进一步探索通过发行股份、债券、可转换债等方式拓宽并购融资渠道,推进资本市场企业并购重组的市场化改革。

10.3.3 国企民企重组整合,合纵连横做大做强

国资委在成立之初就针对中央企业行业分布过宽,资产运营效率不高等问题,开始了中央企业重组整合规划。2006年12月国资委颁布《关于推进国有资本调整和国有企业兼并重组的指导意见》,鼓励已上市国有控股公司通过增资扩股、收购资产等方式,把主营业务资产全部注入上市公司,掀起了央企对下属上市公司的注资潮。在国资委缩减央企数量的硬指标下,全国范围内掀起一股央企并购重组的浪潮:中国五矿重组湖南有色控股,国家电网收购河南许继集团和平高集团,东方航空收购上海航空,中国铝业重组江西稀有金属钨业控股集团有限公司,宝钢集团收购新疆八钢。

随后,国资委又陆续在2009年发布《企业国有产权无偿划转工作指引》、2009年《关于规范国有股东与上市公司进行资产重组有关事项的通知》、2009年《企业国有产权交易操作规则》、2010年《关于中央企业国有产权协议转

让有关事项的通知》、2010 年《关于开展中央企业对外并购事项转向检查的通知》、2011 年《中央企业境外国有产权管理暂行办法》。随着中央企业重组进程和国资整合的加速，带动了全国各行业国有企业的兼并重组，重组逐渐被当作后金融危机时代经济结构调整，进行产业升级和产业转移的一种重要方式。

2012 年 9 月，财政部发布文件称，未来中央国有资本经营预算编制重点将包括支持中央企业收购兼并能够实质控制、具有较好经济效益、国家急需的境外战略资源，以及拥有关键核心技术且对促进本企业技术创新具有推动作用的境外企业。其中主要用于支持央企之间的战略性兼并重组，理顺多元投资主体公司股权关系，保持和增强中央企业对关系国家安全和国民经济命脉重要子企业的控制力，以及解决中央企业历史遗留问题等。

在民营企业方面，2012 年 7 月，国家发改委等 13 个部委发布《关于鼓励和引导民营企业积极开展境外投资的实施意见》，文件中提出"我国将完善对民营企业境外投资的政策支持，简化和规范对民营企业境外投资的管理"，资金层面的支持将会对我国民营企业出境并购提供最有力的帮助，预计今后我国民营企业将会出现更多联想收购 IBM、吉利收购沃尔沃等大型跨国成功并购案例，与此同时，中小型企业在国家政策和银行资金的支持下，也将获得更多并购机遇。

10.3.4 外资并购审查趋严，出境并购政策尚待破题

在外资并购方面，2010 年我国陆续发布《国务院关于进一步做好利用外资工作的若干意见》、2011 年《商务部关于外商投资管理工作有关问题的通知》、2011 年《外商投资产业指导目录》、2011 年《国务院办公厅关于建立外国投资者并购境内企业安全审查制度的通知》、2011 年《商务部实施外国投资者并购境内企业安全审查制度的规定》。另外，政府部门对跨境并购的监管也有新动作，2011 年年初，国务院办公厅发布的《关于建立外国投资者并购境内企业安全审查制度的通知》，2011 年 8 月商务部发布《实施外国投资者并购境内企业安全审查制度的规定》，规定外国投资者不得以任何方式实质规避并购安全审查，这一政策将对入境并购的发展产生直接影响。

在企业出境并购政策上，我国立法相对滞后，大量存在的是国务院及其

主管部门制定的行政法规和部门规章,主要集中在对海外投资的审查和批准制度方面:一是发改委对境外投资项目的核准,最新的规定是发改委2007年《境外投资项目核准暂行管理办法》,该办法改项目审批制为核准制,将原来项目建议书和可行性研究报告两道审批,改为只核准项目申请报告。二是商务部对境外开设企业的核准,最新规定是商务部2009年《境外投资管理办法》,该办法大大简化了对外投资的核准程序,仅对少数重大境外投资保留商务部的核准权限。三是外汇管理部对外汇资金来源审查和外汇使用审批。根据外汇管理局2009年《境内机构境外直接投资外汇管理规定》,该规定改变了原先的境外直接投资外汇资金来源审查的方式,实行事后备案登记。另外,我国一些地方政府也制定了不少地方性法规或政府规章。

从实施来看,现有的出境并购审批立法模式主要侧重强制性的许可审批,①忽视监管,更为严重的是我国对境内企业境外并购投资的许多政策法律还是一片空白,尚需破题。

10.3.5 财税政策及时跟上,三大税种减免支持并购重组

在财税政策支持并购重组上,2009年4月30日,各方期待已久的《关于企业重组业务企业所得税处理若干问题的通知》正式由财政部和国家税务总局联合发布,该通知规定,企业合乎规定的股权收购行为实施免征企业所得税。对企业兼并重组涉及的资产评估增值、债务重组收益、土地房屋权属转移等给予税收优惠,新税鼓励超过75%的控股式收购,对企业兼并重组将产生深远的实质性影响。企业重组普遍具有金额巨大、现金流小、收益延后实现的特点,往往会产生税负过于沉重、纳税义务人无现金可以支付等问题,这会在很大程度上对重组活动构成障碍,甚至导致重组活动无法进行。通知明确规定了对于符合免税条件的重组活动,以原有纳税基础确定各方税法义务,在实质上递延处理了因为重组活动而直接导致的纳税义务。

企业重组经常涉及非货币性资产的交易,其导致的流转税主要为增值税和营业税,两者构成企业重组中的主要成本之一。特别是对于大型并购项

---

① 朱尚尚,丛大林. 中国企业海外并购国内法规制之法律分析 [J]. 中国外资, 2011 (14).

目，流转税所涉成本甚巨，税务筹划往往成重组双方谈判焦点，直接免征则可大幅度降低并购成本，有利于企业重组后整合。2011年2月和9月，国家税务总局先后发布《关于纳税人资产重组增值税问题的公告》和《关于纳税人资产重组有关营业税问题的公告》明确规定，纳税人在资产重组过程中，通过合并、分立、出售、置换等方式，将全部或者部分实物资产以及与其相关联的债券、负债和劳动力一并转让给其他单位和个人，不属于增值税和营业税的征税范围，其中涉及的货物转让，不征收增值税，涉及的不动产、土地使用权转让，不征收营业税。

10.4 市场

10.4.1 多层次资本市场逐步完善，并购估值基础趋向合理

当前，中国多层次资本市场的发展，具备为并购重组提供较好的融资渠道：一是以沪深两市交易所为代表的主板市场发展迅速，上市公司规模和大盘蓝筹公司的数量已经居于世界前列；二是中小板市场稳健成长，企业上市规模逐步壮大；三是服务于创新型企业的创业板市场在2009年稳步推出，在支持科技型企业成长和创新型经济发展方面成效显著。

在资本市场最为重要的股票市场上，证监会改革一级市场新股发行办法，增强新股定价的合理性。对于二级市场估值，加大融资融券标的股票的数量范围，逐步扩大到所有上市公司，在中小板、创业板推出股指期货等。这些举措将有助于保持一级、二级市场合理的估值水平，避免因流动性差异导致估值定价差距过大，为并购估值奠定一个合理市场交易基础。

同时，市场化工具的日益丰富，为并购重组双方合理报价提供良好的估值环境。证监会陆续推出更多的市场化工具，如多品种、多层次的股指期货、融资融券、国债期货等，这些市场化工具的推出有利于提高证券市场对公司股票、公司债券的合理估值，提高资本市场有效性，同时提高公司并购重组的估值合理性、交易活跃度和交易规模。证监会大力开展新股发行体制改革、并购重组市场化改革、退市制度改革、信息披露制度改革。

10.4.2 场外市场从无到有，股权交易所和新三板发展十分迅速

场外市场在中小微企业融资方面具有无可替代的地位。在现有资本市场的框架下，数量众多的中小企业暂不具备公开发行上市的条件，而以私募方式引入风险投资基金和创业投资基金直接投资，又存在交易平台缺乏、市场效率很低的难题，因此发展场外市场有望夯实场内资本市场基础，解决众多中小实体企业融资难的难题，也为并购重组带来更为广阔的市场前景。

自 2008 年以来，先后有天津、上海、重庆、成都、武汉、福建等省市获准探索建立区域股权交易市场。全国范围内已经形成天津股权交易所、重庆股份转让中心、上海股权托管交易中心、深圳中小企业非公开股权柜台交易市场等专门的区域股权交易市场。在这些已建立的股权交易机构中，天津股权交易所规模最大，数据显示，截至目前，在天津股权交易所累计挂牌企业数量达到 292 家，挂牌企业覆盖全国 26 个省市；① 在重庆股份转让中心挂牌的企业数量达到 100 家；② 在上海股权托管交易中心挂牌的企业数量达到 59 家。③

2012 年 8 月，新三板扩容正式拉开帷幕，试点科技园区包括北京中关村、上海张江、武汉东湖和天津滨海。2013 年 1 月，全国中小企业股份转让系统正式揭牌运营，成为我国场外市场建设的标志性事件。2013 年 6 月，国务院正式确定新三板将由四大高新区扩展到全国 103 家国家高新区。

10.4.3 上市公司股权集中度降低，民企股权文化亦在转变

股权分置改革是中国资本市场解决自身缺陷的关键一步，解决了以前同股不同价、上市公司非流通股价值低估的顽疾，理顺了市场定价机制，为控制权市场长远发展奠定了市场基础。股改后，从股权集中度而言，我国 2005 年 6 月 30 日第一大股东平均占比 41.72%，2012 年第一大股东平均占比 36.32%④（注：这一比例在美国仅 9%）。我国资本市场一股独大的局面有所

---

① 天津股权交易所，http：//tjsoc.com/web/date.aspx，2013-06-24。
② 重庆股份转让中心，http：//www.chn-cstc.com/中心动态/tabid/59/articleType/ArticleView/articleId/5023/language/zh-CN/OTC-100.aspx，2013-06-24。
③ 上海股权托管交易中心，http：//www.chian-see.com，2013-06-24。
④ 根据国泰安数据库资料整理。

改观，通过并购获得上市公司控制权的代价降低，渐趋分散的股权结构有助于控制权市场的发展。从股权属性而言，2005年12月21日非流通股平均占比58.45%（其中国有股比重56.71%），2011年12月31日，非流通股平均占比下降到30.85%（其中国有股比重为17.72%），[①] 可以看出，A股市场全流通的市场格局形成，以及国有控股上市公司市值占比的快速下降，将大大改变以行政划拨国有股权为主的并购格局，这在相当程度上扩展了市场化并购重组的空间。

由于改革发展历史较短，我国民营企业和上市公司目前多数仍由第一代或第二代创业者控制。从股权文化而言，随着创业者年龄增大，我国民企将逐步形成所有权和经营权分离、由职业经理人管理的公司治理格局，收购他人企业或者被其他企业收购已成为民企创业者们必须面对的选择和机遇。

部分成功企业开始通过并购迅速扩大企业规模、获取资源技术和占领市场份额，比如国美收购大中电器、三一重工收购德国普茨迈斯特、吉利收购瑞典沃尔沃、四川汉龙并购澳洲SDL等。作为一种并购退出方式，由于并购交易时间短，成功概率高，部分民企创始人开始青睐并购退出，控制退出行业时机，为年青一代转换行业积累财富，近期最著名案例就是徐氏家族向雀巢出让徐福记60%的股权。同样地，并购的交易灵活性也有利于企业老板在出售第一笔股权后实现与买方约定好的企业利润目标，进而能以增长后的企业利润作为估值基础出售自己持有的剩余股份，越来越多的民营企业创业者接受并购退出，比如2007~2011年有上百家水泥民企创始人只保留少数股权，加入到中国建材收购行列中。

10.4.4 并购贷款、私募债开闸，并购融资渠道放宽

银监会公布《商业银行并购贷款风险管理指引》，商业银行全部并购贷款余额占同期本行核心资本净额的比例不应超过50%，并购的资金来源中并购贷款所占比例不应高于50%，并购贷款期限一般不超过五年。并购贷款也可用于跨国并购，明确允许符合条件的商业银行开办并购贷款业务。并购贷款

---

① 根据国泰安数据库资料整理。

可用于支持我国境内并购方企业通过受让现有股权、认购新增股权或收购资产、承接债务等方式以实现合并或实际控制已设立并持续经营的目标企业的并购交易。

在银行贷款支持的并购交易中，并购方与目标企业之间应具有较高的产业相关度或战略相关性，并购方通过并购能够获得研发能力、关键技术与工艺、商标、特许权、供应及分销网络等战略性资源以提高其核心竞争能力。随着中资企业海外并购交易的增多，并购贷款业务的推出将有利于贯彻落实中央"走出去"战略，有力地支持符合条件的中资企业走出去。2008年12月25日，上海联合产权交易所与工行上海分行、上海银行签订《开展商业银行并购贷款合作协议》，联合推出总金额达100亿元的企业并购贷款额度。这是中国银行界首次推出的并购贷款。

2012年5月，沪深交易所双双发布了《中小企业私募债券业务试点办法》，5月23日，证券业协会发布《证券公司开展中小企业私募债券承销业务试点办法》，对前一日交易所公布的《试点办法》进行补充和细化。中小企业私募债采用的是备案制，不需要经过证监会审批，而由深沪证券交易所对是否准许发行有最终决定权。

与公开发行股票相比，中小企业私募债的申请和发行手续无疑简化许多。我国首单中小企业私募债由华东镀膜玻璃有限公司发行，东吴证券承销，随后，平安证券承销无锡高新物流、江宁水务、钱江四桥、深圳拓奇4只中小企业私募债，均在当日就发行完毕。由国信证券承销的深圳嘉力达实业有限公司私募债也在当日便被抢空。从私募债受追捧的热度可以看出，我国中小企业私募债类似于国外并购经常使用的垃圾债券，允许为并购非公开发行高收益债券，尤其是推出用于杠杆收购的无担保高收益并购债券等融资工具，将大大缓解并购融资难问题。

10.4.5　VC/PE 转向并购，并购基金成为并购市场新军

在过去几年，创业投资和股权投资（VC/PE）发展十分迅速。政府相关部门也为各类创业投资基金、股权投资基金的发展，奠定较好的市场条件和制度环境。在国内IPO推出渠道收紧的背景下，VC/PE机构逐渐开始青睐并

购退出。据 CVSource 统计，2006 年至今共有 612 个案例通过并购退出，总体上呈现逐渐增加的趋势，其账面退出回报率在 2011 年达到最高值 4.5 倍，其退出案例数量在 2012 年达到 140 起，金额为 35.5 亿美元，平均账面回报为 1.1 倍。

自 2013 年 3 月国内 IPO 财务专项核查以来，无论是上市公司的并购重组还是非上市公司的并购重组均呈现了井喷态势。数据显示，2013 年上半年并购重组已成为 VC/PE 机构主要的退出方式。不少 IPO 终审企业也转道并购重组，通过借壳上市、被并购等方式，实现上市融资、PE 退出以及券商解套的目的。据 Wind 数据，2013 年前 9 月 PE/VC 退出案例共 100 起，其中通过并购重组方式退出 52 起，占比 50% 以上。

在我国，专门收购企业控制权的并购基金还是一个新鲜事物。但自 2012 年 11 月第一只并购基金——中信并购基金获准设立开始，市场上并购基金发展骤然加速。根据 CVSource 金融数据统计显示，国内股权投资机构中，在设立初期有意向参与并购运作的基金有 50 只，目标设立规模为 133.57 亿美元。[①] 2013 年 10 月证监会上市公司并购重组分道制审核制度的实施，进一步加快 PE/VC 机构转向布局并购基金的步伐。

在实际运作中，刚刚起步的国内并购基金差异较大，根据管理机构背景，主要可分为三类：第一类，产业系并购基金，例如，渤海产业投资基金、深圳市创新科技投资有限公司、新疆景良大显农业并购基金，天堂硅谷元金投资合伙企业。第二类，券商系并购基金。例如，中信证券通过旗下直投子公司中信并购基金管理有限公司设立的规模 100 亿元的中信产业并购基金、中金证券通过旗下直投子公司设立的规模 50 亿元的中金佳泰产业整合基金、光大证券与罗斯柴尔德达成战略合作组建并购基金、海通证券与上海国际集团牵头组建的目标规模近 100 亿元的上海国际全球并购基金。第三类，大型 PE 机构系并购基金。国内比较典型的 PE 机构如弘毅、鼎晖等，其中弘毅投资多以参与国企改制为主，曾先后参与收购中联重科、石药集团、改制中国玻璃等，而鼎晖较为典型的案例则为联合中信产业基金收购绿叶制

---

① CVSource 投资数据库. http://www.cvsource.com.cn/.

药集团 50%控股权的交易，见表 10-5。

表 10-5 2012 年中国市场并购基金设立情况

基金名称	管理机构	基金类型	目标规模
上海国际全球并购基金（暂定）	上海瑞力投资基金管理有限公司	海外并购	20 亿美元
赛领国际发展投资基金（首期）	赛领资本管理有限公司	海外并购	120 亿元
英联中国投资基金四期	英联投资有限公司	外资并购	3 亿美元
A Capital 中国海外投资基金	A Capital 基金管理公司	外资并购	—
中信并购基金（首期）	中信并购基金管理公司	境内并购	30 亿元
延安广发产业整合和升级并购基金	广发信德投资管理有限公司	境内并购	20 亿元
房地产并购基金（暂定名）	上海信达汇融股权投资基金管理有限公司	境内并购	100 亿元
中金久富基金	北京世纪方舟资本管理中心	境内并购	20 亿元
新疆景良大显农业并购基金	深圳市景良投资管理有限公司	境内并购	10 亿元
辉石纪源基金	北京海辉石投资发展股份有限公司	境内并购	10 亿元
海航怀酒基金	阿拉丁财富资产管理（北京）有限公司	境内并购	2 亿元
清蓝蓝海矿业投资基金（一期）	清蓝金融集团	海外并购	1 亿元
中科赛富三期并购基金	深圳市威廉金融控股有限	境内并购	1 亿元
中科赛富二期并购基金	深圳市威廉金融控股有限	境内并购	1 亿元
创森商业并购（一期）基金	云南创森股权投资基金管理有限公司	境内并购	—

资料来源：根据新闻报道整理。

从目标企业发展阶段来看，并购基金更多地投资已形成规模和稳定现金流的成熟企业。国内经济发展总体上正处于工业化中后期阶段，相较于欧美发达市场而言，国内市场增长潜力更大，国内企业大多仍有较强的成长预期，市场上适合并购基金的目标企业将逐渐增多。加上受国内经济下行压力影响，国内企业面临较大经营压力，资产出售意愿增强，项目估值降低，适合并购基金投资的标的企业随之增多，未来会有更多专注中国国内市场的并购基金。

10.5 中介组织

10.5.1 投资银行

并购中介组织包括证券公司、律师事务所、会计师事务所以及资产评估事务所,它们是中国并购市场不可忽视的重要媒介。

2008年8月,中国证监会颁布《上市公司并购重组财务顾问业务管理办法》,对财务顾问实行资格许可管理,确立了财务顾问主办人制。而作为财务顾问,投资银行凭借自身掌握的大量交易信息、并购技巧和经验,协助买方寻找目标公司,提出收购建议,编制并购公告并提出令人信服的收购计划,参与并购合同谈判。同时,投资银行也会作为融资顾问负责买方的资金筹措业务。

在投资银行总收入中,并购重组业务收入所占比重逐年提高见,见表10-6。2012年是中国并购市场历史上较为活跃的一年。相比IPO业务的大幅下滑,国内投资银行承接并购顾问业务保持活跃。2012年,证券公司作为并购市场的财务顾问,进一步拓展了业务空间。中金、国泰君安、中信证券、中信建投以及招商证券等实力雄厚的证券公司在2013年并购市场上继续保持着领先地位,参与的并购项目总金额分别为1706.95亿元、362.86亿元、272.35亿元,见表10-7。

表10-6 2009~2011年并购重组财务顾问净收入

年 份	2009年	2010年	2011年
并购重组财务顾问净收入(亿元)	6.71	8.19	12.49
开展并购重组财务顾问的证券公司(个)	55	55	60

资料来源:并购重组财务顾问净收入来自证券公司年报、证监会网站。

表10-7 2012年度中国投资银行并购业务排行榜(按交易金额)

排名	投资银行	交易金额(亿元)	案例数量(宗)	排名	投资银行	交易金额(亿元)	案例数量(宗)
1	中金公司	1706.95	42	6	广发证券	151.48	10
2	国泰君安证券	362.86	18	7	西南证券	138.97	13
3	中信证券	272.35	24	8	高盛高华证券	126.09	5
4	中信建投证券	207.99	18	9	中银国际	118.54	6
5	招商证券	190.83	26	10	华泰联合证券	103.71	11

资料来源:根据CVSource资料整理。

10.5.2 非金融中介机构

在企业购并中,会计师事务所常常和投资银行一起参与顾问事务,对目标公司的营业绩效、资产状况、财务分析等进行审查。会计师事务所接办的业务与投资银行及并购顾问多有雷同,但其工作重点在于收购审计和税务专案。2012 年,在交易数量上,大华会计师事务所、立信会计师事务所和大信会计师事务所分别以 142 宗、92 宗、86 宗位居前三名。尽管交易数量逊色于前三家,德勤华永和中瑞岳华以 465 亿元、239 亿元,在并购重组业务交易金额领先于其他会计师事务所,见表 10-8。

表 10-8 2012 年我国会计师事务所并购重组业务排名

排名	按交易数量排名			按交易金额排名		
	会计师事务所名称	交易数量(宗)	交易金额(亿元)	会计师事务所名称	交易数量(宗)	交易金额(亿元)
1	大华会计师事务所	142	211	德勤华永会计师事务所	15	465
2	立信会计师事务所	92	172	中瑞岳华会计师事务所	64	239
3	大信会计师事务所	86	93	大华会计师事务所	142	211
4	中瑞岳华会计师事务所	64	24	立信会计师事务所	92	172
5	天健会计师事务所	51	12	中瑞岳华会计师事务所、毕马威华振会计师事务所	1	169

资料来源:企业兼并重组公共信息平台。

会计师事务所作为企业并购案中提供审计业务的主要中介机构,近年来,我国本土会计师事务所做强做大,取得长足进步,专业服务能力逐渐向国际水准靠拢。据统计,2012 年业务收入超过 1 亿元的事务所数量为 45 家。截至 2012 年 6 月 30 日,全国共有 70 余家事务所在境外发展设立了分支机构、成员机构或联系机构,实现了 H 股、N 股、东盟、西亚等境外市场业务的拓展,涉及中国企业海外上市投融资审计、企业集团境外分支机构延伸审计、管理咨询、税务服务、会计外包、中外准则转换等并购相关领域的服务。[①]

在并购过程中,律师事务所在企业并购法律纠纷诉讼中发挥不可替代的作用,处理涉及股东、债权人和相关利益者等方面的复杂利益关系。据 Bloomberg 统计,在 2012 年,18 家律师事务所共计完成并购市场交易金额为

---

① 中国注册会计师协会. 中国会计行业服务贸易发展报告 [R]. 2012.

1927亿美元，比起2011年1771亿美元，增长幅度8.8%。[①] 国内本土律师事务所有很大进步，比如北京竞天公律师事务所、国浩律师事务所，2012年分别以452亿元、36宗分别占据交易金额和交易数量的榜首，见表10-9。

表10-9　2012年我国律师事务所并购重组业务排名

排名	按交易数量排名			按交易金额排名		
	律师事务所名称	交易数量(宗)	交易金额(亿元)	律师事务所名称	交易数量(宗)	交易金额(亿元)
1	国浩律师（上海）事务所	36	171	北京竞天公律师事务所	9	452
2	北京市金杜律师事务所	34	109	北京国枫凯文律师事务所	21	183
3	北京市天银律师事务所	28	32	国浩律师（上海）事务所	36	172
4	北京市康达律师事务所	28	63	北京市天元律师事务所	15	141
5	北京市君泽君律师事务所	24	60	北京市通商律师事务所	17	137

资料来源：企业兼并重组公共信息平台。

总的来说，以证券公司为主体的投资银行在并购重组业务继续加速发展，并购融资的撮合能力增强，也积累了国内亟须的大批并购重组高端专业人才。律师事务所及会计师事务所参与企业并购重组的积极性在提高，业务水平也有长足提升。

[①] 根据Bloomberg资料整理。

11 主要问题与发展趋势

11.1 主要问题

11.1.1 企业盲目兼并，政府过度介入，并购重组效率低

一些企业追求规模扩张，盲目并购重组，并购过程中缺乏风险控制，形成大企业病，导致企业效益低下、经营成本上升、内部官僚林立，企业缺乏创新动力，甚至因集团内部经济利益多元化而导致企业内部部门间互相掣肘。

一些企业，在兼并重组中缺乏对并购企业存在问题、制约原因的系统分析，虽然重组后为改制企业解决了资金、负债、人员安置等负担问题，但是对改制企业缺乏专业化、系统化分析，未能找出问题根本和矛盾所在，致使企业改制后效益不明显，有的甚至成为资金投入的"黑洞"。

庞大收购萨博的教训。2011年12月，萨博汽车的母公司瑞典汽车公司发布声明称，已向当地法院提出萨博汽车的破产申请。萨博的破产不仅宣告了"双庞"收购萨博这长达近一年的跨国并购以失败收场，还代表着近7亿元的投入很可能打水漂。"双庞"收购萨博失败的原因，主要归于没有深入考察萨博与关联企业通用汽车之间的关系。从庞大与萨博联姻过程来看，庞大收购萨博太仓促，如此不慎重的并购证明"双庞"并没有为此次并购做好战略规划。这为国内企业收购国外企业提了个醒，收购前不仅要考虑自身的经营状况，更要考虑当地政府与关联企业的情况等多种因素。

五矿65亿美元收购铜矿案失败。五矿集团旗下的五矿资源向加拿大与澳大利亚两地上市的伊奎诺克斯矿产有限公司发出63亿加元收购邀约。五矿集团在此次并购方案中没有详细了解对方资源的长远价值，同时缺少对竞

争对手的了解，高调收购最终流产。

一些地方，并购重组中行政化倾向较为严重，主导企业并购重组，甚至包办并购事项，导致市场机制的严重扭曲和经营效率的极度低下。与西方国家相比，我国的企业并购并不都是纯粹的市场行为，而带有浓厚政府主导色彩。在政府的直接参与下，采取自上而下的兼并程序，政府依据产业政策，以所有者身份进行干预、引导和牵线搭桥，促进企业的兼并。过度的行政干预，一方面，使产权交易被行政性垄断，无法保证企业在兼并中遵循效率原则；另一方面，又往往人为规定产权流动方向，不利于生产要素资源的合理配置，造成宏观效益低下。此外，还为寻租和腐败的滋生创造了机会。2012年初，中航集团与兵装集团这起当年国内汽车企业最大中央企业的重组，由于中央企业、地方与员工之间的利益冲突，闹得沸沸扬扬，致使员工与管理者之间爆发激烈冲突，让重组陷入了停滞。

11.1.2 不同市场主体难以公平竞争，民营企业跨所有制并购困难

近年来，尽管中央企业数量在不断减少，但实力却在不断增强，国有企业全产业链扩张、跨所有制并购方兴未艾，而民营企业跨所有制并购却困难重重。民营企业在涉及跨地区、跨所有制兼并和海外并购时，面临着市场准入、并购融资、税收优惠、行政审批等许多困难。民营企业在参与国有资产重组过程中，面临着许多债权和债务纠纷，追债成本高、周期长、不确定因素多。一些地方政府为卸包袱，在民企并购时给予很多承诺，但并购实现后承诺却不能履行。尽管各地政府出台了一些鼓励和支持民企参与国企改革的政策，但在执行过程中，民营企业在市场准入、办证审批、贷款等方面仍受诸多限制，办证难、立项难、交费多、贷款难等问题，一些国企间并购重组所能享受的待遇，在民营企业并购国有企业时享受不到。例如，国有企业并购国有企业，在银行的贷款本金可分为五年分期偿还，而民营企业并购国企则不能享受这个优惠政策。依照"十二五"规划，国家要扩大内需，理论上民营企业应该有很多投资机会，例如服务业、农业、战略性新兴行业、文化产业等，但从目前的情况看却并不乐观，民营企业似乎并未获得太多的机会与发展空间。

11.1.3 上市公司重组中仍然存在内幕交易、会计操纵行为

控股股东在市场高估时减持、低估时增持,越来越多的企业合并运用对未来业绩的对赌条款,涉及或有对价。个别公司将少量股份的转移与或有对价条件相结合,设计复杂交易,进行会计操纵。

此外,上市公司并购重组是内幕交易的高发区,公共信息被私有化,内部人利用内幕信息操纵股价。深交所综合研究所 2011 年 12 月 1 日发布了《中国证监会 2010 年度证券行政处罚分析报告》,报告显示,2010 年证监会和司法机关共对 13 件内幕交易案件作出处罚或司法判决,为历年之最。从比例上看,2010 年查处的内幕交易案件数量占比达 16.53%,远超 2007~2009 年 5.35%的均值。其中,利用并购重组信息从事内幕交易,是已查处内幕交易的主要形式。证监会 2010 年 9 月发布了《并购重组共性问题审核意见关注要点》,将内幕交易作为并购重组重点关注点。

2008 年至 2011 年 10 月,证监会在对各类线索核实的基础上,共立案调查内幕交易案件 135 起。近四年间,除移送公安机关追究涉案人员刑事责任外,证监会共对 27 起内幕交易案件涉及的 48 名当事人做出行政处罚,对 3 名当事人予以市场禁入。根据最高人民法院发布的消息,截至 2011 年底,全国法院审结内幕交易、泄露内幕信息犯罪案件共 22 件,其中 2007 年 1 件、2008 年 1 件、2009 年 4 件、2010 年 5 件、2011 年 11 件。

11.1.4 被兼并和重组企业员工利益缺乏保障

公司并购往往伴随着法人人格消灭、经营转换、生产要素重组,从而引起劳动关系变更乃至解除。企业兼并重组后,兼并方应当承担原国有企业的债务,安置其职工,履行兼并合同中所约定的其他义务。但不少企业消极履行义务,不仅不清偿债务、不妥善安置职工,而且不按约定支付产权出让金。此外,政府和有关部门又没有设置监督检查兼并企业履行合同义务的机构,致使被兼并企业及其职工利益遭受损失。继 2006 年东航兼并云南航空后出现的云南分公司员工集体罢工、2009 年吉林建龙集团并购通钢导致通钢万人罢工并打死总经理案后,2011 年以来,又陆续发生了百事可乐中国瓶装

厂工人罢工抵制康师傅收购，昌河汽车员工罢工抗议长安汽车收购后生产资质剥离转移，上海普茨迈斯特上海公司员工罢工抗议三一重工收购补偿方案等事件，都与被兼并和重组企业员工利益未得到应用的保护有关。

11.1.5 并购重组中存在国有资产流失现象

由于国有改制过程中监管不力或交易程序把关不严，国有企业在被兼并时，对企业自身现有的资产不予评估、漏估或低估，造成国有资产的流失，损害了被兼并企业职工、集体和国家的利益，导致被兼并的企业陷入更加严重的经济困难之中。

2011年山东省德州市宁津县，一个当时正在申请注册且注册资金只有100万元的小企业，竟一口吞下了全国化工100强、净资产1.9亿元的国有企业。而在重组前，他们从各银行"贷"走了近亿元贷款，将这一大笔债务甩给了被掏空后的国企后，仅剩空壳的国企无法偿还的贷款又落到了为其提供担保的企业身上，山东宁津国企重组导致数亿元国有资产流失。2011年10月山西中宇钢铁有限公司被山西立恒钢铁股份有限公司托管时，山西中宇所欠中钢40亿元债务削减为约10亿元，涉嫌30亿元国有资产人为流失。2011年12月盐湖股份44亿元国资流失案开庭，在2008年的盐湖钾肥重组中，原本的"国资买国资"，最后却演变成华美系借道国资——云南中烟旗下深圳市兴云信投资发展有限公司以3亿多元斩获市值逾44亿元盐湖钾肥股权。最近披露的还有连云港黄海机械涉嫌设立空壳公司廉价收购陷入经营困境的国企，通过偷逃税款的方式获得原始积累。

11.2 发展趋势

经济调整期往往是并购重组频繁期。从未来一段时期看，在资源环境约束日趋严重、产业国际竞争更加激烈的形势下，中国企业并购重组活动仍将保持较高的活跃度。无论境内或境外，2013年及今后几年，中国并购市场都会有一些新的趋势。

11.2.1 企业并购重组活动继续由横向并购向产业链上下游企业重组发展

通过产业链整合，最终提升我国制造业在国际产业链分工中的地位和在国际市场中的定价权。但也要防止部分企业利用非市场性优势进行并购。例如石油化工、通信、电力等垄断企业在国内市场对上下游企业的并购，可能会引起不公平竞争，损害市场自由竞争的特性。此外，横向并购中，也要防止形成市场垄断，发挥反垄断法的作用。

11.2.2 中国海外并购将更加迅猛，民营企业加快走出国门的步伐

随着中国经济的发展和工业化、城市化的推进，资源"瓶颈"愈益突出，对外依存度日趋增大，海外并购作为中国企业获取资源、技术和进入海外市场的重要途径，是中国企业持续发展、开展跨国经营、提高国际竞争力的重要手段。对于因金融危机而形成的尚处于不确定性中的海外并购市场，中国具有收购意愿和实力的企业还在伺机而动，这也为新的海外并购事件创造了条件。展望未来，中国企业的海外并购将持续活跃，其中资源行业仍将是中国企业尤其是中央企业海外并购的重点，对新能源等高技术行业的海外并购也将呈现出增长的趋势，涉及一般制造业的海外并购也将继续活跃。

2012年中国对外投资再创历史新高，在未来的几年内，中国对外投资的势头将依然保持强劲。从吉利收购沃尔沃，到海尔收购三洋电机，再到万达收购美国院线AMC，民营企业将继续加快走出国门的步伐。中国企业在未来海外并购之路上，必将扩展并购方式，以灵活战略巧避东道国政府监管风险、弱化目标企业以及当地居民、媒体等对中国企业并购之举的敌意，从而提高海外并购以及后期整合的成功率。国际收购兼并是高风险的企业行为，中国企业要多做前期功课，充分了解收购目标国的法律、政治、文化等对中国企业的约束，这样才能"少缴学费"，使中国企业真正在国外站稳脚跟，实现中国企业的国际化。

但随着国际金融危机的影响逐步减弱，国外企业的融资环境将逐步改善，中国企业的潜在并购对象的市场状况和财务状况逐步好转，由于财务危机而出让股权的意愿将降低。同时，随着西方国家的经济复苏，中国企业的

竞争对手也将增加，中国企业的海外并购竞争将更为激烈，因此更加需要明确的海外并购战略以及良好的风险控制。

11.2.3 外资并购在继续上升的同时也面临着结构调整，国际私募基金的参与会更加广泛

2009年12月30日国务院常务会议明确提出：鼓励外资以并购方式参与国内企业改组改造和兼并重组。加快推进利用外资设立中小企业担保公司试点工作。拓宽外商投资企业境内融资渠道，引导金融机构继续加大对外商投资企业的信贷支持。

随着后金融危机时代的到来，全球经济结构面临着新一轮调整，各国都加大了吸收外商直接投资的力度，我国加快经济发展方式转变和经济结构调整的任务也非常紧迫，提高利用外资的质量和水平已成为调结构的重要组成部分。2010年国务院下发了《关于进一步做好利用外资工作的若干意见》（以下简称《意见》），以加快经济发展方式的转变为目标，力求促进内外资公平竞争，更好地发挥和利用外资在推动科技创新、产业升级、区域协调发展等方面的积极作用，并对2007年修订的《外商投资产业指导目录》进行了多处修订，主要包括扩大开放领域，引导外资向中西部地区转移和增加投资等。《意见》的重点是优化利用外资结构，鼓励外资投向高端制造业、高新技术产业、现代服务业、新能源和节能环保等产业，同时严格限制"两高一资"类的项目，引导外资向中西部地区转移和增加投资，同时下放外商投资的审批权限，因此，未来外资并购在继续上升的同时也面临着结构调整。此外，在国际资本的流向上，中国仍然是最具吸引力的国家之一，国家对外资并购的安全审查将更加透明化、规范化，国际投资者包括国际私募基金的兴趣仍然会有增无减，医疗、消费品、零售、教育、清洁能源、工业等领域将是外资并购所关注的重点。

11.2.4 随着结构调整的力度加大，九大行业兼并重组将不断推进

从政策环境、经济发展以及企业意愿看，汽车行业要达到2015年前10家企业占据市场份额的90%以及培育3~5家具有核心竞争力的大型汽车企业

集团的目标实现并非困难。

水泥行业未来规模的扩张在很大程度上依赖于行业内的兼并重组。大企业进一步提升行业集中度的意愿明显，以海螺水泥、冀东水泥、华新水泥、金隅股份、亚泰集团、祁连山、宁夏建材和同力水泥等上市公司行业兼并重组的步伐还会继续向前迈进。有可能实现到2015年形成3~4家熟料产能1亿吨以上，矿山、骨料、商品混凝土、水泥基材料制品等产业链完整，前10家水泥企业产业集中度达到35%的目标。

船舶行业目前中船集团、中船重工、中远船务、中远川崎、中海江苏、金海重工，以及熔盛重工、新世纪、新扬子江等，占造船总量70%，大船重工、中集来福士、中远船务、外高桥造船等在国际海工领域已经占据一席之地，亚星锚链的海工链在全球市场份额达到20%、位居第二；中远船务是国内最大的修船企业，中船澄西、中船龙穴也在修改装市场占有较好声誉。前10家造船企业造船完工量占全国总量的70%的目标可以达成，但形成5~6个具有国际影响力的海洋工程装备总承包商和一批专业化分包商，形成若干具有较强国际竞争力的品牌修船企业的目标完成难度对不同企业来说各有难易。

电解铝行业集中度将进一步提升，未来的目标是，到2015年形成若干家具有核心竞争力和国际影响力的电解铝企业集团，前10家企业的冶炼产量占全国的比例达到90%。在国家政策的引导下，具有中央企业背景的行业龙头将进一步加快兼并重组的步伐包括获取海外资源的步伐，成为"煤—铝—电"、"铝土矿—电解铝—铝加工"一体化的全国或区域龙头企业。

电子信息行业部分目标达成具有难度。《关于加快推进重点行业企业兼并重组的指导意见》（以下简称《指导意见》）中关于电子信息行业的目标是，到2015年形成5~8家销售收入过1000亿元的大型骨干企业，努力培育销售收入过5000亿元的大企业。这一规定对软件领域影响不大，国内硬件制造类公司体量较大有华为、中兴、联想、海尔、格力。到2015年，形成至少5家销售收入过1000亿元的企业问题不大。但是，在三年内培育收入超过5000亿元的企业难度较大。

医药行业要达到目标每年需百亿元规模并购额，基药集采政策出台或将迅速提升市场集中度。《指导意见》提出前100家企业销售收入占全行业50%以上的目标，按照2010年该数字为33.4%计算，则"十二五"期间每年都要有几百亿元规模的兼并重组才能达到目标。从2012年的发展趋势来看是有可能达到的。除行业集中度外，《指导意见》还提出了基本药物前20家企业市场份额超过80%的目标，目前市场集中度很低，但未来如果基本药物集中采购或者更有力的政策出台，则有可能达到迅速提升基药市场集中度的目标，届时基本药物比重大的国有大型制药企业将从中获益。

12 推进政策建议

促进企业兼并重组是调整产业结构、转变发展方式、提高产业竞争力的重要措施,是促进工业转型升级的重要内容,是优化产业组织结构,解决产业集中度低、产能过剩和无序竞争、自主创新能力不强等问题的重要途径。为优化产业结构、转变经济发展方式,缓解行业产能过剩,提升企业创新能力,《国民经济和社会发展第十二个五年规划纲要》、《国务院关于促进企业兼并重组的意见》、《工业转型升级规划(2011~2015年)》、《关于加快推进重点行业企业兼并重组的指导意见》等政策措施对推进企业兼并重组做出了系统周密的部署。当前,必须以相关政策措施为依据,鼓励推动我国企业充分利用国际国内市场,适应社会经济的发展规律,通过兼并重组实现战略转型、结构调整和竞争力提升。政府应充分尊重市场和企业的主体地位,进一步完善相关政策措施,消除阻碍企业兼并重组的制度性、体制性障碍,为企业通过兼并重组优化资源配置提供政策保障。

12.1 政策思路

12.1.1 完善企业兼并重组工作体系,积极协调解决企业兼并重组中的问题

各地要建立企业兼并重组工作组织协调机制,工业和信息化主管部门要发挥牵头作用,加强与相关部门的协调配合,研究制定推进本地区企业兼并重组的实施意见,协调解决本地企业兼并重组中遇到的问题,及时反映本地区解决不了的、需要国家有关部门解决的问题。对于部分地区及重点企业要进行调研,了解掌握阻碍企业兼并重组的主要问题。同时加强各部门间的沟

通协调，适时召开部际协调小组会议，解决企业兼并重组中的问题。对共性问题应协调有关部门出台政策，对重大企业兼并重组案件进行个案协调。

12.1.2 加强企业兼并重组信息交流

要引导企业兼并重组公共信息服务平台提供专业服务。企业兼并重组公共信息服务平台的建设是做好企业兼并重组工作的迫切需要，也是转变政府职能、建设服务型政府的必然要求。企业兼并重组公共信息服务平台要从企业需要出发，不断创新服务内容，引导中介机构为企业兼并重组提供专业化服务，并拟逐步建立兼并方与被兼并方的信息互动平台。平台是宣传政策、交流情况、推广经验的重要载体，各地要充分利用平台，并将本地区工作进展、典型经验等情况在平台上交流。

要加强企业兼并重组信息的交流。一是要加强国务院各部门之间、中央与地方之间、地方各部门之间、政府与企业之间以及各地方之间的企业兼并重组信息的交流。通过交流，沟通情况，相互借鉴，发挥各方面的合力。二是要组织研究机构跟踪、分析兼并重组信息，定期收集、整理统计数据，形成年度、季度进展情况报告和分行业情况报告，以及重大兼并重组案件分析报告，与部际协调小组各成员单位、各省市工业和信息化主管部门进行交流。

12.1.3 推进重点行业企业兼并重组

一是研究制定重点行业兼并重组指导意见。会同部内相关司局尽快出台推进重点行业企业兼并重组的指导意见，明确推进重点行业兼并重组的基本要求、主要目标、重点任务和政策措施。以汽车、钢铁、水泥、船舶、机械制造、电解铝、稀土、电子信息、医药、食品等行业为重点，推动优势企业实施强强联合、跨地区兼并重组、境外并购和投资合作，提高产业集中度，促进规模化、集约化经营，加快发展具有自主知识产权和知名品牌的骨干企业，培养一批具有国际竞争力的大型企业集团。

二是协调推进重大兼并重组案件。要以汽车、钢铁、水泥、造船等行业为重点，积极协调推进重大企业兼并重组案件。各地方部门要跟踪了解重大兼并重组案件进展情况，了解企业实施兼并重组中存在的问题和政策需求，对企业兼并重组中遇到的问题要积极协调,及时向有关部门反映需要协调的问题。政府有关部门应积极与地方进行协调沟通,采取个案办理的方式,帮助企业解决实际问题,力争重点行业兼并重组取得实质性进展。

12.1.4 促进企业做强做大

推进企业做强做大是促进企业兼并重组的主要目标,兼并重组是企业做强做大的重要途径。大企业作为国民经济的中流砥柱,是国家综合经济实力的集中体现,是优化产业组织结构、实施技术创新、推进产业升级的重要推动力量。我国大企业与世界领先企业相比,成长历史短、自主创新能力不强、国际化水平不高、缺乏世界知名品牌、管理有待进一步提升、处于产业链低端,特别是缺乏一批在国际上有重大影响力的著名跨国企业。应按照遵循市场引导、企业主导和政府推进的原则,在增强企业自主创新能力、提升国际化经营水平、提高企业管理水平、培育国际知名品牌、推进企业战略重组、完善公司治理结构、培养经营管理人才、提高抗风险能力、提升政府服务和管理水平等方面提出指导意见。组织企业、行业协会、国务院有关部门、地方工业和信息化部门进行进一步完善,研究推进企业做强做大工作的切入点和抓手。各地也要结合实际研究推进企业做强做大的政策措施。

12.1.5 加大反垄断力度

做好反垄断工作是维护市场经济秩序、完善社会主义市场经济体制的必然要求,是调整优化产业结构、转变经济发展方式的重要措施,也是企业兼并重组工作的一个重要方面。反垄断工作在促进产业健康发展、维护国家产业安全和我国企业利益等方面发挥了重要作用。在反垄断工作中,应将产业政策工作与反垄断工作紧密结合,更加重视国外企业的并购重组对我国产业发展、产业安全的影响。

在推进企业兼并重组,实现规模效益与提高产业集中度的同时,要防止企业规模膨胀后因垄断而对市场效率的损害。因此,企业的兼并重组要与反垄断相结合,避免兼并重组中伴生的垄断。从反垄断角度看,兼并重组中一定要注意四个方面:一是要注意避免自然垄断。有些行业盲目扩大规模反而容易使垄断加剧。二是要尽量少发生行政性垄断。这些垄断将导致市场发育不足和经济竞争上的不平等。三是经济垄断。不要让兼并重组形成的大企业造成危害市场竞争的经济垄断。四是垄断行业的兼并重组要与垄断行业的改革结合，良性互动进行。现阶段推行反垄断主要是切实贯彻《反垄断法》，建立起一个反行政垄断的法律规制体系。

12.1.6 推进企业加强管理创新工作

加强企业管理创新是促进工业转型升级和转变发展方式的迫切需要，有利于提高我国经济发展的质量和效益，增强我国经济的国际竞争力和抗风险能力，必须像重视技术创新一样重视管理创新。企业兼并重组后的管理创新也是兼并重组取得实效的重要保证。

要推进出台企业加强管理创新的指导意见。提出推进企业加强管理和管理创新的总体目标、基本原则，明确基础管理、战略管理、风险财务管理、质量管理、研发管理、品牌营销管理、安全生产管理、节能降耗管理、人本管理以及管理信息化、商业模式创新、履行社会责任等方面的主要任务，并提出推进管理创新示范企业、成果推广、人才培训、管理信息化、中小企业管理提升等重点工程。研究推动企业管理创新的政策措施，总结推广管理创新经验、为企业提供管理创新咨询服务。

要开展管理现代化创新成果审定推广工作。目前政府有关部门和部分省市都在积极推进企业管理创新工作。例如，江苏省出台了《关于推进企业管理创新的指导意见》，并开展了企业管理创新评价工作。各地应及时总结推广企业管理创新经验，积极开展相关工作。

12.2 政策重点

促进企业兼并重组政策的实施是推进产业结构调整、推动产业转型升级、加快转变发展方式的重要举措，是提升我国经济国际竞争力、进一步完善社会主义基本经济制度的必然选择，有利于提高资源配置效率，调整优化产业结构，培育发展具有国际竞争力的大企业大集团。

12.2.1 兼并重组中要发挥企业主体的作用

以往的企业兼并重组曾出现"拉郎配"现象,在现阶段的兼并重组工作中,如何避免这种由政府牵头促成的行为,让市场机制发挥更大的作用是必须重点关注的问题。国务院颁布并实施的《国务院关于促进企业兼并重组的意见》(国发〔2010〕27号,以下简称"27号文件")中的诸多措施都强调了兼并重组的行为主体是企业,兼并重组必须坚持市场化运作手段,企业按照市场经济规则,在平等协商、依法合规的基础上开展兼并重组活动。

在市场经济环境中,企业兼并重组以拥有核心技术、提升竞争力为主要目的,是一种内涵式的"联姻",旨在融合发展中发挥"1+1>2"的效应。也就是说,相关企业无论是产品关联度、研发支撑力,还是市场影响力、资本带动力,重组后都能达到"双赢"。对兼并重组企业,既要转换经营机制,又要促进技术改造,还要有利于促进节能减排,提高市场竞争力,使企业整体实力跃上一个新的台阶。因此,促进企业兼并重组,必须充分尊重企业意愿,发挥企业的主体作用。兼并重组是企业间的市场行为,只能由企业通过平等协商、依法合规来展开,不能搞"拉郎配"。各级政府和相关部门应致力于努力完善市场机制,促进市场有效竞争;通过完善相关行业规划和政策措施,引导和激励企业自愿、自主参与兼并重组。在兼并过程中,要遵循市场经济规则,坚持市场化运作,形成结构合理、竞争有效、规范有序的市场格局。

12.2.2 积极推进重点行业的企业兼并重组

2013年1月23日,12个部委下发的《关于加快推进重点行业企业兼并重组的指导意见》,对包括汽车、水泥、船舶、电解铝、电子信息、钢铁、医药、农业和稀土在内的每一个领域的兼并重组和产业集中度,用数字提出了具体的量化指标,以及实现的路径,推进企业兼并重组。对于这些重点行业的企业兼并重组,国务院明确将在财税、金融、土地等方面加强政策扶持。其中提出加大金融对企业兼并重组的支持力度,并明确由中国人民银行、银监会牵头负责鼓励商业银行开展并购贷款业务,扩大贷款规模;鼓励商业银行对兼并重组后的企业实行综合授信；通过并购贷款、境内外银团贷款、贷款贴息等方式支持企业跨国并购等工作任务。

12.2.3 放宽民营资本准入标准，实现国企与民企的共同发展

从经济结构上看，兼并重组不只是单个企业扩大规模的过程，更是加快国有经济布局和结构的战略性调整，构筑、完善以公有制为主体、多种所有制经济共同发展的基本经济制度的过程。在这一进程中，国有企业和民营企业要发挥各自的比较优势，共同作用于兼并重组的有效进行。国务院发布实施的"27号文件"中明确指出，切实向民营资本开放法律法规未禁入的行业和领域，并放宽在股权比例等方面的限制。加快垄断行业改革，鼓励民营资本通过兼并重组等方式进入垄断行业的竞争性业务领域，支持民营资本进入基础设施、公共事业、金融服务和社会事业相关领域。

目前兼并重组的热门行业中，例如，汽车、钢铁、水泥、机械制造等，国有企业均占有重要分量。因此，国有企业无疑在未来的兼并重组工作中扮演重要角色。特别是在国务院国资委和地方国资监管部门的推动下，地方国有企业也会在兼并重组推进工作中发挥重要作用。另外，兼并重组不仅不会扼杀民营企业或中小企业发展，反而给民营企业加速发展提供了难得的机遇，使得民营企业能进入各类经营领域。随着"新36条"与《关于促进企业兼并重组的意见》政策的逐步落实到位，民营企业在兼并重组中将发挥愈加重要的作用。国有企业、民营企业及外资企业要共同联手，相互整合进入对方领地，才能实现资源优化配置。

12.2.4 清理限制跨地区兼并重组的障碍，破除地方保护主义

国务院发布实施的"27号文件"中指出，企业兼并重组中存在一大制度性障碍，即地方保护主义。按照国务院安排，国家将着力清理限制跨地区兼并重组的规定，破除市场分割和地区封锁，尤其取消各地区自行出台的限制外地企业对本地企业实施兼并重组的规定。其中"清理限制跨地区兼并重组的规定、理顺地区间利益分配关系"被列为重中之重。事实上，由于企业纳税是地方财政收入的重要来源，地方财税之争一直是横亘在跨地区兼并重组

之间的一道障碍。一旦该限制跨地区兼并重组的障碍得以清除,将从机制上消除地方政府阻挠企业兼并重组的动机,对推进兼并重组意义重大。

12.3 具体建议

12.3.1 大力发展产权交易市场

发展产权交易市场是实现重组市场化的关键,企业重组的本质是产权的自由交易和流动。没有完备的产权交易市场,就很难对企业的绩效和前景进行灵敏的市场化评价。

(1)大力发展多层次、多形态的资本市场。

为适应企业重组的多种需要,必须大力培育和发展多种层次、多种形态的资本市场,以满足不同层次和种类企业重组的融资需求。其中,最重要的是产权交易市场的发展。因为,从实践中来看,我国的企业重组除了少数上市公司能够完全地通过证券市场来进行以外,绝大多数的企业重组都涉及非标准化产权的交易,我国各地的产权交易市场也正是为了满足这种需要而成立和发展起来的,但是,目前我国的产权交易市场存在着发展不规范、混乱的问题,不能很好地满足国有企业重组的需要,应当加强法制建设,规范和促进产权交易市场的发展。

(2)进一步规范并促进证券市场的发展。

针对现在我国证券市场的问题,应当立足于市场化的思路,大力促进金融创新,增加交易的品种,使企业重组有更多的金融工具可以利用。同时,着力培育机构投资者,将社会闲散资金集中到机构投资者手中,这既可以促进证券市场的稳定与发展,又能发挥机构投资者在企业重组中的监管和改善公司治理结构的作用。此外,针对我国证券市场所存在的违法违规行为还要严格执法,加大打击的力度,为资本市场的发展奠定一个良好的基础。因此,要推动我国有企业的重组,必须借鉴西方国家成熟资本的市场的经验,大力发展我国的资本市场。

12.3.2 积极引导私募股权基金（产业投资基金）参与兼并重组

金融风暴席卷全球，在欧美市场，PE 投资机会减少，而新兴市场特别是中国，则成为它们重视的突破口。目前，中国已成为私募投资基金最为看好的市场之一，发展潜力巨大。并购重组作为中国私募股权投资行业发展的一个新趋势，主要有以下三方面的原因：首先，以往发生的众多并购重组案件中，均以外资企业占主导居多。但在 2012 年，我们看到了中国企业正在夺取话语权。其次，中国产业资本正在觉醒和崛起，产业资本对于并购重组的态度明显积极、活跃，很多企业都在积极寻找合适的标的，而在这一过程中，产业资本与私募股权投资机构的合作也逐渐增加，甚至独立设立私募股权基金。最后，也是最为重要的一点，并购重组交易的增加也为创业投资及私募股权投资机构退出提供了更多渠道。在 2012 年，由于 IPO 退出持续受阻，VC/PE 机构退出方式也开始向并购退出倾斜，长远来看并购将成为 VC/PE 最重要的退出方式。

12.3.3 深化分道制审核机制，有效解决现实难题

所谓分道制，简言之就是证监会对提出并购重组申请的上市公司实施差异化审核制度，即符合标准的并购重组申请，将豁免审核或快速审核，从而优先放行，此举将在推进资本市场并购重组方面产生重要影响。

首先，分道制意味着资本市场的并购重组将建立更严格的优胜劣汰制度。分道制紧扣"转方式、调结构"的方针，与产业政策挂钩；与上市公司规范运作水平挂钩，体现分类监管、扶优限劣的理念；与中介机构的执业质量挂钩，进一步强化市场激励约束机制。在分道制管理模式下，上市公司的并购重组将通过差异化手段实现更有效的监管和更合理的放行。其次，分道制将助推上市公司并购重组的速度。分道制的及时推出无疑会进一步促进资本市场的并购重组，吸引更多的优质资产进入资本市场。最后，分道制将提升上市公司并购重组的效率。分道制的实行，相当于对大量的并购重组案进行定性定量的过滤；对于重点产业和优质资源的重组，分道制的实行，意味着优先放行，提高了效率，这将更有助于发挥并购重组在产业结构战略调整

和社会资源优化配置中的重要作用。

分道制虽然建立了一种过滤机制,但并购重组涉及国有资产、企业、投资者等多方面的利益,并购重组也是最容易被作为利益输送方式、出现违规操作的高风险地带。因此在实行并购重组审核分道制的同时,还需要进一步细化和创新市场监管手段和规则,以便尽快形成一套更科学、更缜密的分道制管理体系,真正起到对并购重组质地的精准过滤。

12.3.4 对重大兼并重组个案采取备案制

国务院颁布实施"27号文件"后,为了防止国有资产流失,加强兼并重组监管,使兼并重组工作有序进行,工业和信息化部计划对重大兼并重组个案采取备案制,以有针对性地解决企业在重组过程中的政策难点。以往的企业兼并重组工作中,审批环节太多,各个环节多为串行审批,耗时长,由此可能丧失并购良机或成本被大幅提高。所以,政府应清理兼并重组中的审批项目,将串行审批改为并行审批,对一般性并购采取备案制。备案制的实施,原本计划由各省上报的兼并重组省级规划,可能不会进行全面的分级上报,但重点重组个案,由工业和信息化部牵头的协调小组有可能将直接参与其中,为企业实地解决财税、职工身份等政策性问题。

12.3.5 注重发挥中介组织的作用,优化和完善兼并重组的实施环境

要在坚持市场化运作的基本前提下,根据发展实际和现实需要,进一步规范和发展各类行业协会、商会等行业自律组织,同时通过对现有行业协会组织的调整与重组,整合资源、优化结构,提高各类中介组织的服务效能,以充分发挥其桥梁和纽带作用,优化和完善兼并重组的实施环境。各级政府要切实加强对中介组织的分类管理并不断促使其完善其体制机制,努力维护中介组织的自主、自律和中介性,进一步理顺政府、中介组织和社会之间的职能分工。通过建立和完善行业协会的会员服务制度及组织体系,引导各行业协会加强自身建设,提高组织效能和管理服务水平,强化行业自律,积极协助政府做好行业指导与管理服务,为本领域的企业提供更加优质更加便捷的多元化、专业化服务。

12.3.6 大力发展和扶持有为民营企业,创造平等竞争的市场机制环境

当前我国资源产业之所以采取政府主导型重组模式,其中民营企业生产率偏低、整合能力有限是重要原因。但兼并重组归根结底是一种市场行为,更多需要依靠市场手段和企业自身来解决。因此,只有大力扶持和发展有为企业,加强企业自身建设,才能确保整合企业的数量和质量,进而实现兼并重组由"政府主导"变"企业主动"。为此,一是要切实制定并出台促进中小企业大力发展的激励措施,创造一个有利于企业成长和发展的制度支撑环境;二是要大力发展有为企业,特别是要培育并扶持民营企业,引导这些企业苦练内功,集中优势资源做强主业,让企业在一个平等、竞争的市场机制环境的压力中持续升级,真正推动资源产业结构调整和升级。

12.3.7 完善兼并重组的相关法律法规

(1)制定《企业兼并重组法》,修订和完善其他相关法律,为兼并重组破除障碍。

我国已颁布的法律法规中,除了《公司法》、《证券法》和《反垄断法》是由国家立法机关制定的以外,其余均以"条例""办法""实施细则"等名称出现,缺乏法律的权威性,而且还没有专门对企业重组进行调整的法律。一方面,要完善《公司法》、《证券法》和《反垄断法》等现有法律,在"条例""办法""实施细则"成熟时,要尽快使之转化为法律;另一方面,我国也应当顺应国际重组并购浪潮,在整合现行法律规定的基础上,研究制定专门的《企业重组法》,规范并推动我国企业并购重组。这样既可以消除现有法律规定中的矛盾、冲突,弥补现有法律规定中的空白,形成以该法为核心的和谐而科学的企业重组法律体系;又可以突破现行法律中阻碍企业重组的规定,做出专门针对企业重组的特殊规定,在立法技术上简化程序并节省成本,具有更强的可操作性。

(2)健全财税法律制度,制定和完善有关法律法规。

针对企业重组中的地方保护主义,需要进一步健全财税法律制度,可以考虑按市场经济原则建立企业产权归属和企业纳税主体完全分开的中央、地

方共享的税制。资金短缺是企业重组中的主要困难之一，要解决这一问题，必须要优化金融环境，健全金融法制，开拓资金的融资渠道，还应当健全证券法制和产权交易法制，大力发展资本市场，畅通国有企业重组的直接融资的金融渠道，鼓励通过发行企业债券、股票、资产证券化以及其他金融创新等渠道来解决重组所需的资金。

要使企业并购规范、有序、公平合理地进行，需要有相关的法律法规作保证。通过法律法规对并购的方式、程序、并购协议、并购行为中的资产评估和交割、被并购企业职工的安置和企业并购的法律责任等加以明确规范和界定。政府应制定和完善有关企业并购收购与反垄断方面的法律法规，确保企业并购在法制轨道上健康运行。

12.3.8 健全社会保障制度，恰当处理好职工的安置问题

当前，我国企业兼并中被兼并企业的人员安置问题是最大的难题。这个难题的解决，一般可通过两种方式解决：一是由兼并企业吸收；二是由社会吸收，为实现兼并的绩效，使市场化的企业兼并健康发展，人员安置问题主要应走社会消化的途径，所以社会保障制度必须健全。完善的社会保障体系对于国有经济布局调整和国有企业兼并重组的顺利进行具有决定性的意义。

要加快社会保障体制改革步伐，大力开展转业培训，发展劳务市场，创造劳动密集、临时性的就业机会。明晰产权关系，准确、合理、合法地进行资产评估。当前应逐步明确国有资产关系，重塑企业资产结构，对企业资产、国家资产和地方资产给予适当的界定。具体应做好以下工作：清理资产、划分归属、明确产权关系。在清理核定的基础上，实行产权登记、履行法律手续，发放产权归属证明。今后凡是进入产权市场的资产，必须持有产权归属证明。改革传统管理体制，建立和健全资产经营和管理机构。同时应通过立法统一目前各种资产评估核定标准和评估方法，由公正独立的机构出面进行资产评估，并且要加强对评估机构的管理。

12.3.9 限制过度行使行政权力，防止产生行政垄断

为了防止产业重组政策实施中，因行政权力滥用而产生行政垄断，必须

采取一定措施限制行政权力的过度行使，完善产业重组政策的实施细则。

（1）重组计划专家组评议制度。

依照产业重组政策制定出一份有关产业内的企业重组计划，为了适应市场经济体制下的竞争政策的要求，排除行政权力强制联合限制竞争的发生，可以依照相关行业的要求组建专家组对重组计划进行重组风险和效益等因素的评议。专家组成员的挑选，可以由计划涉及的相关行业的企业（不包括计划中的企业）中挑选与重组风险评估有关的工作人员、知名大学相关行业经济学教授和法学教授和政府相关工作人员组成。这样做可以比较有效地分析一份重组计划是否合乎竞争政策的要求，使得重组后的企业能够比较好地参与市场竞争，排除行政权力滥用且可以尽量避免重组后的企业"貌合神离"的情形发生。

（2）建立和完善听证制度。

应当建立重组计划听证制度。在产业重组计划做出后，并且经过专家组评议的前提下，通知当事方企业及区域内其他相关企业享有提出听证的权利。听证应当围绕以下几个方面进行。

首先，该重组计划是否符合相关产业政策的要求。相关行业的产业政策要求给予该行业的优惠政策在计划中是否得到体现；各级政府将以何种方式实施该行业的产业政策，在重组计划中是否列明、是否符合整体产业规划的要求等。其次，该重组计划是否符合竞争政策的要求。在重组计划实施后，影响竞争的程度，是否会因计划的实施导致重组后企业形成市场支配地位限制行业的竞争等。再次，其他相关企业对重组计划的意见。重组计划所涉行业的区域内其他企业可以就该计划实施对自身的影响发表看法。最后，行政权力的行使是否适当。设立听证制度的目的就在于防止行政权力的滥用，但是行政权力是否滥用比较难把握。第一，分析重组计划涉及企业是否适合重组；第二，重组计划的实施是否有利于该区域产业整体竞争力的提升；第三，是否实施限制竞争的行为。包括市场准入、行政性定价等。

（3）尊重当事方意愿为原则。

能否顺利实施重组计划的关键还在于当事方企业是否愿意配合各级政府完成计划。这必须以尊重当事方意愿为原则，因为重组是有关企业未来发展的重要措施，企业需要对重组计划进行详细分析后作出有利于自身的决定。若是重组计划不利于企业发展规划而作出不实施重组计划的决定，那么各级行政机关及其部门不应当过分干涉，这也为行政权力的适当行使起到促进作用。

附录1 工业发展指数构建

1. 理论基础

进入新世纪以来,工业结构调整和升级成为工业经济研究和政策的焦点。工业发展过程中的产业结构、产业组织、产业竞争力、技术水平、创新能力和可持续发展等一系列问题,被归类为工业结构问题。在研究层面上,一些经济学者提出中国工业"大国"的更高发展阶段是建设工业"强国",以克服传统工业大国建设过程中突出的结构问题。另外一些学者则基于工业发展阶段的判断,提出了工业发展战略需要调整。在国家政策层面上,新型工业化道路、转变经济发展方式和贯彻落实科学发展观成为工业发展的新导向。

在深入研究工业结构问题、基本经济国情变化与工业化阶段跃升的基础之上,各界达成了一个较为明确的共识,即寄希望于建设工业强国来解决工业大国建设过程中所累积的问题与矛盾。这就使得工业强国理论具有问题导向和战略导向的双重属性——既要直面当前工业发展中存在的突出矛盾,又要放眼未来机遇和挑战并存的工业发展。这集中体现于现阶段中国工业发展面临突出问题,包括传统比较优势的减弱、可持续发展能力亟待提升、工业创新能力成长受制于工业创新体系、区域产业同构化影响工业发展效率的提高,以及就业和劳资冲突问题升级。同时,转变发展方式、产业转型升级对工业经济发展提出了新的要求,都必然要体现在工业强国理论之中。

工业发展水平经典评估方法大多从单一维度(指标),主要有:仅从工业发展速度评估工业发展,如采用工业增速或者工业增加值率等指标;仅从规模动态变化评估工业发展,如采用工业总产值或者增加值等指标;仅从结构动态演变评估工业发展,如采用产业结构比或者工业对GDP增长率的贡献率等指标。从理论基础上说,如上三种评估方法都与工业大国理论有着密切的理论联系,评估结果的有效性也受限于工业大国理论的逻辑。

本报告所构建的中国工业发展评估模型,在理论上力图体现工业强国理论的内涵与要求,在方法上采用多维度的评估指标体系,提高评估结果的效力。所以,本报告在评估方法上的创新,其实是评估理论创新的延续和应用实现。

2. 指标说明

如上文所述,依据工业强国理论的内涵和要求,本报告从生产效率、可持续发展水平、技术创新、国际竞争力和工业增长五个维度构建工业发展指数。生产效率采用 Sequential Malmquist Luenberger 生产效率指数,可持续发展选用能源效率和"三废"处置利用指标,技术创新包括创新投入和创新产出两方面指标,国际竞争力采用了国际贸易竞争力指数,工业增长则选用工业增加值增长率。其中,可持续发展水平、技术创新、国际竞争力和工业增长四个维度的指标均可通过统计数据计算而得,生产效率指标则需要另行计算。效率分析的方法主要有三类方法:参数方法、非参数方法和指数法。其中使用较广的指数法有两种:全要素生产率(TFP)指数法和基于数据包络分析法(DEA)的曼奎斯特(Malmquist)指数方法。[①] 基于 DEA 的 Malmquist 生产率指数及其分解是分析多投入—多产出决策单元生产率变动及相对效率的有效方法。

新时期工业发展的核心是加速提高生产效率,而加速促进生产效率提升的关键是促进技术进步。为了更好地揭示中国工业生产效率的特征,我们借鉴 Fare(1994、1997)提出的以产出为基础的 Malmquist 生产率变化指数方法,同时并改方法的最新改进引入到生产效率指数计算当中。其中,Chung

---

① 前者反映的是所有投入要素的综合效率,并且要考虑生产率的周期因素和动态变化;后者可以纵向测度生产率进步,是经济中产业跨期的生产率变化的一种常用研究方法。

et al. (1997) 引入方向距离函数，在生产效率测算中开始引入环境污染之类的"坏产品"，发展除了 Malmquist-Luenberger 生产效率指数。由于引入了"坏产品"，Malmquist-Luenberger 生产效率指数在一定程度上避免了 Malmquist 高估生产效率的情况。而 Oh and Heshmati (2009) 在 Chung et al. (1997) 的基础之上，进一步在构建技术前沿面时采用序贯生产可能性集合代替当期生产可能性集合，有效地避免了技术退步的情况，更为符合现实技术的变化规律，进而发展出了 Sequential Malmquist Luenberger 生产效率指数，为本报告所采用。

如上，Sequential Malmquist Luenberger 生产效率指数的创新之处在于构建第 t 期的生产技术前沿面时，使用第 1 期至第 t 期生产集合的并集，即 $\overline{P}^t(x^t) = P^1(x^1) P^2(x^2) \cdots P^t(x^t)$。其中，$P^s(x^s)(s = 1, \cdots, t)$，表示第 s 期的生产集合，$\overline{P}^s(x^t)$ 表示第 S 期的序贯生产可能性集合。用 $\vec{D}(x, y, b; g_y, g_b) = \max\{\beta: y + \beta g_y, b - \beta g_b) \in P(x)\}$ 表示方向距离函数，那么第 s 期的 Sequential Malmquist Luenberger 生产效率指数 (SML) 即为：

$$SML^s = \left[\frac{(1 + \vec{D}^s(x^t, y^t, b^t))}{(1 + \vec{D}^s(x^{t+1}, y^{t+1}, b^{t+1}))} \right],$$

为了避免参照生产技术选择的任意性，在计算两个相邻时期的生产效率时，使用 SML 指数的几何平均数，即：

$$SML^{t,t+1} = \left[\frac{(1 + \vec{D}^t(x^t, y^t, b^t))}{(1 + \vec{D}^t(x^{t+1}, y^{t+1}, b^{t+1}))} \frac{(1 + \vec{D}^{t+1}(x^t, y^t, b^t))}{(1 + \vec{D}^{t+1}(x^{t+1}, y^{t+1}, b^{t+1}))} \right]^{1/2}$$

进一步将 $SML^{t,t+1}$ 分解，可以得到：

$$SML^{t,t+1} = \frac{(1 + \vec{D}^t(x^t, y^t, b^t))}{(1 + \vec{D}^{t+1}(x^{t+1}, y^{t+1}, b^{t+1}))} \times$$

$$\left[\frac{(1 + \vec{D}^t(x^t, y^t, b^t))}{(1 + \vec{D}^t(x^{t+1}, y^{t+1}, b^{t+1}))} \frac{(1 + \vec{D}^{t+1}(x^t, y^t, b^t))}{(1 + \vec{D}^{t+1}(x^{t+1}, y^{t+1}, b^{t+1}))} \right]^{1/2}$$

$$= EC^{t,t+1} \times TC^{t,t+1}$$

式中 EC、TC 分别表示技术效率变化指数和技术变化指数。如果 $EC^{t,t+1} > 1$，表示某个 DMU 朝着最佳实践的移动，表现为该 DMU 的"追赶效应"；如

果 $TC^{t,t+1} > 1$，表示前沿技术的移动，表现为最佳实践 DMU "创新效应"。

计算 Sequential Malmquist Luenberger 生产效率指数时，将每一个行业作为 DEA 分析的决策单元（DMU），故本分析包含 14 个 DMU。考虑到数据的可得性和研究的目标，选取了两个投入变量——按行业分国有及规模以上非国有工业企业固定资产净值年平均余额、按行业分国有及规模以上非国有工业企业平均从业人员数；3 个产出变量，其中两个好产出变量——按行业分国有及规模以上非国有工业企业工业总产值、按行业分国有及规模以上非国有工业企业利润总额，一个坏产出变量——行业 SO_2 排放量，时间跨度为 2005~2009 年。

原始数据均来自国家统计局。其中，2010 年固定资产投资年平均净值余额数据，通过计算 2009 年和 2010 年固定资产净值的算术平均数求得。除从业人员数之外，其他数据均经过相应的价格指数调整：固定资产年平均净值余额采用固定资产投资价格指数调整、利润总额和工业总产值采用工业产品出厂价格指数调整，且均以 2005 年为基期。①

3. 样本选择

本报告在生产效率分析和工业发展指数构建时，舍去采矿业和电力、燃气及水的生产和供应业两大工业门类的分析，着重分析制造业的发展水平。这样选择是因为如下三点理由。

第一，中国要实现从工业大国跃升为工业强国，相对于采矿业和电力、燃气及水的生产和供应业而言，更为重要的是制造业行业发展水平的提升。一方面，是因为制造业已经成为中国工业的主体，奠定了中国作为工业大国的基础；另一方面，则是由于制造业的高端化代表了工业发展水平的进步，对于中国走新型工业化道路、从工业大国跃升为工业强国有着极其重要的意义。此外，制造业涵盖了现阶段中国重点发展的战略性新兴产业的主要产业，是未来中国经济保持持续增长、构建中国多元产业体系和提升国际竞争

---

① 按照 Malmquist 生产效率指数计算的要求，对观测值中个别的负值取 0 值处理。

力的关键。

第二，采矿业行业的经济效益和产品价格容易出现剧烈波动，并且导致行业波动的并不一定（甚至不主要）是市场真实供求关系变动，极易受到非经济因素的影响（如投机炒作和国际矿产寡头的策略、政治稳定、恐怖活动、宏观调控、产业政策和自然灾害等因素），给准确评估采矿业的真实发展水平增加了难度。

第三，电力、燃气及水的生产和供应业在工业中的比重较小，且具有公共事业属性，市场化程度相对较低，并且主要面向国内市场。

课题组选择了14个制造业样本行业。课题组从现行中国现行国民经济行业分类（GB/T4754-2002）中选择了16个行业，包括：（1）食品加工业；（2）食品制造业；（3）饮料制造业；（4）纺织业；（5）服装及其他纤维制品制造业；（6）石油加工及炼焦业；（7）化学原料及化学制品制造业；（8）医药制造业；（9）非金属矿物制品工业；（10）黑色金属冶炼及压延加工业；（11）有色金属冶炼及压延加工业；（12）普通机械制造业；（13）专用设备制造业；（14）交通运输设备制造业；（15）电气机械及器材制造业；（16）通信设备、计算机及其他电子设备制造业16个行业进行分析。其中，考虑到行业特征具有较强的相似性，农副食品加工业、食品制造业和饮料制造业3个行业合并成为一个行业进行分析，称为"食品工业"，最终得到14个样本。

可见，构建工业发展指数的样本涵盖了食品工业、纺织业、服装及其他纤维制品制造业、医药制造业等主要消费品工业，石油加工、化学原材料及化学制品制造业、非金属矿物制品、黑色金属冶炼及压延加工业、有色金属冶炼及压延加工业等原材料工业，以及通用装备制造业、专用设备制造业、交通运输设备制造业、电气机械及器材制造业、电子及通信设备制造业等机械电子类装备制造工业。因此，本报告构建的工业发展指数，能够较为充分地代表中国工业的发展水平。

4. 数据预处理

对缺失值的处理。2005年的工业增加值增长率数据缺失，采用2005年工业总产值增长率做近似替代。

无量纲化处理。在构建发展指数之前，需要对指标进行无量纲化处理，以消除指标不同量纲带来的不可公度性，提高发展指数结果的准确性。[①]课题组采用正规化法对原始数据进行无量纲化处理，计算公式为：X－MIN（数据向量）/(MAX（数据向量）－MIN（数据向量））进行无量纲化处理，X表示各年各行业在各维度上的值，数据向量是指各维度所有年份所有行业上的值。

指数化处理。对无量纲化处理后的指标，分别进行了两种指数化处理。一是以2005年为基期计算的定基指数，二是计算历年的环比指数，用于计算工业和行业的定基和环比发展指数。对于包含多个二级指标的维度，计算二级指标指数的简单平均数作为维度的指数。

5. 权重选择与检验

计算行业发展指数时，本报告采用了德尔菲法确定五个维度的权重。共有来自中国社会科学院、中国科学院、国务院发展研究中心、国家发改委宏观经济研究院和中国人民大学等机构长期从事产业经济研究的13位专家参与了打分。专家按照工业强国理论的要求，对五个维度的重要进行了排序。5个维度中，排序最高的得5分，最低的得1分，通过维度的得分确定其权重。

为了验证主观权重法计算的指数是否稳健，课题组还采用了因子分析法计算工业发展指数。通过比较发现，主观权重法和客观权重法计算的结果具有较高的一致性，表明本报告给出的工业发展指数计算结果稳健。

[①] 无量纲化处理的主要方法有标准化法、正规化法和均值化法，其中，前两种方法较为常用。标准化处理后的样本观测值服从均值为0、方差为1的标准正态分布，处理后的观测值在（-1，1）范围之内；正交化处理后的样本观测值取值范围为（0，1）。

附录2 工业行业发展指数

附表1 工业行业发展指数（定基）

年份	工业行业	效率	创新	绿色发展	效益	国际竞争力	行业综合
2005	食品饮料	100.0	100.0	100.0	100.0	100.0	100.0
	纺织业	100.0	100.0	100.0	100.0	100.0	100.0
	纺织服装、鞋、帽	100.0	100.0	100.0	100.0	100.0	100.0
	石油加工、炼焦及核燃料	100.0	100.0	100.0	100.0	100.0	100.0
	化学原料及化学制品	100.0	100.0	100.0	100.0	100.0	100.0
	医药	100.0	100.0	100.0	100.0	100.0	100.0
	非金属矿物制品	100.0	100.0	100.0	100.0	100.0	100.0
	黑色金属冶炼及压延	100.0	100.0	100.0	100.0	100.0	100.0
	有色金属冶炼及压延	100.0	100.0	100.0	100.0	100.0	100.0
	通用设备	100.0	100.0	100.0	100.0	100.0	100.0
	专用设备	100.0	100.0	100.0	100.0	100.0	100.0
	交通运输设备	100.0	100.0	100.0	100.0	100.0	100.0
	电气机械及器材	100.0	100.0	100.0	100.0	100.0	100.0
	通信设备、计算机及其他	100.0	100.0	100.0	100.0	100.0	100.0
2006	食品饮料	118.3	120.6	118.4	129.8	101.1	117.4
	纺织业	108.6	90.9	102.6	130.5	104.6	105.6
	纺织服装、鞋、帽	106.3	66.6	99.3	172.3	100.5	107.1
	石油加工、炼焦及核燃料	100.0	116.1	137.4	32.8	60.1	87.6
	化学原料及化学制品	104.5	98.7	208.7	114.0	121.8	134.2
	医药	101.3	116.1	117.8	64.7	99.4	103.6
	非金属矿物制品	110.7	93.2	164.4	0.0	103.8	121.4
	黑色金属冶炼及压延	104.5	109.4	155.8	85.0	193.6	132.0
	有色金属冶炼及压延	118.2	105.1	156.5	90.4	159.6	129.3
	通用设备	114.3	104.7	132.1	270.4	120.7	154.2
	专用设备	130.3	112.1	129.4	241.9	200.3	160.5
	交通运输设备	132.0	108.5	120.3	195.7	97.9	136.9
	电气机械及器材	126.2	101.6	132.4	100.9	102.4	113.7
	通信设备、计算机及其他	107.0	100.8	101.0	102.3	101.8	102.7

续表

年 份	工业行业	效率	创新	绿色发展	效益	国际竞争力	行业综合
2007	食品饮料	124.9	128.2	134.0	136.5	103.5	125.0
	纺织业	107.7	106.7	116.1	145.8	108.3	114.6
	纺织服装、鞋、帽	101.8	83.8	115.6	172.3	100.7	112.8
	石油加工、炼焦及核燃料	102.0	95.8	181.5	53.0	52.5	101.3
	化学原料及化学制品	124.4	120.5	288.3	118.1	155.3	166.0
	医药	137.8	121.6	138.2	76.4	91.2	118.1
	非金属矿物制品	115.4	95.7	251.3	0.0	106.9	150.0
	黑色金属冶炼及压延	119.8	118.4	178.8	91.7	236.3	151.9
	有色金属冶炼及压延	107.9	94.2	227.4	73.1	92.1	128.0
	通用设备	120.3	108.0	167.3	291.5	149.9	170.0
	专用设备	138.9	125.6	171.0	241.9	515.1	203.8
	交通运输设备	132.8	111.5	149.2	215.4	113.4	148.6
	电气机械及器材	114.9	102.3	153.5	126.0	107.2	119.4
	通信设备、计算机及其他	106.6	111.0	102.0	94.5	104.9	105.7
2008	食品饮料	105.8	131.8	139.9	117.7	118.1	121.5
	纺织业	101.4	121.7	121.2	110.9	114.3	114.1
	纺织服装、鞋、帽	100.8	70.4	126.0	141.9	100.3	108.6
	石油加工、炼焦及核燃料	108.4	96.6	189.6	30.0	61.5	98.7
	化学原料及化学制品	100.1	121.4	343.6	72.7	209.2	166.9
	医药	116.2	128.9	138.2	72.9	88.7	113.6
	非金属矿物制品	110.6	108.9	327.8	0.0	113.4	175.8
	黑色金属冶炼及压延	92.7	117.4	225.2	49.9	260.4	155.8
	有色金属冶炼及压延	89.8	99.7	310.6	57.3	120.8	148.6
	通用设备	103.9	110.3	181.3	224.6	159.9	152.9
	专用设备	100.4	129.7	199.2	232.8	588.0	204.4
	交通运输设备	102.6	109.9	143.9	145.3	126.9	123.7
	电气机械及器材	107.8	113.4	161.8	111.3	111.3	121.1
	通信设备、计算机及其他	111.2	122.0	108.7	72.4	110.4	110.0
2009	食品饮料	118.1	116.7	194.5	112.9	156.1	138.3
	纺织业	110.4	127.3	150.5	98.7	114.1	119.8
	纺织服装、鞋、帽	112.0	83.5	153.9	123.6	100.6	117.1
	石油加工、炼焦及核燃料	100.0	55.3	269.0	32.3	72.8	112.5
	化学原料及化学制品	110.2	105.6	660.1	91.7	159.4	246.3
	医药	121.9	116.5	186.0	66.1	79.1	119.0
	非金属矿物制品	119.5	104.7	515.7	0.0	112.2	233.6
	黑色金属冶炼及压延	97.3	88.4	420.2	55.3	145.4	179.9
	有色金属冶炼及压延	102.8	79.0	395.2	58.7	0.0	147.3

续表

年份	工业行业	效率	创新	绿色发展	效益	国际竞争力	行业综合
2009	通用设备	112.9	106.6	226.0	170.5	145.0	145.9
	专用设备	114.4	126.4	232.2	170.7	566.2	194.3
	交通运输设备	131.3	101.6	188.8	165.7	115.0	139.5
	电气机械及器材	115.1	113.5	213.8	84.9	107.3	129.3
	通信设备、计算机及其他	111.7	118.4	123.8	47.6	109.4	108.7
2010	食品饮料	130.7	66.7	271.7	113.2	62.6	127.2
	纺织业	93.4	65.6	162.8	117.6	116.5	106.3
	纺织服装、鞋、帽	73.2	29.4	171.9	159.6	100.3	111.0
	石油加工、炼焦及核燃料	100.0	31.2	245.5	43.4	74.3	106.5
	化学原料及化学制品	122.2	65.5	629.0	95.4	170.9	237.2
	医药	105.1	66.3	204.3	67.3	85.0	107.1
	非金属矿物制品	112.7	31.4	638.4	0.0	107.3	249.3
	黑色金属冶炼及压延	101.5	114.0	383.6	60.7	190.7	185.7
	有色金属冶炼及压延	109.3	85.9	322.9	59.9	9.0	134.1
	通用设备	94.4	65.3	262.9	268.6	140.5	160.6
	专用设备	101.6	81.6	279.6	233.6	505.5	196.7
	交通运输设备	114.3	55.4	217.3	191.2	107.9	133.6
	电气机械及器材	107.4	75.1	199.7	113.9	109.0	119.2
	通信设备、计算机及其他	127.4	89.3	156.0	90.5	88.8	108.9
2011	食品饮料	101.4	65.6	319.5	122.1	113.9	140.1
	纺织业	122.8	67.4	212.4	97.4	114.2	116.4
	纺织服装、鞋、帽	108.6	27.5	181.8	163.8	99.8	120.8
	石油加工、炼焦及核燃料	100.0	40.4	359.8	38.3	103.9	137.9
	化学原料及化学制品	136.8	76.7	921.7	92.1	400.1	336.9
	医药	126.0	81.8	288.6	75.3	149.4	145.6
	非金属矿物制品	143.1	50.7	1080.4	0.0	77.9	391.4
	黑色金属冶炼及压延	109.2	64.5	555.8	54.7	120.0	207.3
	有色金属冶炼及压延	129.8	48.8	469.4	61.0	0.0	166.9
	通用设备	129.3	64.3	361.7	229.1	135.7	173.5
	专用设备	123.8	84.0	511.2	227.0	547.8	240.1
	交通运输设备	120.4	65.4	415.9	124.9	137.7	153.8
	电气机械及器材	121.9	91.8	308.1	95.7	125.6	149.5
	通信设备、计算机及其他	110.4	111.3	180.1	86.8	128.8	122.4

附表 2　工业行业发展指数（环比）

年份	工业行业	效率	创新	绿色发展	效益	国际竞争力	行业综合
2005	食品饮料	100.0	100.0	100.0	100.0	100.0	100.0
	纺织业	100.0	100.0	100.0	100.0	100.0	100.0
	纺织服装、鞋、帽	100.0	100.0	100.0	100.0	100.0	100.0
	石油加工、炼焦及核燃料	100.0	100.0	100.0	100.0	100.0	100.0
	化学原料及化学制品	100.0	100.0	100.0	100.0	100.0	100.0
	医药	100.0	100.0	100.0	100.0	100.0	100.0
	非金属矿物制品	100.0	100.0	100.0	100.0	100.0	100.0
	黑色金属冶炼及压延	100.0	100.0	100.0	100.0	100.0	100.0
	有色金属冶炼及压延	100.0	100.0	100.0	100.0	100.0	100.0
	通用设备	100.0	100.0	100.0	100.0	100.0	100.0
	专用设备	100.0	100.0	100.0	100.0	100.0	100.0
	交通运输设备	100.0	100.0	100.0	100.0	100.0	100.0
	电气机械及器材	100.0	100.0	100.0	100.0	100.0	100.0
	通信设备、计算机及其他	100.0	100.0	100.0	100.0	100.0	100.0
2006	食品饮料	118.3	120.6	118.4	129.8	101.1	117.4
	纺织业	108.6	90.9	102.6	130.5	104.6	105.6
	纺织服装、鞋、帽	106.3	66.6	99.3	172.3	100.5	107.1
	石油加工、炼焦及核燃料	100.0	116.1	137.4	32.8	60.1	87.6
	化学原料及化学制品	104.5	98.7	208.7	114.0	121.8	134.2
	医药	101.3	116.1	117.8	64.7	99.4	103.6
	非金属矿物制品	110.7	93.2	164.4	0.0	103.8	121.4
	黑色金属冶炼及压延	104.5	109.4	155.8	85.0	193.6	132.0
	有色金属冶炼及压延	118.2	105.1	156.5	90.4	159.6	129.3
	通用设备	114.3	104.7	132.1	270.4	120.7	154.2
	专用设备	130.3	112.1	129.4	241.9	200.3	160.5
	交通运输设备	132.0	108.5	120.3	195.7	97.9	136.9
	电气机械及器材	126.2	101.6	132.4	100.9	102.4	113.7
	通信设备、计算机及其他	107.0	100.8	101.0	102.3	101.8	102.7
2007	食品饮料	105.6	106.3	113.2	105.2	102.4	106.4
	纺织业	99.2	117.3	113.2	111.7	103.5	108.8
	纺织服装、鞋、帽	95.8	125.7	116.4	100.0	100.1	107.1
	石油加工、炼焦及核燃料	102.0	82.6	132.1	161.5	87.4	123.0
	化学原料及化学制品	119.1	122.1	138.2	103.6	127.5	120.5
	医药	136.0	104.7	117.3	118.2	91.7	114.3
	非金属矿物制品	104.2	102.7	152.8	112.9	103.1	118.2
	黑色金属冶炼及压延	114.7	108.2	114.8	107.8	122.1	113.9
	有色金属冶炼及压延	91.4	89.6	145.3	80.9	57.7	97.2

附录2　工业行业发展指数

续表

年份	工业行业	效率	创新	绿色发展	效益	国际竞争力	行业综合
2007	通用设备	105.3	103.1	126.6	107.8	124.2	110.5
	专用设备	106.6	112.0	132.1	100.0	257.2	125.2
	交通运输设备	100.6	102.8	124.0	110.1	115.8	108.5
	电气机械及器材	91.0	100.8	115.9	124.9	104.7	105.1
	通信设备、计算机及其他	99.6	110.2	101.0	92.4	103.0	102.9
2008	食品饮料	84.7	102.8	104.4	86.2	114.0	97.8
	纺织业	94.2	114.1	104.4	76.1	105.6	100.8
	纺织服装、鞋、帽	99.0	84.1	109.0	82.4	99.7	96.9
	石油加工、炼焦及核燃料	106.3	100.8	104.5	56.7	117.0	91.2
	化学原料及化学制品	80.5	100.8	119.2	61.5	134.7	92.9
	医药	84.3	106.0	100.0	95.4	97.2	96.5
	非金属矿物制品	95.8	113.7	130.5	75.9	106.1	112.2
	黑色金属冶炼及压延	77.4	99.2	125.9	54.5	110.2	97.0
	有色金属冶炼及压延	83.2	105.9	136.6	78.3	131.1	109.1
	通用设备	86.4	102.1	108.4	77.0	106.7	93.3
	专用设备	72.2	103.3	116.5	96.2	114.1	96.8
	交通运输设备	77.3	98.6	96.5	67.5	112.0	86.5
	电气机械及器材	93.8	110.8	105.4	88.3	103.8	101.6
	通信设备、计算机及其他	104.4	109.9	106.6	76.6	105.3	103.8
2009	食品饮料	111.7	88.5	139.1	95.9	132.2	113.5
	纺织业	108.9	104.5	124.1	89.0	99.8	104.8
	纺织服装、鞋、帽	111.1	118.6	122.2	87.1	100.2	108.7
	石油加工、炼焦及核燃料	92.3	57.3	141.9	107.6	118.5	106.6
	化学原料及化学制品	110.1	86.9	192.1	126.1	76.2	128.5
	医药	104.9	90.4	134.6	90.7	89.2	102.7
	非金属矿物制品	108.1	96.2	157.3	91.0	99.0	118.5
	黑色金属冶炼及压延	104.9	75.3	186.6	110.8	55.9	111.3
	有色金属冶炼及压延	114.5	79.2	127.3	102.5	0.0	88.6
	通用设备	108.6	96.6	124.7	75.9	90.6	98.1
	专用设备	114.0	97.5	116.6	73.3	96.3	98.3
	交通运输设备	127.9	92.5	131.2	114.0	90.6	112.3
	电气机械及器材	106.8	100.0	132.1	76.3	96.4	104.5
	通信设备、计算机及其他	100.5	97.1	113.8	65.8	99.1	97.7
2010	食品饮料	110.7	57.2	139.7	100.3	40.1	89.7
	纺织业	84.5	51.5	108.2	119.3	102.1	89.4
	纺织服装、鞋、帽	65.4	35.2	111.7	129.1	99.7	90.6
	石油加工、炼焦及核燃料	100.0	56.4	91.3	134.4	102.0	101.8

续表

年 份	工业行业	效率	创新	绿色发展	效益	国际竞争力	行业综合
2010	化学原料及化学制品	110.9	62.0	95.3	104.1	107.2	97.2
	医药	86.2	56.9	109.9	101.8	107.5	89.3
	非金属矿物制品	94.4	30.0	123.8	125.1	95.6	87.3
	黑色金属冶炼及压延	104.3	128.9	91.3	109.7	131.1	111.4
	有色金属冶炼及压延	106.4	108.7	81.7	102.0	0.0	81.0
	通用设备	83.6	61.2	116.3	157.5	96.9	102.7
	专用设备	88.8	64.6	120.4	136.9	89.3	99.6
	交通运输设备	87.1	54.5	115.1	115.4	93.9	90.9
	电气机械及器材	93.3	66.2	93.4	134.2	101.6	93.4
	通信设备、计算机及其他	114.1	75.4	126.0	189.9	81.2	105.3
2011	食品饮料	77.6	98.4	117.6	107.9	181.9	115.1
	纺织业	131.5	102.8	130.5	82.8	98.0	108.5
	纺织服装、鞋、帽	148.4	93.4	105.8	102.7	99.5	110.4
	石油加工、炼焦及核燃料	100.0	129.3	146.6	88.4	139.8	116.5
	化学原料及化学制品	112.0	117.1	146.5	96.5	234.1	129.0
	医药	119.8	123.4	141.3	111.8	175.8	134.1
	非金属矿物制品	126.9	161.4	169.2	93.2	72.6	140.1
	黑色金属冶炼及压延	107.6	56.6	144.9	90.1	62.9	96.6
	有色金属冶炼及压延	118.8	56.8	145.4	101.9	0.0	89.6
	通用设备	136.9	98.4	137.6	85.3	96.5	110.5
	专用设备	121.8	102.9	182.8	97.2	108.4	118.7
	交通运输设备	105.3	118.0	191.4	65.3	127.6	113.6
	电气机械及器材	113.5	122.3	154.2	84.0	115.3	120.6
	通信设备、计算机及其他	86.6	124.6	115.5	95.9	145.1	115.0

附录 3 工业地区发展指数

附表 3 地区工业发展指数

年份\地区	2005	2006	2007	2008	2009	2010	2011
北 京	0.315	0.392	0.469	0.480	0.455	0.547	0.508
天 津	0.419	0.456	0.403	0.419	0.436	0.508	0.480
河 北	0.221	0.255	0.273	0.323	0.207	0.298	0.306
山 西	0.236	0.260	0.285	0.279	0.236	0.311	0.311
内蒙古	0.305	0.455	0.314	0.319	0.325	0.306	0.299
辽 宁	0.246	0.308	0.318	0.294	0.283	0.359	0.320
吉 林	0.245	0.324	0.415	0.315	0.371	0.402	0.362
黑龙江	0.369	0.416	0.361	0.439	0.252	0.468	0.421
上 海	0.329	0.396	0.391	0.356	0.395	0.496	0.399
江 苏	0.260	0.313	0.334	0.332	0.342	0.376	0.337
浙 江	0.262	0.312	0.326	0.348	0.328	0.393	0.341
安 徽	0.255	0.294	0.332	0.348	0.354	0.408	0.394
福 建	0.271	0.309	0.327	0.328	0.333	0.418	0.349
江 西	0.270	0.382	0.328	0.302	0.324	0.358	0.289
山 东	0.297	0.317	0.333	0.294	0.316	0.339	0.325
河 南	0.264	0.333	0.401	0.309	0.283	0.342	0.293
湖 北	0.280	0.305	0.346	0.370	0.363	0.440	0.376
湖 南	0.307	0.333	0.389	0.390	0.442	0.476	0.406
广 东	0.355	0.413	0.447	0.440	0.445	0.498	0.425
广 西	0.266	0.258	0.255	0.335	0.279	0.364	0.312
海 南	0.333	0.361	0.367	0.280	0.354	0.405	0.406
重 庆	0.284	0.437	0.450	0.401	0.462	0.482	0.455
四 川	0.292	0.377	0.393	0.326	0.367	0.362	0.352
贵 州	0.260	0.460	0.383	0.340	0.320	0.391	0.371
云 南	0.300	0.409	0.365	0.346	0.326	0.373	0.391
陕 西	0.326	0.398	0.400	0.435	0.330	0.516	0.431
甘 肃	0.205	0.266	0.364	0.253	0.215	0.346	0.399
青 海	0.293	0.441	0.363	0.354	0.185	0.419	0.365
宁 夏	0.204	0.325	0.310	0.303	0.257	0.329	0.330
新 疆	0.301	0.355	0.425	0.358	0.207	0.504	0.273

附表 4　地区工业发展指数（环比）

年份 地区	2005	2006	2007	2008	2009	2010	2011
北　京	100.0	124.6	119.6	102.2	94.9	120.2	92.8
天　津	100.0	108.8	88.4	104.0	104.2	116.4	94.7
河　北	100.0	115.6	107.1	118.3	64.1	143.6	103.0
山　西	100.0	110.2	109.4	97.9	84.8	131.6	100.1
内蒙古	100.0	148.9	69.1	101.6	102.0	94.1	97.7
辽　宁	100.0	125.5	103.0	92.7	96.0	126.9	89.2
吉　林	100.0	132.0	128.1	75.9	117.7	108.4	90.1
黑龙江	100.0	112.8	86.8	121.6	57.3	185.7	90.0
上　海	100.0	120.3	98.7	91.0	111.0	125.6	80.6
江　苏	100.0	120.3	106.7	99.3	103.2	109.9	89.4
浙　江	100.0	118.7	104.5	106.8	94.3	119.8	86.9
安　徽	100.0	115.5	112.8	104.7	101.8	115.1	96.6
福　建	100.0	113.8	105.9	100.3	101.4	125.7	83.6
江　西	100.0	141.7	85.8	91.9	107.5	110.4	80.9
山　东	100.0	106.9	104.8	88.3	107.5	107.5	95.6
河　南	100.0	125.9	120.6	77.2	91.3	120.9	85.7
湖　北	100.0	108.9	113.6	106.9	98.0	121.2	85.5
湖　南	100.0	108.7	116.5	100.4	113.2	107.8	85.3
广　东	100.0	116.5	108.0	98.6	101.0	112.0	85.2
广　西	100.0	96.8	99.0	131.3	83.2	130.6	85.7
海　南	100.0	108.6	101.6	76.3	126.7	114.2	100.2
重　庆	100.0	153.8	103.1	89.2	115.0	104.4	94.3
四　川	100.0	129.2	104.2	82.9	112.8	98.4	97.2
贵　州	100.0	177.1	83.2	88.8	94.0	122.3	95.0
云　南	100.0	136.1	89.2	95.0	94.1	114.4	104.8
陕　西	100.0	122.1	100.4	108.7	76.0	156.3	83.5
甘　肃	100.0	129.6	137.1	69.5	85.0	160.6	115.6
青　海	100.0	150.8	82.3	97.6	52.2	226.6	87.1
宁　夏	100.0	159.4	95.5	97.7	85.0	127.9	100.3
新　疆	100.0	117.6	119.8	84.3	57.7	243.9	54.2

附表5 地区工业发展指数（定基）

年份 地区	2005	2006	2007	2008	2009	2010	2011
北 京	100.0	124.6	149.1	152.3	144.6	173.8	161.2
天 津	100.0	108.8	96.2	100.0	104.2	121.2	114.7
河 北	100.0	115.6	123.8	146.5	93.9	134.8	138.8
山 西	100.0	110.2	120.5	118.0	100.0	131.6	131.7
内蒙古	100.0	148.9	102.8	104.5	106.6	100.3	98.0
辽 宁	100.0	125.5	129.3	119.8	115.0	146.0	130.3
吉 林	100.0	132.0	169.1	128.4	151.0	163.8	147.6
黑龙江	100.0	112.8	97.9	119.0	68.2	126.7	114.1
上 海	100.0	120.3	118.7	108.0	119.9	150.5	121.3
江 苏	100.0	120.3	128.4	127.5	131.6	144.7	129.4
浙 江	100.0	118.7	124.1	132.5	125.0	149.7	130.1
安 徽	100.0	115.5	130.2	136.4	138.9	159.9	154.4
福 建	100.0	113.8	120.5	120.8	122.5	154.1	128.8
江 西	100.0	141.7	121.5	111.8	120.1	132.6	107.3
山 东	100.0	106.9	112.0	99.0	106.4	114.4	109.4
河 南	100.0	125.9	151.8	117.2	107.0	129.4	110.8
湖 北	100.0	108.9	123.7	132.3	129.7	157.2	134.5
湖 南	100.0	108.7	126.7	127.2	144.0	155.2	132.3
广 东	100.0	116.5	125.9	124.2	125.4	140.5	119.8
广 西	100.0	96.8	95.8	125.8	104.7	136.8	117.2
海 南	100.0	108.6	110.3	84.1	106.6	121.7	122.0
重 庆	100.0	153.8	158.6	141.4	162.5	169.7	160.1
四 川	100.0	129.2	134.7	111.7	126.0	124.1	120.5
贵 州	100.0	177.1	147.3	130.8	123.0	150.4	142.9
云 南	100.0	136.1	121.4	115.3	108.4	124.0	130.0
陕 西	100.0	122.1	122.6	133.2	101.2	158.2	132.0
甘 肃	100.0	129.6	177.6	123.4	104.9	168.5	194.8
青 海	100.0	150.8	124.1	121.1	63.3	143.3	124.8
宁 夏	100.0	159.4	152.2	148.7	126.4	161.6	162.2
新 疆	100.0	117.6	140.9	118.8	68.6	167.4	90.7

参考文献

[1] Banker R. D., A. Charnes and W.W. Cooper. Some Models for Estimating Technical and Scale Inefficiencies in Data Envelopment Analysis. Management Science, Vol. 1984, 30 (9), 99, pp.1078-1092.

[2] A., Charnes, W.W. Cooper and E. Rhodes. Measuring the Efficiency of Decision Making Units. European Journal of Operations Resarch, 1978, 2, pp. 429-449.

[3] Fare R., Grosskopf S., Norris M. and Zhang Z. Productivity Growth, Technical Progress and Efficiency Change in Industrialized Countries. American Economic Review, 1994b, 84, pp.66-83.

[4] Fare R., Grosskopf S. and Norris M. Productivity growth, technical progress, and efficiency change in industrialized countries: reply. American Economic Review, 1997a, 87, pp.1040-1043.

[5] Krugman Paul. The Fall and Rise of Development Economics, in Rodwin and Schön (eds.), Rethinking the Development Experience: Essays Provoked by the Work of Albert O. Hirschman. Brookings Institution Press, 1994.

[6] Malmquist Stern. Index Numbers and Indifference Curves. Trabajos de Estatistica, 1953, 4 (1), pp. 209-242.

[7] 工业和信息化部. 工业和信息化部"三定"方案：设24司局主要职责分为15项 [EB/OL]. 中国新闻网, 2008-07-03.

[8] 中国自动化学会专家咨询工作委员会. 工业和信息化部组建述评 [EB/OL]. www.gkong.com.

[9] 科技部. 步履铿锵敢创新，成果丰硕促发展——"十一五"重大科技工程建设回眸 [EB/OL]. 新华网, 2010-10-17.

[10] 工业和信息化部. 工业经济运行"十一五"回顾 [EB/OL]. 工业和信息化部网站，2010-10-20.

[11] 吕铁，邓洲. "十二五"时期工业结构变动趋势，中国经济时报 [J]. 2011（1）.

[12] 吕铁等. 开放经济条件下产业结构优化升级问题研究 [R]. 工业经济研究所内部报告，2010.

[13] 陈佳贵，黄群慧，钟宏武. 中国地区工业化进程的综合评价和特征分析 [J]. 经济研究，2006.

[14] 陈佳贵，黄群慧，钟宏武和王延中. 中国地区工业化进程报告——1995~2005 年 31 个省区工业化水平评价与研究 [M]. 北京：中国社会科学文献出版社，2007.

[15] 陈佳贵，黄群慧. 实现工业现代化了吗——对 15 个重点工业行业现代化水平的分析与评价 [J]. 经济管理，2009（4）.

[16] 郭克莎. 中国工业化的进程、问题与出路 [J]. 中国社会科学，2000（1）.

[17] 郭克莎. 中国工业发展战略及政策的选择 [J]. 中国社会科学，2004（1）.

[18] 郭克莎. 中国：改革中的经济增长与结构变动 [J]. 上海三联出版社，2002.

[19] 江小涓. 中国开放三十年的回顾与展望 [J]. 中国社会科学，2008（6）.

[20] 江小涓. 中国开放 30 年：增长、结构与体制变迁 [J]. 人民出版社，2009.

[21] 刘世锦. 改革开放 30 年中国经济发展进入重要转折点 [J]. 中国制造业信息化，2008.

[22] 刘世锦. 应以发展方式的实质性转变为主线 [J]. 陕西改革与发展，2010（4）.

[23] 蔡昉. "民工荒"现象：成因及政策涵义分析 [J]. 开发导刊，2010（4）.

[24] 冯飞. 迈向工业大国 [M]. 北京：中国发展出版社，2009。

[25] 吕政. "十二五"时期经济发展若干问题探讨 [N]. 国家行政学院学报，2010（6）.

[26] 吕政. 产业结构调整：四件事必须做 [J]. 2010（1）.

[27] 宋泓. 未来10年中国贸易的发展空间 [J]. 国际经济评论，2010（4）.

[28] 王金照等. 典型国家工业化历程比较与启示 [M]. 北京：中国发展出版社，2010.

[29] 杨建龙. 新一轮经济增长的结构与趋势研究 [M]. 北京：中国发展出版社，2010年版.

[30] 殷醒民. 中国工业生产力"数量革命"的证据与阐释 [M]. 上海：复旦大学出版社，2010.

[31] 中国社会科学院工业经济研究所. 中国工业发展报告 [M]. 北京：经济管理出版社，2005~2012.

[32] 中国社会科学院工业经济研究所课题组. "十二五"时期工业结构调整和优化升级研究 [J]. 中国工业经济，2010（1）.

[33] 何映昆，王钦，肖红军. "十二五"时期工业的结构调整与产业升级 [J]. 经济学动态，2011（1）.

[34] 张京萍. 大力推进节能减排，加强发展绿色钢铁 [N]. 世界金属导报，2010-12-21.

[35] 胡莹. 新能源汽车产业共性技术创新体系研究 [J]. 汽车工业研究，2010（12）.

[36] 山崎修嗣. 中国汽车产业 [M]. 北京：中国商业出版社，2010.

[37] 沈庆. 关于汽车出口问题的若干思考 [J]. 汽车工业研究，2010（8）.

[38] 中国汽车技术研究中心，中国汽车工业协会. 中国汽车工业年鉴 [J]. 2005~2012.

[39] 中国汽车工业协会统计信息网. 信息快递 [EB/OL].

[40] 工业和信息化部. 电子信息工业"十一五"发展成就 [EB/OL]. 工业和信息化部网站，2010-10-20.

[41] 工业和信息化部运行局. 2010年电子信息产业统计公报 [EB/OL]. 工业和信息化部网站, 2011-02-11.

[42] 周子学. 全球金融危机下的中国电子信息产业 [J]. 电子财会, 2009 (6).

[43] 工业和信息化部产业政策司. 产业司：2010年重点工作回顾 [EB/OL]. 工业和信息化部网站, 2010-12-22.

[44] 江飞涛, 李晓萍. 直接干预市场与限制竞争：中国产业政策的取向与根本缺陷 [J]. 中国工业经济, 2010 (9).

[45] 江飞涛, 曹建海. 市场失灵还是体制扭曲——重复建设形成机理研究中的争论、缺陷与新进展 [J]. 中国工业经济, 2009 (1).

[46] 魏后凯, 邬晓霞. "十二五"时期中国区域政策的基本框架 [R]. 中国经济研究报告, 2010.

[47] 叶卫平. 产业政策对反垄断法实施的影响 [EB/OL]. 北大法宝网, 2007-01-01.

[48] 曾铮. 产业发展4大困惑与模式 [EB/OL]. 财经网, 2010-09-09.

[49] 周叔莲, 吕铁, 贺俊. 新时期高增长行业的产业政策分析 [EB/OL]. 中国工业经济, 2008 (9).

[50] 冯晓琦, 万军. 东亚地区政府干预方式的转型及对中国的启示 [J]. 南开经济研究, 2005 (5).

[51] 李平, 江飞涛. 十大产业调整与振兴规划评价 [J]. 人民论坛, 2010 (11).

[52] 李平, 江飞涛, 王宏伟. 重点产业调整振兴规划评价与政策取向探讨 [J]. 宏观经济研究, 2010 (10).

[53] 李平, 吕铁, 江飞涛. 十大产业调整振兴规划实施效果分析 [N]. 中国经济时报, 2009-08-31.

[54] 姚枝仲. 危机一周年：重评中国的出口退税政策 [N]. 21世纪经济报道, 2009-09-21.

[55] 赵云旗. 促进经济增长方式转变的路径探讨 [J]. 财政研究, 2007 (10).

[56] 曹建海,江飞涛. 中国工业投资中的重复建设与产能过剩问题研究 [M]. 北京:经济管理出版社,2010.

[57] 林火灿. 2010煤炭产业兼并重组取得突破性进展 [N]. 经济日报, 2011-01-11.

[58] 国研网行业研究部. 钢铁业兼并重组正加速推进 [EB/OL]. 2010-11, http://www.drcnet.com.cn/DRCnet.common.web/DocViewSummary.aspx?docid=2405014&leafid=14775.

[59] 王会让. 新形势下钢铁企业整合发展之路 [EB/OL]. 中国经营网. 2010-12, http://opinion.cb.com.cn/12714523/20101229/177098.html.

[60] 国研网行业研究部. 钢铁业兼并重组正加速推进 [EB/OL]. 2010-11, http://www.drcnet.com.cn/DRCnet.common.web/DocViewSummary.aspx?docid=2405014&leafid=14775.

[61] 2010年有色金属行业年度八大热词 [EB/OL]. 上海有色网. 2011-01, http://www.smm.cn/information/NewsDetail.aspx?newsid=3065801.

[62] 张博. 2010年度中国有色金属行业十大新闻揭晓 [EB/OL]. 科技日报, 2011-01, http://www.stdaily.com/kjrb/content/2011-01/24/content_269408.htm.

[63] 2010年有色金属十大关键词 [EB/OL]. 中国有色网, 2010-01, http://www.cnmn.com.cn/ShowNews.aspx?id=194207

[64] 张骥. 十二五期间汽车出口面临形势分析 [EB/OL]. http://auto.sina.com.cn/news/2010-09-04/1509648722_5.shtml.